Edad prohibida

Biografía

Torcuato Luca de Tena, nacido en Madrid en 1923, licenciado en Leyes, miembro de número de la Real Academia Española en 1973, publicó su primera obra en Chile a los 18 años. Desde entonces ha dedicado su vida al periodismo activo y a la creación literaria. Sin desdeñar obras tan considerables como *Señor ex ministro* o *La brújula loca*, sus mayores éxitos los obtuvo con dos novelas, *Edad prohibida* (1958) y *Los renglones torcidos de Dios* (1980), que fue el libro más vendido de España ese año. Torcuato Luca de Tena ha cultivado el teatro, la poesía, el cuento y el ensayo histórico, aunque según confesiones propias es en el género novelesco donde trabaja con más satisfacción. Premio Nacional de Literatura 1955 con *Embajador en el infierno*, Premio Planeta 1961 con *La mujer de otro* y Premio Ateneo de Sevilla 1970 con *Pepa Niebla*. Durante muchos años ha residido en México. También es autor de *Escrito en las olas*, *El fabricante de sueños*, *Los hijos de la lluvia (a. C.)*, *El futuro fue ayer*, *Ciudad de México en tiempos de Maximiliano*, *Papeles para la pequeña y la gran historia (Memorias de mi padre y mías)*, *América y sus enigmas (y otras americanerías)*, *Franco, sí, pero...*, con la que obtuvo el Premio Espejo de España 1993, *Poemas para después de muerto*, *La llamada*, *Las tribulaciones de una chica decente* y *Paisaje con muñeca rota*, todas ellas publicadas en Editorial Planeta.

Edad prohibida

Torcuato Luca de Tena
de la Real Academia Española

Prólogo de Juan J. López Ibor

Planeta

Primera edición en esta colección: mayo de 1997

Ediciones anteriores:
En Colección Autores Españoles
1.ª a 65.ª ediciones: de diciembre de 1958 a marzo de 1995
En Colección Popular
1.ª a 22.ª ediciones: de octubre de 1975 a mayo de 1991
En Colección Planeta Bolsillo
1.ª a 5.ª ediciones: de agosto de 1992 a septiembre de 1996
Especial para Club Planeta
1.ª edicion: septiembre de 1977
Especiales para Planeta Crédito
1.ª a 3.ª ediciones: de julio de 1985 a enero de 1987

© Torcuato Luca de Tena, 1958
© Editorial Planeta, S. A., 1997
Córcega, 273-279 - 08008 Barcelona (España)
Edición especial para Ediciones de Bolsillo, S. A.

Diseño de la colección: Summa Comunicació, S. A.
Fotografía: © Shinichiro Okajima (Photonica), © Sílvia Aguado

ISBN 84-08-02032-3
Depósito legal: B. 21.611 - 1997
Fotomecánica cubierta: Nova Era
Impresor: Litografía Rosés, S. A.
Impreso en España - Printed in Spain

PRÓLOGO

Al autor de EDAD PROHIBIDA le parece que leer su novela de un tirón es una ofensa. A mí me parece un elogio. Yo la he leído de un tirón. El autor la ha escrito con cuidado, con mimo, con morosidad. Cada frase alude a una experiencia, real o imaginaria, pero entrañable. Es natural que tema al lector que devora página tras página, atropellando matices y sin tomarse un descanso en los rincones del relato. Pero, si una novela es un trozo palpitante de vida, puede haber quien desee sumergirse en ella plenamente y empaparse, como quien se empapa en una experiencia personal. Para mí leer una novela no es una operación intelectual; no tengo la suerte de leerlas guardando las distancias. Por eso, o las leo de un tirón, o las dejo, en cualquier página, para no acordarme más de ellas. Para mí leer una novela es una experiencia vital.

En el caso de EDAD PROHIBIDA, ese tirón en la lectura es aún más significativo si se tiene en cuenta que el desenlace se conoce. No es el tirón por saber el final de la trama, sino el que imprime el deseo de ver cómo los personajes van cristalizando su vida concretando en realidades las posibilidades que se adivinan viéndoles jugar en la playa de San Sebastián.

EDAD PROHIBIDA está llena de intuiciones psicológicas de gran profundidad. (A lo mejor, el autor es más rumiador e introspectivo de lo que parece viéndole desde fuera, siempre saltando de una acción a otra, de un proyecto a otro.) Enrique vive en el momento presente. El pasado y el futuro carecen para él de densidad. Sólo la

5

presión del presente configura su vida; y es que su vida se halla secretamente enfriada y socavada por el tedio. Tiene que buscar sensaciones fuertes y extrañamente nuevas, porque no puede encontrar, en la vida cotidiana, el regusto de novedad que nos trae cualquier mínimo suceso. La búsqueda de lo nuevo es, a veces, descomunal; pero eso ocurre en ciertas vidas. El personaje es auténtico, de una implacable realidad; incluso en esa reacción final, orgullosa y distante, cuando la vida le aprisiona y le demuestra que no se puede jugar con ella.

El mundo está poblado de Anastasios. Gracias a ellos es posible la vida en común; precisamente por su poquedad, o mejor por su apocamiento que les impide realizarse plenamente. Hay en Anastasio el presentimiento de que le falta un poco de Enrique, y en Enrique un poco de Anastasio. Ellos y los demás crecen descubriendo el mundo, incluso de espaldas a lo que en España estaba ocurriendo entonces. El mundo que descubre el adolescente no es el mundo histórico, concreto, de los mayores —en EDAD PROHIBIDA el mundo de la guerra—, sino un mundo más permanente y metafísico. Es el mundo que está en la otra orilla de la niñez. El tránsito es tan grande, que en muchos pueblos primitivos tiene carácter de rito de iniciación sacra. Algo misterioso existe en la atmósfera de los adolescentes, algo que quiere enseñarnos a comprender EDAD PROHIBIDA.

La contraposición entre Enrique y Anastasio hace ver claramente el problema de la distancia psicológica. Es lástima que la psicología tenga que apelar tantas veces, para expresar lo inefable, al vocabulario del mundo de las cosas. La adolescencia es madurez y es distancia. ¿Distancia de qué? Del caos interior, de los instintos que se despiertan, de una vaga y tremenda inquietud de raíz casi biológica, que impregna la atmósfera de la «edad prohibida». Es el salto de lo informe a lo formado, de la posibilidad a la realidad, del tránsito de una vida, poco menos que animal entregada a los estímulos circundantes, a la vida humana. La «prohibición» es la distancia que existe, en la intimidad, entre las corrientes submarinas, que pugnan por aflorar, y ese deseo de ser uno mismo, que es el misterio que consagra la adolescencia. La madurez, se obtiene cuando la distancia entre los impulsos y el centro personal es la adecuada. ¿Se obtiene alguna vez? ¿Hay alguien normal, verdaderamente normal? Todo depende de hallar la distancia justa interior. La externa viene dada por añadidura.

Ni Enrique ni Anastasio acertaron, uno por menos y otro por más. Así es la vida. Así es la realidad. En Enrique, la distancia interior era inexistente. El impulso es acción casi en el momento de nacer. Su conducta va a saltos, a bandazos, sin ritmo interior. Por eso es posible que mate antes casi de que amanezca la idea de hacerlo. Su existencia es pura gratuidad. Pero Anastasio también falla. Toma demasiada distancia de sus impulsos internos; le falta «fuelle», como diría un castizo. No hace las grandes oposiciones, las que él podría hacer por su inteligencia y su gusto por el estudio. No despierta una gran pasión y ni siquiera la tiene. Su río interior cursa demasiado plácido. Demasiadas inhibiciones, demasiadas repugnancias. No es un problema de exceso de reflexión, sino de flexión amortiguada.

* * *

A Torcuato Luca de Tena le gusta nadar contra corriente. Si hay una manera de novelar actual es la desmelenada y tremendista. Las gentes le echan, en parte, la culpa a Freud. No tuvo él tanta culpa, sino que, por las razones que sean, que no voy a analizar, el gusto va por ahí. No hay otra autenticidad que la visceral, y aun entre las vísceras son más auténticas las más recónditas. Es necesario mostrarlas, y, a ser posible, sin usar guantes de goma, como los cirujanos, sino con las manos sucias. El hombre es así. Y en verdad que todo eso es humano; pero todo eso y mucho más. ¿Por qué no se avanza más en la descripción, en el «descanso ad ínferos»? Si la exigencia de autenticidad es tan grande ¿por qué no se llega hasta el fondo?

Aun los que pretenden ser más auténticos, ponen un límite. No es cierto que toquen los últimos planos viscerales del hombre. La exigencia del límite es ineludible, porque pasado él se está en lo informe. Si esto es así ¿por qué criticar a los que buscan lo humano por otra vertiente? ¿Por qué creer que la huida del «feísmo» es traición estética? ¿No hay cierto fanatismo en la primera postura?

Creo que hoy es más difícil novelar huyendo del «feísmo» que sumergiéndose en él. Precisamente porque la categoría estética dominante no es la de la belleza, sino la de lo interesante. Al hombre actual le interesan más los subterráneos que los alcázares de la personalidad. No siempre ha de ser así, no siempre será así. Una nueva forma de belleza espera, impaciente, escritores de raza que se atrevan a buscar inéditas veredas. También fatiga mucho la insistencia machacona de la geografía de lo subterráneo. Un poco de viento fresco, de aire puro, no está mal. La vida no es triste y tediosa, sino abierta y generosa. No hay sólo Enriques, sino también Anastasios y Celias, y jóvenes que quieren a sus padres y aman a su patria, como Andrés. La realidad es más compleja de lo que creen algunas sensibilidades encanijadas.

* * *

¡Cuán agrio es, muchas veces, el descubrimiento de la sexualidad! ¡Cuán próximo está el mundo de la sexualidad al de la náusea! ¡Cuántas veces la primera revelación sexual es traumatizante, como en Anastasio! La sexualidad no es siempre rosa, ni roja, sino a veces negra, simplemente negra. El mundo de la sexualidad está lleno de metafísica. Reducirlo a fisiología es falsearlo. Antes de la edad prohibida puede haber más física. Después también, pero durante ella es imprescindible un poco de metafísica.

* * *

EDAD PROHIBIDA es una novela diáfana en torno a un problema misterioso. Ésa es su fuerza y su debilidad. La diafanidad de la novela alcanza al lenguaje: plástico, tremendamente plástico en el descubrimiento del mar, o de la mujer prostituida, o del amor ideal, o de la muerte del amigo, es decir, de todas las primeras experiencias que constituyen la adolescencia. La adolescencia es la edad metafísica de la vida, en la que se da el salto de lo incomprensible, que es todo durante la niñez, al saber comprender de la madurez. Lo que me parece un gran acierto en esta novela es la variedad del salto de unos a otros personajes. Unos dudan continuamente, otros saltan sin darse cuenta, y en los más el salto se realiza en silencio, lento, como ocurre en algunos personajes secundarios de esta novela.

Adolescencia es epifanía, revelación, manifestación. ¿Cuándo, sino entonces, se construye nuestro esquema del mundo? Es un esquema pálido, inicial, un proyecto; pero allí está todo *in nuce*. Es curioso: aun sabiendo el final no pueden preverse los diversos tramos de la vida de Enrique, o de Javier, o de Leopoldo, o de Celia; pero, una vez cumplidos, se tiene la impresión de fatalidad. Tenía que ser así. Por eso es trágica la vida humana. Nos parece libre, hermosamente libre. Los juegos de la playa, son la expresión de la libertad. La evasión de la escuela, el roce con la piel femenina, la primera paliza, el primer cigarrillo. Libertad, descubrimiento de un mundo que parece de inagotables horizontes. Después, la libertad es el destino, que parece ciego y fatal.

Adolescencia, «edad prohibida». ¿Por qué prohibida? Porque es la fase más dura y difícil de la vida. La llama que empieza a arder fogosa, tiene que contenerse y replegarse. Ha de saltarse a la otra orilla, renunciar a la ingenuidad, descubrir el régimen del mundo de los mayores, jugar a madurez en pleno verdor, y, sobre todo, descubrir en esa lucha, en ese contraste, cuál es el secreto que le permitirá a uno vivir prohibiéndose a sí mismo lo que no debe ser vivido.

JUAN J. LÓPEZ IBOR

En el curso de esta narración aparecen muchos «personajes» prestando determinados servicios o realizando ciertas actividades —públicas o privadas, civiles o militares, o eclesiásticas— en lugares concretos y en fechas precisas. Es necesario advertir que dichos «personajes» totalmente imaginarios, no guardan relación alguna, ni siquiera como fuente lejana de inspiración, con las «personas» que en aquellos sitios y en aquellas fechas ocupaban real y verdaderamente aquellos puestos o prestaban aquellos servicios.

Los tipos humanos, las instituciones, los organismos, las leyes, los cargos civiles o administrativos, no pretenden servir a la verdad histórica, sino a la pura narración literaria. Cualquier coincidencia de nombres, ocupaciones, fechas, etc., es puramente fortuita.

Todo cuanto discurre y transcurre en esta obra es producto de la fantasía. Y si el autor no niega que haya acaecido en la realidad, es porque ha puesto tanto empeño en su verosimilitud que, a su juicio, todo cuanto en ella se narra hubiera podido verdaderamente acontecer.

LIBRO PRIMERO

BARBECHO

Wer zeigt ein Kind so wie es steht?

RILKE

I

ENRIQUE

EL LÁPIZ CARBÓN de gruesa punta redondeada, quieto hacía unos instantes, corría ahora de un extremo al otro del grueso papel, sin rozarlo apenas en unos puntos, hiriéndolo en otros, como si tuviera vida propia.

—Buen tipo el viejo. ¿No te parece? Tiene cabeza.

Hacía tiempo que Enrique había adquirido la costumbre de dialogar con las cosas para evitar, de plano, monologar consigo mismo. Enrique odiaba la introspección. Hablaba con su lápiz, con su armónica, con los personajes de sus dibujos. Pero no estaba loco. Estaba solo.

—Buen tipo el viejo. Tiene cabeza...

Enrique admiraba a los hombres que tuvieran eso que él llamaba «una buena cabeza», expresión que no intentaba en modo alguno señalar equilibrio mental, profundidad de ideas o capacidad creadora, sino un amplio cráneo adornado del máximo número de adminículos desmesurados: nariz potente, mandíbula en vanguardia, cejas erizadas. Y barba. Barba hirsuta, flamígera, despeinada.

Su colección de dibujos estaba poblada por mendigos, profetas y revolucionarios. Cabezas deformes, cabezas audaces. Por excepción, cuando alguna sobresalía por su temperamento, Enrique se complacía en añadirle un cuerpo, generalmente ridículo o en posturas infamantes y arbitrarias. Aquella cabeza, que hubiera podido pasar a ser la del Cid Campeador o la de Carlomagno, acababa siendo la de un mendigo rodeado de perros ladradores y golfillos burlones armados de piedras. Moisés aparecía en traje de baño jugando en la playa con jovencitas en *bikini*, y Einstein aprendiendo la tabla de multiplicar.

—¡Pobre tonto! Te creías alguien, ¿eh? Y mira lo que eres...

Otras veces era el propio Enrique quien se sorprendía tras la labor destructora de su lápiz carbón.

—Lo siento, señor, yo mismo había creído que era usted un tipo imponente. Lo siento. Es usted un pobre diablo.

Guardó Enrique el carbón, el difumino y los lápices menores... «Mañana seguiré contigo —le dijo—. Ahora ya casi no hay luz.» Después sacó la armónica de su estuche, se acercó al ventanuco, se puso de puntillas, agarró fuertemente con las manos en alto el borde del hueco, hizo una flexión de brazos y ágilmente se encaramó hasta él.

La pared maestra de la celda tenía metro y medio de espesor y era toda de piedra. En el centro, a media altura, estaba la reja: seis barrotes de hierro, verticales, precedidos de un nicho semejante al que tenían las aspilleras de las fortalezas antiguas.

En aquel espacio, en cuclillas o sentado a la usanza mora, pues de pie no cabía, y echado a lo largo tampoco, Enrique se instalaba todos los atardeceres. Entonces también lo hizo. Estuvo unos minutos —dos, tres, cinco— mirando hacia fuera. Después tomó la armónica en las manos, le limpió la rejilla metálica frotándola contra el pecho y la dejó deslizar por los labios, improvisando una nueva melodía.

Ante su celda, rozando las rejas, volaban, persiguiendo insectos, las golondrinas. El atardecer era glorioso. Sobre la España amarilla, ¡qué bien hacen los sotos aislados, pequeños oasis verdes de álamos blancos y chopos! Junto a ellos hay siempre un breve deslizar de agua y unas mujeres —corvas al aire— lavando ropa. Fuera del soto, el campo amarillo, recién segado. Amarilla la tierra, amarillas las eras, amarillas las parvas, amarillo el polvo —gotas de oro— de las aventadoras. Por la carretera lejana zumbaban los automóviles.

Así, en cuclillas, mirando al campo o a las nubes violetas del crepúsculo, Enrique había iniciado la composición de cien melodías. Pero rara vez concluía alguna. El desaliento le invadía con la misma fuerza que el entusiasmo primero. «Esta musiquilla me estaba saliendo tristona. Me aburre lo triste. ¿Y tengo yo motivos para estarlo? ¡No, padre!... ¡Pues entonces!» Hora peligrosa la del atardecer. La penumbra desdibujaba los contornos de las cosas, y los fantasmas de mil recuerdos le cercaban y dialogaban con él. Si alguno le importunaba con absurdas melancolías, Enrique le hacía callar con un «no seas plomo», o «date el bote y no me aburras». Pero si el fantasma insistía, Enrique se ponía en pie y lo echaba bonitamente. «¡Hala, hala; fuera!, ¡... por la puerta se va a la calle!» Después de esto se encaramaba de nuevo en su nicho hasta que daban la luz eléctrica y los fantasmas se desvanecían.

—¡Un, dos! ¡Un, dos!... —bromeaba Enrique marcando el paso al oír a Antonio que se acercaba.

Antonio iba siempre bien calzado. Y sus pasos retumbaban desde lejos por la galería. Llevaba un manojo de llaves colgadas de un aro metálico y las hacía sonar cuando andaba, anunciándose. Era un sesentón gruñón e inofensivo, con la gorra siempre ladeada, muy a lo majo, y que, según Enrique, había frustrado su carrera.

—Usted tendría que haber sido caricato.

—¿Y eso qué es?

—Actor de comedias. El que hace reír.

—¡Vaya por Dios!

Una o dos veces por semana, Antonio visitaba al preso en su misma celda. «Con Dios», decía invariablemente llevándose el índice a la frente. Y después: «¿Le duele la espalda?» Si la respuesta era afirmativa, Antonio se inclinaba sobre el recluso, le remangaba la camisa y, posando sus manazas sobre los desnudos omóplatos del preso, le daba un masaje.

—¿Qué, le sabe bien?

—Es usted un experto.

—Mi mujer, la pobre, todos los septiembres sufría de *plesitis.*

Enrique y Antonio se estimaban vagamente. No en balde eran los decanos del establecimiento.

—Tengo una noticia curiosona para usted —le dijo un día.

—¿Buena o mala?

—Curiosa nada más. Usted recuerda que la semana pasada trasladaron a Anselmo y al *Chorizo* y a Pascual, ¿no? Pues hoy han puesto en libertad a Marcos. Ayer cumplió.

—¿Y qué?

—La cosa está clara: desde hoy es usted el preso más antiguo del establecimiento.

Enrique se rascó la coronilla y preguntó con desfachatez:

—Oiga, Antonio, ¿y eso de la antigüedad no se cotiza?

—No pretenderá usted que venga el ministro de la Gobernación con música y todo a regalarle un reloj de oro. ¡Vamos! ¡Digo yo!

—Pues yo voy a pedir una cosa.

—Ni se le ocurra. Aquí ser el más antiguo es ser el más golfo. ¿Qué va usted a pedir...?

—Otra celda: la 21.

—¡Está loco! Esta que tiene da al campo y se ve la carretera, la 21 da al patio.

—Por eso...

—Además, el ala sur está casi vacía. Allí no hay con quien hablar de puerta a puerta...

—Razón de más.

Días más tarde —ventajas del decanato—, Enrique era trasladado a la celda 21. De esto hacía ya más de dos años.

«¿Para qué quiero yo ver el campo, eh? ¿Para qué voy a querer? ¿Y la carretera y los coches que pasan —¡bsss... bsss...!— como bestias...? Aquí estoy mejor... Allá me quedaba como un tonto, mirando, mirando... Y después la morriña esa. ¡Bobadas! ¿Tengo yo motivos para estar triste? ¡No, padre! ¿Me ha salido algo mal en la vida? ¡No, padre! ¿He hecho siempre lo que me salía de las narices? ¡Sí, padre! ¡Pues entonces!»

Al igual que en la otra celda, Enrique estaba en el ventanuco, en su posición habitual. La pieza ya estaba casi a oscuras, pero fuera aún era de día, y día luminoso. El sol seguramente se habría escondido ya tras el mar amarillo del horizonte, prestando su mejor color a la meseta. Poniente, sin duda, estaría inflamado de rojo. Enrique adivinaba la proximidad del ocaso porque los pájaros volaban altísimos buscando las últimas caricias del sol. Dentro de pocos minutos, el rojo se habría convertido en malva y violeta, y el último vestigio de luz se precipitaría, como un ángel caído, tras el horizonte.

Hacía ya tiempo que la visión del patio había perdido para Enrique su mejor aliciente. Las primeras semanas se pasaba todo el santo día, reloj en mano, junto a la reja, para aprender a leer la hora y el minuto según la raya de sombra marcada por el sol dentro del patio. Saltaba de la cama cuando las últimas estrellas no se habían borrado aún del cielo recién lavado por el alba. A esa hora, una luz sórdida, cenicienta, se desplomaba sobre aquel espacio cuadrangular, como si en un gran recipiente volcaran agua sucia. A las once menos siete, Enrique anotó que la primera raya del sol teñía de luz la pared que miraba al sudeste. Era una raya oblicua que se ensanchaba y descendía ganando terreno a la sombra y aumentando en intensidad a medida que el sol iba dando de plano en la pared. Una tarde, al llegar esta hora, cayó en la cuenta de que el sol se adelantaba cada día, a medida que avanzaba el verano, y Enrique abandonó sus observaciones cronológicas para no volver a preocuparse de ellas. La violenta sinfonía en blanco y negro, luz y sombra, que producía el sol sobre el patio, sugirió a Enrique la idea de copiarlo. Y lo hizo, aunque dibujándose a sí mismo tras cada reja y en distintas edades: tal como él se recordaba de niño, tal como se sabía de hombre maduro y tal como se imaginaba de viejo. Pero no se adornó con barbas, ni con surcos, ni con gestos imponentes, como lo hacía con las «buenas cabezas» de sus dibujos habituales. Se dibujó incoloro e imberbe, como un subhombre. Tras las verjas, variando los juegos de luz sobre sus caras, según la posición del sol en cada ventanuco, había en el dibujo Enriques llenos, crecientes y menguantes, Enriques niños, Enriques hombres, Enriques viejos, todos rapados, pálidos, mondos, como fantasmas de Pierrot.

A mediodía el patio se llenaba de sol. A media tarde, una larguísima sombra comenzaba a crecer derrumbándose desde la azotea hasta las losas del suelo, y allí avanzaba lentamente hasta alcanzar la pared frontera, por la que trepaba. Cuando el último punto de sol doraba el sombrerete de la chimenea, el patio ya estaba lleno de noche anticipada.

«¿Para qué quiero yo saber la hora? ¿Me esperan en casa o en la oficina? ¡Vaya usted a saber para qué diablos me interesa a mí saber la hora que es!»

Un día compuso su *Melodía tras las rejas*, inspirada en su propio dibujo de los cien Enriques rapados. «¿La dejo o no la dejo? —se decía para sí—, porque como triste... me está saliendo más negra que un Viernes Santo.» Pero a pesar de todo, esta vez la concluyó. «Esto es un progreso —se dijo—. Me estoy reformando. Un poco más y seré un hombre de provecho.»

Por culpa de su melodía no oyó los pasos de Antonio, que se acercaba, ni el breve tintineo de esquilas o de campanillas diminutas de su manojo de llaves.

—Con Dios —dijo Antonio, llevándose el índice a la gorra—. Grandes noticias.

Y soltó cuanto tenía dentro.

El Penal tenía nuevo director. Hacía ya una semana que había tomado posesión. El escándalo de lo que había descubierto, sonaría hasta en Madrid. Por lo visto, su antecesor metía mano que daba gusto en las cuentas del almacén y de la cocina. Por menos de eso estaban muchos de los presos allí. El nuevo jefe traía un montón de teorías e ideas nuevas en el bolsillo. Había decidido recibir todos los lunes a los presos que quisieran verle, por si querían reclamar, protestar o pedir algo. Había mandado hacer unos impresos para anotar estas peticiones. Y había abierto unos expedientes de buena conducta para solicitar rebajas de penas a los mejores. Y...

—Pero ¿quién es ese tío? —interrumpió Enrique, impresionado.

—Don Anastasio Fernández.

Enrique abrió unos ojos como espuertas, sintió un nudo en el pecho como si le atenazaran el corazón y se volvió bruscamente de espaldas.

—Fernández ¿y qué más?

—Fernández Cuenca. ¿Le conoce usted?

—No.

Cuando Antonio salió, Enrique, sentado en el camastro, se llevó las manos a la cara. Cuando las retiró estaba pálido. Se puso en pie. Paseó lentamente por la celda. Al fin se detuvo. Apoyó la espalda en la pared del ventanuco, y así mirando a la puerta, sin pestañear, estuvo horas absorto, quieto, como si un gran peso le inmovilizara. Esta vez, cuando se encendió la luz, los fantasmas no se desvanecieron.

Tres días después repartieron entre los reclusos unas hojas impresas. Había que rellenarlas para ser recibidos el lunes siguiente por el director. Tenían una casilla para anotar el motivo de la visita o lo que se iba a solicitar.

Enrique, lápiz en mano, tuvo el impreso varios minutos ante él sin hacer nada. Después cogió la hoja, la dobló cuidadosamente por los ángulos, ciñó un extremo sobre otro e hizo una pajarita de papel. Todos los viernes repartían los mismos impresos, y todos los viernes Enrique aumentaba con un ejemplar su pequeño zoológico de papiroflexia.

Tras la pajarita vino una jirafa. Más tarde un rinoceronte. Y un asno. Y un perro. Y una mariposa. Cuando la colección adquirió una importancia respetable. Enrique decidió decorar su celda.

—Necesito clavos —le dijo a Antonio.

—Está prohibido.

—Cuerda entonces.

—No puede ser.

—Mire usted, Antonio. Si yo quisiera suicidarme, no tenía más que golpear su cabezota de chulo endomingado contra la mía: usted se haría un chichón y yo me fracturaría el cráneo.

—¿Y por qué no se lo pide usted al director un lunes?

Enrique dudó y se volvió de espaldas para liar un cigarro.

—Porque para pedírselo tendría que emplear un impreso, y los impresos los necesito para mi zoológico... La cosa está clara. ¡Digo yo...! ¿No?

Los pasos de Antonio retumbaban claramente por la galería.

—Con Dios, Enrique.

—¡Hola, Antonio!

—Arréglese, que va usted a ver al director.

Un relámpago cruzó los ojos del recluso. Instintivamente se llevó las manos a la cabeza para alisarse el pelo. Después, meditadamente, las bajó, dejándolas caer a lo largo del cuerpo. Este momento tenía que llegar. Era forzoso que llegara. Las facilidades que daba el director para que los presos le vieran ¿qué explicación tenían, sino la de abrir a Enrique, sólo a Enrique, las puertas de su despacho? Y más tarde, los impresos... A Enrique no le cabía duda de que era una medida más, una invitación más, para que él —él, y no otro— tomara la iniciativa de verle. «Pobre viejo (se dijo), siempre tan bueno, y tan torpe.»

—No quiero ir.

Antonio le miró a los ojos.

—Le he dicho que el director le llama y no es cuestión de querer o no querer. ¡Hay que ir!

A Enrique se le subió la sangre a la cabeza, y temió que le viniera uno de esos prontos que le cegaban, privándole de la facultad de razonar. Apretó los puños, tragó saliva y, para serenarse, se sentó.

—No hay prisa —le dijo Antonio—. Pero le espero. Tiene que ir.

Enrique le contestó en el tono más conciliador que pudo.

—Escuche, Antonio, escúcheme hasta el final. Tiene usted que llevarme a la fuerza, ¿comprende? Solo no puede. Tiene usted que ir al Cuerpo de guardia y pedir que vengan dos hombres... o mejor tres. Sí, creo que será mejor que vengan tres...

Hablaba muy bajo, con mucha suavidad. Continuó:

—Pero ya que tiene usted que darse ese paseo, le voy a pedir un favor. Antes de buscar ayuda en el Cuerpo de guardia (pues para usted, que es amigo, sería muy violento ver cómo me ponen las manos encima... y cómo me arrastran...), antes de eso, ¿comprende?, se acerca a la Dirección..., ¿comprende?, y dice usted que..., que..., ¡que no quiero ir!

Enrique se había excitado peligrosamente. Y gritaba, gritaba rompiéndose la voz:

—¿Ha entendido usted bien? ¡¡Que no quiero ir!!

Nunca en catorce años de cárcel, Antonio le había visto tan fuera de sí. Tuvo miedo, porque daba miedo verle con la boca torcida en una mueca de odio o de terror, y los ojos llenos de sangre, de sangre verdadera.

—¡¡Que no quiero ir!! ¿No me ha entendido usted? ¡¡Que no quiero ir!!

Antonio dio media vuelta, salió y cerró tras sí la puerta de la celda.

—Antonio, espere. No se vaya todavía.

Ahora lo decía con voz calmosa, forzando el tono de amistad.

—Le pido ese favor... porque estoy seguro de que si el director sabe que no quiero ir... ya no le interesará que yo vaya...

Antonio no dijo nada y se puso a desandar la enorme galería. «¿Cómo le voy a decir a nadie que el preso ha dicho que no quiere ir? Le van a dar una paliza que lo van a doblar. ¡Pobre hombre...!»

Antonio entró en el despacho del director.

—¿Da su permiso? Venía a decirle que... el número 21 ha dicho..., imagínese..., está loco... ha dicho, digo, que... no..., que no quiere venir... Y yo...

El director le interrumpió secamente:

—No me interesa saber si el recluso quiere o no venir. Yo sólo le dije que lo trajera.

—Sí, señor; sí, señor... Y ahora mismo iba yo a pedir en el Cuerpo de guardia que me ayudaran. Porque yo solo... no podría. Ya estoy viejo.

Hizo ademán de retirarse.

—Ahora mismo se lo traigo. Con su permiso.

Antonio abrió la puerta para salir, pero el director se lo impidió.

—Espere...

Fernández Cuenca estaba de pie, las manos en los bolsillos, el cigarrillo en los labios y, los párpados entornados para protegerse del humo que le subía por el rostro, inundándole un ojo. No era la primera vez que Antonio le veía en esta postura, un poco ladeada la cabeza, como si sintiera placer con el humo del cigarrillo —cigarrillo que apenas tocaba con las manos— subiéndole por la cara. «Cuando mira así a alguien, estoy seguro de que no le ve —se decía—. Hasta ha olvidado que estoy yo aquí.»

Anastasio Fernández le miraba, en efecto, sin verle. Después le volvió la espalda, se sentó en su escritorio, echó el cuerpo hacia atrás, y se entretuvo en producir con el humo blancos anillos de Saturno y seguirlos con la mirada hasta que se esfumaban. Fernández era lento en sus decisiones. Al fin apagó el cigarrillo y echó un vistazo a su reloj.

—En realidad ya es muy tarde —terminó por decir—. No sé si voy a tener tiempo de recibirle hoy. Mañana será mejor.

Antonio se alegró de su decisión. Y recordó la frase de Enrique: «Si el director sabe que no quiero ir..., ya no le interesará que yo vaya...»

—¿Entonces se lo traigo mañana?

Fernández dudó.

—Sí, mañana. O la semana que viene. Ya le avisaré a usted. Ahora me voy a mi casa.

—Con su permiso —dijo Antonio. Y se retiró.

Anastasio se puso en pie, recogió unos papeles, los guardó en su carpeta de trabajo y salió él también.

Sobre las losas de la galería, mordidas por el tiempo y la humedad, sus pasos sonaban lúgubres y solemnes. Los presos, forzosamente, tendrían que oírlos. Y a Anastasio no le gustaba ser oído. Bordeó el patio, cuya luz sucia, amarillenta, se extendía de abajo arriba hacia las celdas. Al acercarse a la «Jefatura de Servicios» hubo revuelo y cuchicheos, cartas que se escondían, botellas que se ocultaban, palabras cumplidas de «A sus órdenes», «Buenas noches», «A darse un paseíto, ¿eh?»... La puerta exterior de la cárcel daba directamente a la carretera, pero había un senderillo que bordeaba la muralla hasta uno de sus vértices. Allí se adentraba por un barbecho y llegaba mal que bien al Sotillo de los Pinos. Fernández despreció la carretera y se adentró por el camino.

—¡Soy yo...! —gritó al llegar al vértice y ver la sombra de uno de los centinelas doblada hacia abajo intentando reconocerle.

—¡A sus órdenes! —dijo éste.

Anastasio, pasito a paso, se fue alejando de espaldas al Penal.

El Sotillo de los Pinos era un pequeño oasis verde, a medio camino —trescientos metros— entre la cárcel y el pueblo. De día, unas mujeres lavaban ropa en un proyecto de río que pasaba entre los árboles y que se tragaba la tierra unos metros más lejos. De noche, rara vez alguna pareja se escapaba hasta allí, y con no poca frecuencia, el cura (que era además astrónomo, radiestesista y entrenador del equipo de fútbol local) desborricaba en este sitio a los mozos menos píos, que no querían que en el pueblo los vieran de palique con el «clero».

—Un hugonote, eso es lo que eres tú. Y un gamberro. Si sigues así, acabarás ahí dentro algún día.

Y el cura señalaba la mole siniestra del Penal, quebrando como un fantasma negro los planos de sombras de la noche.

El Sotillo de los Pinos era el último vestigio, en diez kilómetros a la redonda, del bosque que en otros tiempo cubría la zona. Poco a poco los pueblos lo fueron talando, sin ver que talaban también, a golpe de hacha, su propia riqueza. En la llanura pelada, sólo algún ejemplar, señero, quedaba como recuerdo de otros tiempos. Más lejos, sí, los pinos se iban viendo con más frecuencia, y al llegar a la Quebrada de Las Mirillas, veinte kilómetros hacia Levante, el bosque se conservaba intacto y apretado. Pero desde allí no se veía.

Anastasio Fernández, las manos en los bolsillos, inclinado el cuerpo hacia adelante, la cabeza siempre ladeada cargado de hombros, llegó al Sotillo, buscó el tronco caído de un árbol y se sentó.

La noche era joven y su soledad estaba poblada de unos mil ruidos que quiebran en el estío el silencio de las noches manchegas. Agudos timbres de alarma, como extraños mensajes del pequeño mundo de los grillos y las cigarras dialogando en Morse con las estrellas. Y los martillazos blancos del croar de las ranas y el chillido corto y agudo de las aves nocturnas...

La luna no había salido aún, y el cielo altísimo, sin una luz más potente que las velara, estaba apolillado de estrellas. De estrellas que brillaban y parpadeaban en la noche como ojos de alimañas.

Por la carretera, los coches se anunciaban desde lejos con los faros, y al doblar la curva iluminaban por un segundo, como un *flash* fotográfico, la mole del Penal. Era un relámpago breve, pues allí mismo nacía la recta y los coches se disparaban por ella a todo gas. En tal época del año, de Madrid al Sur sólo podía viajarse de noche: tan grande era el calor. Anastasio Fernández los miraba alejarse carretera abajo. También era de noche y era verano cuando llegó, hacía veintidós años, a aquella otra ciudad cerca del mar. Un coche de la policía le dejó en una plaza con soportales, llena de miradores.

—Allí es. En aquel portal... —le dijeron.

Anastasio Fernández encendió un cigarro. Una brisa templada agitaba suavemente las altas copas de los pinos. Se estaba bien en el Sotillo. Mejor que los presos en sus celdas. Mejor que Enrique en su camastro. «¡Pobre Enrique, mi buen Enrique!»

Anastasio echó una gran bocanada de humo. «El primer puro de mi vida Enrique me lo dio. Juntos fumamos nuestro primer cigarro.»

Intentó hacer un anillo con el humo. Esto le ayudaba a pensar y a recordar. Pero la brasa lo esfumaba apenas nacido.

—Pobre Enrique...

Anastasio Fernández se dejó arrastrar por los viejos recuerdos.

—¡Enrique..., mi buen Enrique...!

1937

LA LLEGADA

EL COCHE DE LA POLICÍA dejó a Anastasio junto a las arcadas de la plaza del Buen Pastor. Una lluvia menuda, de invisibles flecos, caía mansamente. Se refugió bajo los soportales.

—Toma, no olvides tus cosas.

Anastasio cogió su hatillo.

—Aquél es el portal.

Estaba nervioso. ¿Habrían recibido sus tíos su carta desde Francia? ¿Se acordarían de él? La última vez que le vieron tenía siete años y ahora ya tenía trece. ¿Cómo le recibirían? Subió lentamente los cuatro pisos del edificio. Aquélla era la puerta. Tanteó la pared buscando el timbre. Tardaron en abrirle. Al fin se oyeron unos pasos que llegaban de lejos, y el breve chasquido de un interruptor de luz. La mirilla de la puerta se abrió, y Anastasio notó que le miraban.

—Buenas noches —dijo.

A través de la mirilla le seguían observando.

—¿Qué quieres, niño? —le preguntó una voz de mujer.

—Ábrame —suplicó Anastasio—. Quiero ver...

—Te abriré si me da la gana —le interrumpió la voz—. ¿Qué quieres?

—Quiero ver a doña Enriqueta Cuenca.

—Doña Enriqueta está acostada. Vuelve mañana.

La mirilla se cerró y los pasos se alejaron.

Anastasio estuvo a punto de echarse a llorar. Estaba agotado por el viaje y las emociones de los últimos ocho días. La llegada a Irún no podría olvidarla nunca. ¡Qué gritos, ¡qué aspavientos los de sus compañeros de viaje! Una apretada multitud los esperaba. Hubo abrazos, lágrimas, vómitos, desmayos. Y él solo, entre tanta gente. Nadie le esperaba. Era el único niño entre personas mayores que lloraban. Y él ni siquiera podía llorar. Creyó reconocer a tía Enriqueta. Corrió hacia ella. La veía venir de frente, acongojada, con una expresión de angustiosa alegría en el rostro, los brazos abiertos. Pero un hombre se interpuso y robó aquel abrazo que Anastasio creyó que era para él. Fue un abrazo frenético, desesperado, silencioso. El muchacho los miraba tristemente. No era tía Enriqueta. Eran una madre desconocida y un hijo. «¡Cómo se quieren!», pensó.

—¿Y tu padre?... ¿Dónde está tu padre? —dijo ella, al fin.

—Viene en la próxima expedición.

—Júrame que no me engañas, júramelo.

—Te lo juro, mamá. La semana que viene estará aquí.

Y madre e hijo, enlazados, mirándose, besándose, se alejaron.

Un policía se fijó en Anastasio, supo quién era y se brindó a traerlo hasta San Sebastián.

Ante la puerta cerrada, Anastasio dudó. No tenía dónde ir. Fuera, llovía. No conocía a nadie. Estaba solo. Carecía de dinero.

Volvió a llamar, largamente, con descaro.

—¿Otra vez aquí? ¿Quieres que te eche a puntapiés...?

—Dígale a tía Enriqueta que soy Anastasio... ¡Vengo de Madrid!

La puerta se abrió. La criada le miraba ahora con ojos espantados.

—¿De Madrid? ¡Jesús, María...!

Y echó a correr hacia el interior.

El muchacho se quedó en la puerta, con su hatillo en la mano, sin atreverse a entrar.

Dentro se oían voces, y revuelo de sábanas, y pasos apresurados.

Tía Enriqueta corría hacia él desde el fondo del pasillo. ¡Qué vieja estaba y qué fea! Tras ella, tío Anselmo, en zapatillas, con la chaqueta del pijama a medio poner. Le miraron como a un aparecido.

—Pero... ¿tú eres Anastasio...? ¡Chico! ¿Qué haces aquí?

Le observaban incrédulos, con reproche.

Anastasio no se pudo contener. Bajó la cabeza y se echó a llorar. Ni una mano se tendió hacia él. Tía Enriqueta no le besó. Algo sabía él de los disgustos familiares entre su padre y ellos. Pero en un caso así, ¿serían capaces de no alojarle?

—Anda, pasa para adentro. No te quedes ahí, que entra frío —dijo tío Anselmo.

—¿Quieres comer algo? —preguntó tía Enriqueta.

Entraron en la salita.

—¿Y tu padre? Ése se habrá quedado allá, con los suyos...

—Pero ¿no sabéis nada? —balbuceó Anastasio—. Mamá os escribió...

—¿Saber qué?

—Que papá murió... Lo mataron...

—¡¡No!!

Enriqueta y Anselmo se miraron con un gesto de inteligencia.

—Hace ocho meses.

—¡Qué vergüenza! —dijo la mujer.

Anastasio no sabía adónde mirar ni qué decir.

—¿Y tú qué piensas hacer ahora? —preguntó tío Anselmo.

—No pretenderás quedarte aquí —interrumpió tía Enriqueta—. ¡Menudo conflicto! ¡El hijo de un fusilado!

Anastasio pensaba volverse loco. No comprendía nada. ¿Cómo podía nadie ser tan cruel...?

—Lo han matado los de Madrid... Mamá os escribió. Hace muchos meses...

—¿Los rojos a tu padre? ¿A tu padre los rojos? ¡Estás mintiendo...!

—Calla, mujer —interrumpió Anselmo—. El chico no tiene la culpa de nada.

—¿Y tu madre?

—Está en Madrid. Ella no ha querido venir para no ser una carga para vosotros...

—¡Tu pobre madre...! —sollozaba ahora tía Enriqueta—. ¡Qué desgraciada ha sido siempre! Y ahora esto. ¡Qué horror! Porque que tu padre pague sus culpas, bien está..., pero ella. ¿Qué culpa tiene ella? ¡Pobre Adela!

Anastasio se puso en pie.

Estaba pálido, hambriento, cansado. Había aguantado hasta entonces por ver si era verdad que le daban esa comida que le habían ofrecido. Pero ya no podía más.

—¿Qué culpa tiene tu madre, me puedes tú decir...?

—Y yo... —gritó Anastasio rebelándose—, ¿qué culpa tengo yo de nada?

«Eres mala, tía Enriqueta, eres mala», pensó Anastasio, con tanta fuerza que llegó a dudar si lo habría dicho o no en voz alta. Pero estaba cansado, deprimido. Había sufrido mucho. No tenía fuerzas para luchar.

Tío Anselmo se levantó.

—Ven —le dijo—. Acuéstate... Tienes muy mala cara.

Le acompañó hasta el cuarto.

—Dormirás en mi cama. Ya me arreglaré yo con tía Enriqueta.

—Yo no quisiera que por mí... Me da mucha vergüenza que por mi culpa...

Anselmo le miró fijamente. Después le dio un beso y le empujó hacia el interior.

—Buenas noches, sobrino. Que descanses... ¿Quieres comer algo?

—Sí...

—Tía Enriqueta te lo llevará a la cama.

Y tía Enriqueta le llevó un vaso de leche caliente, pan y dos manzanas.

III

LAS NIÑAS *BIEN*

LOS CUARTOS..., las medias..., las horas... El reloj del Buen Pastor iba trazando pequeñas fronteras al sueño. En cuanto Anastasio oyó pasos por la casa, se levantó y se fue al comedor, la única habitación que conoció la víspera. Un mirador daba a la plaza: una lluvia pequeña, menuda, polvillo de agua, lo envolvía todo. En el centro, una iglesia bordeada de jardincillos con hortensias y geranios. Tenía la iglesia una sola aguja central, como un gran cucurucho, y era de color de tierra. Las casas que cuadriculaban la plaza eran también del mismo color. No había edificaciones de ladrillo, como en Madrid, ni de granito, como en la Sierra, ni estaban encaladas, como al sur de Aranjuez. Todas eran de un mismo material. Se diría que las fachadas estuvieran revocadas con barro o que la lluvia hubiera unificado los tonos. ¡Qué lluvia más extraña era aquélla! Caía sin estridencias, muy lenta, y era tan fina, que la ley de la gravedad apenas existía para ella. Más que caer, descendía. Era como si una nube baja se deshilara y sólo se hiciera agua al contacto con las cosas. Pero ¡qué limpio estaba todo gracias al agua! Hasta las manchas adquirían, por virtud de la lluvia, una categoría nueva: el aceite de los coches caído sobre el asfalto de la calle, se diluía en manchas multicolores azules, rojas, violetas. «Me gusta esta lluvia», pensó. Y su primer impulso fue bajar a la plaza y comprobar si mojaba. Pero no se atrevió. Los pasos de tía Enriqueta se oían en el pasillo. Se acercaban.

—¡Jesús, María y José, qué susto me has dado! ¿Qué haces aquí? ¿A qué has entrado aquí? ¿Sabes qué hora es? ¿Por qué te has levantado?

A cada exclamación, Anastasio intentó oponer un tímido «perdona», «creía que...», «yo no sabía la hora», «quería desayunar».

—¿Qué pensabas?, ¿que te queríamos matar de hambre? En esta casa hay poco dinero; pero comer, comerás. ¿Qué se habrá creído el mocoso? Nos apretaremos el cinturón, como dice tu tío, y a otra cosa. Lo que no puede ser es que te pasees de noche por la casa buscando golosinas, porque aquí no las hay, ¿te enteras? Que si tu madre hubiera tenido un poco más de aquí —y se señalaba la frente—, no pasarían las cosas que están pasando. Y yo me entiendo.

Anastasio la escuchó sin parpadear, con los ojos muy abiertos.

Enriqueta le miró fijamente.

—Tú has hecho algo... ¿Has cogido azúcar? —Abrió las hojas del aparador—. Aquí falta azúcar. Dime la verdad...

—No.

Enriqueta tomó el azucarero, lo metió en un cajón, lo cerró con llave y se la guardó.

«Me voy a la compra», dijo. Cogió una bolsa grande de hule y se fue.

Si la congoja es una protesta impensada, un porqué sin respuesta que comienza a girar, a girar como una hélice dentro del pecho; un remolino de sensaciones que se forma entre el corazón y la garganta, eso fue lo que Anastasio sintió apenas la puerta se cerró ante él.

Anastasio había renunciado desde pequeño a buscar el porqué de muchos secretos. Sabía que había cosas inexplicables sobre las que no valía la pena meditar ni averiguar la causa. Eran de esta manera y no de otra «porque sí». ¿Por qué habían matado a su padre? ¿Por qué? ¿Por qué había guerra? ¿Por qué tía Enriqueta era así? ¿Por qué su madre no había podido venir con él? ¿Por qué le había enviado a casa de esta mujer odiosa? Como buscar explicaciones donde no las había le producía una angustia infinita, un movimiento intuitivo de autodefensa le había llevado —a él, que era de natural reconcentrado y meditativo— a renunciar a toda aclaración. Calculó el tiempo que tardaría tía Enriqueta en bajar de la casa y salió del comedor.

—¡Hola, muchacho!

—¡Hola, tío!

—¿Adónde ibas?

—A la calle. Quiero conocer la ciudad.

—¿Te has desayunado?

Anastasio mintió:

—Sí.

—Vuelve para comer. A las dos... Sé puntual.

—Sí. Adiós.

Y salió a la calle. «No debí decirle que había desayunado —pensó—, sino que no quería desayunar para que no tuvieran que apretarse el cinturón. Y no debo regresar a las dos, sino a las nueve, y sin comer para que me noten demacrado.»

Pero Anastasio, que pensaba siempre lo que decía, no decía siempre lo que pensaba. Y se guardó su discurso. Y regresó a las dos. Y volvió a salir apenas terminó de comer.

Por la mañana había experimentado una de las sensaciones más grandes de su vida: ver el mar por primera vez.

Al salir de casa llovía; pero eran tan finas las gotas y tan espaciadas, que hasta las gentes que llevaban paraguas, lo llevaban cerrado, a guisa de bastón. ¡Qué lluvia más ridícula! En su tierra, o se desplomaba el cielo en agua sobre la tierra, inundando las calles, o granizaba o nevaba o hacía sol; pero esta birria de lluvia no la había visto nunca. Caminó bajo los pórticos de la plaza y torció a mano derecha, por la primera calle. Al fondo se adivinaban unos jardines con unos pinos muy bajos en forma de setas. Después supo que se llamaban tamarindos. No los había visto nunca. Las ramas se abrían en la copa, igual que las varillas de un paraguas, y al juntarse con las del árbol vecino formaban como un techo aceitunado bajo el que paseaban las gentes. El tronco y el tamaño eran como de olivos; y las hojas, alfileres verdes, como en los pinos. Le gustaron. Y tanto se extasió en su contemplación, que tardó en ver —y una vez visto tardó en comprender— qué era esa breve línea azul que se percibía entre los troncos. Aceleró la marcha y se acercó, y ya no vio los árboles ni a los que paseaban bajo ellos, ni volvió a pensar en la extraña lluvia, porque acababa de descubrir el mar. Se apretó contra la barandilla del paseo. Bajo sus pies —blanca la arena seca, amarilla al borde del agua—, la playa trazaba un semicírculo perfecto entre dos montes. Y en medio el mar, ese mar que no había visto nunca, entraba en el redondel de aquella enorme plaza de toros que era la bahía y llegaba hasta la playa, que era una prolongación del fondo: un plano inclinado por el que el agua llegaba a la tierra. El agua tenía vida. No se estaba quieta. Respiraba. Ya sabía él que existían las olas; ¡pero las había imaginado de tan distinta manera! Anastasio pensaba que la superficie del mar se movería, como las ramas de los árboles, con la fuerza prestada del viento. Pero nunca con aquel poder propio, con aquel mágico y ruidoso respirar. Y ahora, ante sus ojos, se producía el milagro —lo estaba viendo— de ese vaivén del mar que se acerca en un tirabuzón de espuma blanca que parece va a arrollarlo todo y se retira después como si unos hilos invisibles y poderosísimos tiraran del agua para devolverla a su seno. Y así una vez y otra vez. Las olas se acercaban a la tierra de tres en tres, pues cuando rompía la primera, ya la segunda avanzaba para imitarla, y una tercera comenzaba a formarse. Y al romperse, un rumor sordo como un ronquido sonaba de parte a parte de la bahía.

Dos horas largas anduvo Anastasio de acá para allá por el paseo que bordeaba la playa, sin atreverse a bajar a ella. La lluvia —si es que así podía llamarse a aquella ínfima salpicadura— ya no caía —si es que así podía decirse de aquel levísimo descender—. A medida que fue avanzando la mañana, el sol se adueñó del espacio. Y si llegó puntual a comer, no fue tanto por complacer a su tío como por proseguir a la tarde sus maravillosos descubrimientos.

El primer domingo, al regresar de misa, encontró sobre la mesilla de noche una peseta. Al ir a devolverla supo que era un generoso aumento que sus tíos añadían a los desvelos y a los gastos que su estancia les ocasionaba. Su primera salida fue para comprobar la elasticidad de su presupuesto. Con este dinero semanal podía realizar diez viajes en tranvía, o comprarse dos helados italianos de nata y limón, o ir una vez al cine, al gallinero del Trueba. No había para más. De todas estas posibles inversiones, Anastasio escogió la primera: viajar en tranvía. Quería saber hasta dónde llegaban todas las líneas, qué nuevos sitios inéditos podía descubrir, qué rincones exigían este medio de locomoción y a cuáles de ellos podía llegarse cómodamente a pie. Su primer viaje le reservó una agradable sorpresa: conoció la existencia de unos abonos, cada uno de los cuales costaba una peseta precisamente y daba derecho a realizar, no ya diez viajes, sino doce. Su primera inversión fue, pues, adquirir uno, por el ahorro que representaba. Transcurrida una semana comprobó, no sin satisfacción, que aún tenía derecho a realizar varios viajes más. Esto significaba que, sumando el ahorro en viajes de una semana y otra, llegaría una en que surgiría el problema de en qué invertir su famosa y elástica peseta de los domingos. Y decidió, para cuando llegara el día, tomarse dos helados, uno tras otro. El primero sería de limón y nata; el segundo de nata y chocolate. Y entretanto...

¡Qué maravillosa experiencia la que tuvo entretanto! La mejor de todas. Y gratuita. Anastasio, sin que nadie le animara, sin que nadie le viera, se atrevió a mojarse los pies en el agua; más aún, a andar por el agua, con los pies descalzos, mojándose hasta las rodillas.

Descubrió que la otra playa, Ondarreta, la que está más próxima a la isla, tenía muchas menos olas que la playa grande. Y un día de marea baja se animó y lo hizo. Después mojó la mano en el agua y probó el sabor, amargo, mineral, fortísimo, del mar.

De sobra sabía que aquello era una isla; pero como la chiquilla le miraba extrañada de su contemplación, por romper el hielo preguntó si era o no una prolongación del monte.

—Claro que es una isla —respondió la niña—. Se llama Santa Clara. Y se puede llegar en barca. Y desde Ondarreta, nadando.

—¿Y es muy grande?

—¡Huy, qué tonto! ¿No ves que es muy pequeña?

Anastasio se azoró no poco de haber hecho esta pregunta tan simple.

—Celia, Celia... *viens ici.*

A Anastasio le gustó el nombre: Celia. La chiquilla se fue corriendo hacia quien la llamaba.

—*Qu'est-ce que tu parlais avec cet enfant-là?*

—Me preguntó que si la isla era muy grande.

—*Je ne veux pas que tu parles avec des inconnus.*

Anastasio se azoró aún más y ni siquiera se volvió a mirar la cara de *mademoiselle.*

Si hubiera sabido que iba a encontrar chicos y chicas de su edad, no habría subido. Era aquélla una plataforma, casi en lo alto de Urgull, volcada sobre la bahía, y estaba llena de «niñas bien» con sus *misses* y *mademoiselles.* Unas niñas saltaban a la comba con increíble habilidad; otras, con una pierna recogida, como las aves zancudas, empujaban a la pata coja piedras con el pie, sobre unos cuadros dibujados con tiza sobre las losas; otras, en fin, sentadas en los bancos, daban buena cuenta de la merienda: merienda de niños *chic*: cacao «SAM» en vasos de papel encerado, suizos espolvoreados con azúcar y tabletas de chocolate y leche que extraían de unas fundas azules —«Suchard»— o coloradas —«Nestlé».

Anastasio salió de allí y continuó la escalada por un

atajo entre ruinas, hasta coronar el monte. Desde allí se contemplaba una extensión tan grande de mar que el horizonte se veía redondo. Nunca antes de ahora había experimentado tal vértigo de sensaciones, de ideas, de juicios, hasta de metáforas ante la inmensidad. El mar era en aquella hora de un azul adolescente, y a medida que se acercaba al arco del horizonte, palidecía como si fuera a enfermar. Rompiendo la informe monotonía del agua, había sobre el mar extrañas manchas verdosas en zigzag, que bien podrían ser bancos de algas o de peces, o estelas de barcos que habían pasado por allí, o sombras de rocas sumergidas, o corrientes de mar visibles como en las litografías de los mapas del colegio. No había adquirido Anastasio el sentido de la proporción e imaginó que los barcos sobre el agua serían, vistos desde allí —poco menos, poco más—, del tamaño de la isla. No era esto muy lógico, habiendo preguntado minutos antes si la isla era muy grande; pero el caso es que, sin meditarlo, así los había imaginado. Y ahora, al ver los barquichuelos en la lejanía, como ínfimas hormigas, se rió de sí mismo y de su ignorancia. «Es ésta la primera vez que me río desde que estoy aquí», pensó. Y esto le produjo una sedante sensación de bienestar.

Nunca supo cuántas horas estuvo en la cumbre de Urgull contemplando el Cantábrico. Pero advirtió que era azul cuando llegó, que se volvió verde después y que al ocultarse el sol se puso gris. Al bajar vio de nuevo la misma niña con quien había cambiado unas palabras. La estuvo observando de espaldas, pues bajaba delante de él acompañada de *mademoiselle* y de otras dos niñas más pequeñas y muy parecidas entre sí. Vestían todas faldas escocesas rojas, verdes y amarillas, y una blusa blanca. En la mano, las tres llevaban una chaqueta colorada. Bajaban riendo y saltanto, y la *mademoiselle* no abría la boca sino para recomendarles que no arrastraran la chaqueta por el suelo.

«Son niñas ricas», pensó. Y después sentenció filósofo: «¡Qué tontas son las niñas ricas!»

Instintivamente acortó el paso. No quería adelantarlas, no fuera la *mademoiselle* a repetir lo de los «niños desconocidos». Pero se sobrepuso. ¿Qué tontería era aquélla? Si su paso era más rápido, las pasaría. Y si no, no. ¿Era acaso aquel monte un jardín privado? Si él era desconocido para ellas, ellas eran desconocidas para él. ¿O no tenía, por ventura, el mismo derecho que cualquiera para estar allí?

Las niñas bajaban por el camino, y un atajo apareció de pronto junto a Anastasio. Sin pensarlo, se metió por él y salió al mismo sendero, pero muy por delante de ellas. «¿Por qué he hecho esto? —se dijo—. Es ridículo.» «¿Para no cruzarme con ellas? ¿Y por qué no he de cruzarme con ellas?» Se detuvo un momento, se mordió las uñas y se sentó en un banco, esperando a que las niñas pasaran. «Ahora me fastidio y las espero.»

Anastasio estaba de luto. Su pantalón corto tenía el tono de ala de mosca que toman las telas negras largamente usadas. Las medias de lana grises y caídas sobre los tobillos eran impropias del tiempo. Se las recogió y las dobló bajo la rodilla. La camisa blanca... «¿Qué tiene mi camisa blanca? ¡Todas son así! ¿No son todas así?»

Las niñas y su acompañante se acercaban. Anastasio se inclinó hacia adelante. Apoyó los codos en las rodillas y la cara entre las manos.

—Adiós —dijo.

—Adiós... —contestó la mayor de ellas.

Y como *mademoiselle* se inclinara hacia la pequeña para preguntarle que quién era, Anastasio gritó: «¡Soy el niño desconocido de antes..., tonta...»

Pero no lo dijo en voz alta: lo dijo gritando, pero en sus adentros. Cuando llegó abajo, vio que el agua del mar estaba negra, mucho más negra que el cielo. Rebasó de nuevo a las niñas, que se habían quedado junto a un puesto de helados. Celia estaba tomando uno de nata y chocolate. La boca se le llenó de saliva. A todas sus observaciones respecto al mar, Anastasio añadió dos más aquella tarde: que más que recibir el color del cielo, se diría que es el mar el que presta su color a aquél; porque si azul, es más azul que el cielo; si gris, más gris; si negro, mucho más negro. Y que mirarlo alegra el ánimo al que ya es alegre y no entristece al que ya está triste.

Aquella noche Anastasio soñó que se ahogaba en una inmensidad, en un océano sin límites, mitad de agua, mitad de tristeza.

IV

LOS NIÑOS *MAL*

EL CONOCIMIENTO DE ENRIQUE fue para Anastasio el suceso más importante de su adolescencia. Enrique entró en la vida como un torbellino cegador. Su personalidad era tan fuerte, su actividad tan incansable, su capacidad de influencia tan avasalladora, que durante muchos años Anastasio no habló ni vio ni opinó si no era por boca, ojos e ideas de Enrique.

Si las circunstancias de la vida de Anastasio hubieran sido otras, si el ambiente que le circundaba no hubiera sido tan triste, incluso si la ocasión en que le conoció hubiera sido distinta a la que fue, quizá esta influencia no habría llegado a ser tan duradera ni tan profunda.

Anastasio sentía por Enrique una mezcla confusa de admiración y miedo.

Cuando le vio llegar y acercarse a él —¡después del espectáculo, Dios mío, que había presenciado!—, se echó a temblar, y no salió corriendo a las primeras palabras por pura dignidad; mas no porque no fuera ésta la reacción que su instinto le aconsejara.

—Oye, tú, y de lo que has visto hoy, como si fueras ciego —le dijo Enrique, dándole la espalda.

Anastasio tragó saliva. ¡Lo que había visto! Desde

luego, en toda su vida no había visto nada igual. Al llegar a casa tendría que reconstruirlo; porque la sucesión de hechos fue tan rápida, tan divertida, tan embrollada, que no había tenido tiempo de analizarla. Tal era su confusión.

Aquella mañana había bajado a la playa, decidido a realizar por segunda vez su experimento de mojarse los pies en la orilla. Aunque la temporada estaba en sus comienzos, eran muchos los que, animados por el buen tiempo, se atrevían a sumergirse en el mar. Tenía el plan de efectuar una cadena de sucesivas experiencias que le llevarían un día, por sus pasos contados, a bañarse del todo, como hacían, no ya los muchachos de su edad, sino muchas personas mayores e incluso algunos viejos.

Si no realizó su propósito fue porque cerca de él, sentado en la arena —y en la única zona de la playa hábil para su propósito— había un chico de edad próxima a la suya, que le hubiera visto. Anastasio, que era tímido, poseía además un sentido del ridículo extraordinariamente desarrollado. El espectáculo de sí mismo vestido medio de invierno, remangados los pantalones, e introduciéndose en el mar con todos los melindres naturales y la lentitud que su prudencia y su inexperiencia le aconsejaban, exigía un campo de acción libre de testigos. El resto de la playa estaba ocupado por los primeros bañistas del año. Sólo este rincón era apto para la frugal inmersión. Decidió, pues, aplazar su plan para otro día y se sentó en la arena, cerca de la orilla. Así estaba, sin hacer nada, sin pensar en nada, sin plan alguno preconcebido, cuando un lamento horrible y potentísimo, como los popularizados en la pantalla por Tarzán, el medio-hombre de las selvas, retumbó por toda la playa. Volvió Anastasio la cabeza hacia el lugar de donde partía el espantoso alarido y vio a ocho o diez muchachos poniendo a prueba pulmones y gargantas, ocupados en tan poco silencioso menester. La playa estaba entonces separada del paseo que la circunda por una barrera de piedra de cerca de tres metros de altura.

Los recién llegados, en lo más alto de la barrera, se habían subido sobre la baranda de hierro. Y desde allí, en dificilísimo equilibrio, lanzaban sus alaridos. Anastasio los miraba espantado, temiendo que alguno tropezara o perdiera el equilibrio y cayera. Y, en efecto, así fue. Pero tras el primero cayó otro, y después todos, sin faltar uno, en confuso pelotón. En el aire seguían voceando como endemoniados, y al llegar abajo, uno de ellos, que se lanzó al vacío con un palo en la boca a guisa de cuchillo, los fue apuñalando a todos, repitiendo después, puesto un pie sobre el pecho del vencido, el grito selvático de Tarzán de los Monos. Los apuñalados, apenas concluido el grito ritual, se incorporaban, y cuando todos hubieron resucitado, emprendieron velocísima carrera, subieron al paseo y se situaron como la vez primera, dispuestos a repetir la aérea excursión. Pero con una variante. El mandamás gritó con angustia y buscada comicidad que el avión caía envuelto en llamas, imitó a las mil maravillas el estallido de los antiaéreos, plagió con sorprendente realismo el rumor de un avión que se lanza en picado, y enarbolando un pañuelo, a guisa de paracaídas, se lanzó al vacío entre el alborozo y las carcajadas de sus compañeros, que se precipitaron al espacio tras él. Apenas en tierra, a velocidades de autómatas, se desnudaron. Dejaron la ropa de cualquier modo sobre la arena, y en bañador, y a paso gimnástico, en confuso pelotón cruzaron la playa y se zambulleron en el mar. Anastasio los miraba boquiabierto. ¿Eran locos escapados de una casa de orates, o una cuadrilla de saltimbanquis de circo, o simplemente colegiales de vacaciones con más vida que la que él tenía, con más músculos, con más alegría, con más amigos de los que tenía él? ¿Y con más dinero quizá...?

—¡Quitaos de ahí! —gritó el mandamás, que ya había salido del agua para volver a entrar—. Ahora veréis...

Y cogiendo carrerilla pegó un salto perfecto, juntó los pies, dobló las rodillas, rebotó en la arena, abrió los brazos en el aire como un pájaro y se incrustó de cabeza en el mar, con un estilo y una perfección que dejaron a Anastasio —hombre prudente— más admirado que envidioso.

Desde la orilla, el muchacho solitario, por cuya presencia Anastasio Fernández no se atrevió a mojarse los pies, hacía señas a los recién llegados.

—¡He..., he...! ¡Estoy aquí...! ¡Enrique, estoy aquí!

El mandamás advirtió su presencia.

—Pero ¿qué haces vestido? ¿No te bañas?

—Me han castigado en casa y no me han dejado traer el bañador.

—No seas cabrito y báñate en cueros...

El aludido no aceptó tan luminosa idea, y por toda respuesta se tumbó de espaldas sobre la arena. Los del agua, llamados por Enrique, se acercaron unos a otros y se pusieron a cuchichear. Enrique gesticulaba con las manos, y lo que decía era sin duda ingenioso, pues el resto de la pandilla se doblaba de risa al escucharle. Anastasio no perdía ripio. En el fondo estaba encantado, pues asistía gratis a un espectáculo decididamente entretenido. Los del agua se salieron de ella en silencio y se acercaron a su compañero, que, vestido y tumbado en la arena, no los sintió llegar. Cuando quiso darse cuenta ya habían saltado sobre él, y por muchos esfuerzos que hizo —sujeto como estaba por brazos y piernas— no pudo evitar que le dominaran como a un fardo. Anastasio no podía dar crédito a sus ojos.

«¡Que lo van a desnudar! —se decía escandalizado—. Que lo están desnudando... ¡Que lo han desnudado ya!»

Obedeciendo órdenes de Enrique, uno de ellos cogió toda la ropa y se la llevó al fondo de la playa, juntándola a la del grupo. El resto, nueve contra uno, dos por cada brazo, dos por cada pierna, y Enrique dando órdenes, balancearon a la víctima y la lanzaron al agua.

«Esto es demasiado», pensó Anastasio.

Pero su asombro fue mayor al comprobar que la «víctima», una vez en el agua, unía sus risas a las de sus verdugos, y con gran acompañamiento de carcajadas contaba el motivo por el que había sido castigado a no bañarse, y no ya un día, sino toda una semana: los exámenes, dos «cates» como dos castillos. Y si en septiembre no aprobaba, lo mandarían interno a Lecároz.

Durante mucho rato, rieron, saltaron, hicieron ejercicios gimnásticos, nadaron, bucearon, hasta que pasada una hora larga, el embromado pidió que cesara la broma y le acercaran la ropa a la orilla, pues estaba claro que para vestirse no iba a atravesar la playa en cueros vivos. Enrique replicó que si no lo hacía era un cobardica, y que al que le acercara la ropa le partía la cara. Como las opiniones se dividieron, y algunos, más sensatos, opinaban que las bromas pesadas debían reservarse para los que no eran amigos, Enrique expuso con toda seriedad y formalidad, como quien desarrolla una teoría desde la cátedra, que cada día debía estar marcado con el signo de algo extraordinario; pues en caso contrario, la vida no merecía la pena de vivirse.

Y le había tocado el turno de víctima a Javier (que así se llamaba el despojado de sus vestiduras), lo cual era una lástima, por la desgraciada circunstancia de ser amigo entrañable de todos. Pero que el hecho fortuito de la amistad no podía en modo alguno influir en variar «la órbita natural de los acontecimientos» y que la broma debía seguir su curso hasta el final. Javier debía, pues, escoger entre irse a su casa atravesando la ciudad tan desnudo como había nacido, o permanecer en el agua hasta la muerte.

—Es el destino, Javier. No puedes eludirlo. Hoy te ha tocado a ti.

Javier escuchó la sentencia visiblemente alarmado. Su situación era desesperada. O encontraba una solución que fuera del gusto de Enrique, o la disyuntiva era, en efecto, el ridículo o la muerte.

—¡Ah! —exclamó Enrique muy serio—. Además, para que nadie pueda variar el curso del destino, ahora mismo vamos a coger tus ropas y las vamos a quemar.

—¡Espera, tengo una idea extraordinaria! —exclamó Javier.

En realidad no tenía ninguna; pero sabía muy bien que para Enrique, la pura sugestión de una idea nueva que por su riesgo o por sus especiales características tuviera categoría de extraordinaria, sería escuchada.

—Tengo una idea.

Javier improvisaba.

—¿Por qué no volvemos la broma contra cualquiera que no sea de la pandilla? —Y añadió—: Por ejemplo...

Todos miraron hacia Anastasio, que sintió físicamente paralizársele el corazón. «Si me muevo —pensó acertadamente—, se lanzan en mi persecución y me alcanzan. Estémonos quietos.»

Y acertó.

Enrique le miró largamente.

—No tiene gracia. Hoy la víctima eres tú, Javier. Eso lo saben en China. Está escrito. Resígnate.

Anastasio respiró. Pero el corazón no volvió a latirle ya con entera normalidad. Aquella proximidad estaba erizada de riesgos.

Y Javier no se daba por vencido. Entre irse a su casa desnudo o la muerte, tenía que haber otra solución más piadosa. Había que encontrarla. Era preciso.

—Tengo otra idea.

Los de la pandilla le escuchaban respetuosamente, como lo habrían hecho con un condenado que expresara su última voluntad.

—Tengo otra idea —repitió.

Pero a Enrique se le ocurrió otra.

—Genial..., me parece genial... —gritó, refiriéndose, naturalmente, a la suya propia.

—¡¡A vestirse, todos a vestirse...!! —añadió.

Nadie desobedeció la orden. Uno a uno fueron saliendo del mar, mientras el pobre Javier, entre las olas, vestido de agua, esperaba con visibles muestras de impaciencia los incógnitos resultados de la nueva genialidad de Enrique.

Éste se vistió más de prisa que nadie y salió disparado, abrochándose la ropa, hacia la parte más poblada de la playa.

—¡Un náufrago! ¡Un náufrago! —gritaba.

Al poco tiempo le vieron regresar al frente de un pelotón de curiosos. Un guardia venía con ellos. Desde lejos se le veía gesticular, intentando convencer al guardia de «algo» que ni Anastasio ni Javier, desde sus respectivas posiciones, entendían. Este último, pudoroso, se retiró mar adentro; pero como al perder pie tenía que elevar todo el cuerpo para nadar, su situación se hacía cada vez más ridícula. La muchedumbre, encabezada por Enrique y el guardia, llegó frente a Javier.

—Ahí está —dijo Enrique—. Está desnudo. Y no puede salir.

—¿Dónde, dónde? —exclamó una señora entradita en carnes y en años, visiblemente interesada en la suerte del pobre muchacho.

—¡Niño —gritó el guardia dando una gran voz—, ven aquí!

—No puedo —gimió Javier—; estoy desnudo...

—Acércate de rodillas... ¿Dónde está tu ropa?

—¿Cómo va a tener ropa? —interrumpió Enrique—. ¡Si es un náufrago!

—¡Un náufrago! —gritó una niña—. ¡Mamá, es un náufrago!

—Niña, vete al toldo y espérame. Ya te lo contaré.

El guardia miró a Enrique.

—¿Qué llevas en ese paquete?

—Mi bañador...

—Dámelo...

Enrique se lo dio, y el guardia, haciendo un ovillo, se lo tiró a Javier.

—Póntelo y sal.

Javier obedeció, y el guardia volvió la espalda —no sin mirar antes con una sonrisa llena de sorna a Enrique— y se retiró, dando por terminado el incidente.

—Es un náufrago..., le juro que es un náufrago —gritaba Enrique siguiéndole—, y yo quiero que me den una condecoración... —Pero al ver que el guardia no le hacía caso, con gesto malhumorado se dirigió hacia sus amigos, que desde lejos esperaban el resultado de la aventura.

Fue entonces cuando, viendo de pronto a Anastasio, se acercó a él, fanfarrón:

—Tú no serás un espía, ¿eh?

—¿Qué dices? No te entiendo...

—Un espía, un chivato, un soplica. Creo que hablo claro, ¿no?

—¿De quién voy a ser yo un espía...?

—De los curas del *cole*, nene. No te hagas el *longuis*.

Anastasio no entendía una palabra, pero estaba aterrado.

—Déjame en paz —le dijo—. Yo no me he metido contigo.

Enrique le analizó de arriba abajo, con descaro.

—¿Por qué vas de negro? ¿No serás un seminarista o un «levita»?

—Estoy de luto. Hace ocho meses mataron a mi padre.

Enrique cambió de tono.

—¿No es cuento?

—No es cuento; te lo juro.

—Si es así, perdona. ¿Quieres fumar?

—No.

Mientras seguía hablando, Enrique se puso a liar con parsimonia un cigarrillo.

—Es que yo no sé de dónde diablos sacan los espías los curas; pero se enteran de todo con pelos y señales. Cuando descubra al chivato, ése se va a acordar de mí. Y tú, escucha esto: si lo que me has dicho es verdad no te pasará nada. Y hasta podrás ser de la pandilla, si quieres... Pero si me has mentido..., de la paliza que te doy no te reconoce ni la madre que te parió.

—¡Deja en paz a mi madre!...

—Perdona otra vez; pero lo dicho, dicho. Adiós...

Dio media vuelta para retirarse, pero no había andado tres pasos cuando se detuvo.

Fue entonces cuando le dijo:

—¡Oye, tú...! Y de lo que has visto hoy..., como si fueras ciego.

V

LA PANDILLA

El verano avanzaba, y la playa, engañosa, estrenaba cada mañana un nuevo y sorprendente antifaz. Cuando Anastasio la conoció, la playa no era otra cosa más que el fondo del mar. Era el mar mismo al que se le veía —por descuido— el borde del fondo, como a una mujer mal sentada podía vérsele la punta de la enagua. La playa no pertenecía al continente, sino al océano. Era el último reducto de su jurisdicción. Y tenía, como él, la inconstancia de las formas y el hechizo de la soledad.

Días más tarde, a medida que el fin de curso lanzaba, a través del cedazo del Instituto, nuevas promociones de estudiantes fuera de las aulas, la playa se fue transformando en campo exclusivo de la chiquillería en vacaciones.

Pero ahora era distinto. Nada de esto era ya así. La playa había sido conquistada por la tierra firme. La habían amueblado con centenares de sillas, toldos, casetas de baño, duchas, vestuarios, como lugar de reunión de toda clase de gentes mayores. Y algunas muy encopetadas y elegantes, por cierto. La habían banderilleado con infinidad de estacas verticales, de las que colgaban unas lonas que cuadriculaban con sombra la arena, antes desnuda, cara a la lluvia o al sol. Hasta el agua de la bahía, en toda la zona que va desde la orilla a la isla, había sido «amueblada» también con gabarrones, barcas-vigías para protección de bañistas bisoños, balandros, motoras, piraguas...

—A la isla se puede llegar en barca. Y desde Onda-rreta, nadando —le había dicho Celia, la «niña bien» que conoció en Urgull.

Y aquello que entonces se le antojó increíble, lo aceptaba ahora como razonable, porque (al revés de lo que ocurre con las habitaciones, que parecen más grandes con muebles que desnudas), la bahía al poblarse se veía más pequeña. Y la isla, más cerca.

—Niño, acércame esa lana, ¿quieres?

Anastasio se volvió. Le molestaba infinitamente que le llamaron niño, pero no hizo el menor además por demostrarlo. Recogió el ovillo de lana que había rodado hasta cerca de él y se lo entregó a la señora que se lo pedía. Era una mujer de mediana edad, de luto, que hacía punto, sola, a la sombra de un toldo.

—Siempre estás solo. ¿No juegas con otros niños?

(¡Dale con los niños! ¿Cómo podía llamarse niño a Enrique, por ejemplo, que se lanzaba al espacio desde tres metros de altura sobre la arena, o se incrustaba en el mar de un salto abriendo los brazos en el aire y todo sin separar los pies ni cuando su cuerpo estaba ya dentro del agua? ¡Era ridícula esa manía de las personas mayores, y sobre todo de las señoras, de llamar niños a quienes no lo son! ¿Y Javier?, ¿era un niño, acaso? Anastasio había visto con sus propios ojos que Javier, el día que le vistieron de náufrago, no era niño, sino hombre y muy hombre. Lo que más molestaba a Anastasio era la invasión por las personas mayores a aquel sitio escogido por él precisamente por ser el lugar más solitario. A medida que el verano avanzaba, la hilera de estacas se había ido estirando, prolongando, hasta invadir su terreno... y su soledad.)

—No conozco a nadie —contestó. Y se retiró a su sitio.

Pero la señora tenía ganas de charla.

—Yo tengo un hijo de tu edad; pero está en la otra zona: en Valencia.

—Yo, en cambio, tengo a mi madre en Madrid...

Hubo una pausa tan larga, que Anastasio dio por terminada la conversación. Pero la señora volvió a las andadas.

—¿Por qué no te acercas a esos niños y juegas con ellos?

Definitivamente, aquella señora —como todas las señoras, en general— trabucaba y confundía el sentido de las palabras. ¡Mira que llamarle «jugar» a las burradas que estaban realizando, a pocos pasos de él, Enrique y sus amigos! Anastasio se sintió ofendido, en nombre de Enrique y de los suyos, de que consideraran como un juego, y por tanto como cosas de niños, aquellas proezas increíbles.

Todo género de lucha, toda escuela de mandobles, toda clase de competiciones a base de porrazos, de que Anastasio tuviera noticia, eran tortas y pan pintado, en punto a emoción y dificultad, comparadas con el torneo que, no ya él, sino toda la playa estaba presenciando. Era un invento de Enrique, y superior a cuantos hubieran jamás ideado griegos y romanos (en su libro de Historia, griegos y romanos formaban un solo capítulo) como espectáculo de grandes masas para sus olimpiadas o circos.

Enrique y Javier, que eran los más fuertes, llevaban cada uno sobre sí un jinete; pero no a horcajadas en torno al cuello, sino de pie: ¡de pie sobre los hombros! Los jinetes, en dificilísimo equilibrio, se mantenían muy tiesos y movían los brazos rítmicamente, como un circense sobre la cuerda floja para no caer. Enrique y Javier estaban situados el uno frente al otro, con los pies clavados en la arena y los brazos en alto, agarrando a la altura de los tobillos las piernas de sus correspondientes cabalgadores. Y éstos, a manotazos, trataban de derribarse uno al otro, luchando con igual ahínco contra el enemigo y la ley de la gravedad. El espectáculo era de primera, pues tenía como ingredientes fuerza, habilidad y comicidad. Enrique, a pequeños pasos de autómata, cortos y rítmicos, intentaba rodear a Javier para que su jinete pudiera empujar a su rival por la espalda o de costado, pero éste no se dejaba ganar la espalda y se movía girando sobre sí mismo, dando siempre la cara a su contrario. Los de arriba manoteaban torpemente como títeres, pues un exceso de energía en sus golpes podía hacerlos caer; y así, cada vez que ponían la mano sobre el rival, más era para apoyarse en él que para derribarle. Enrique cambió de táctica, y a pasitos cortos comenzó a retroceder de espaldas, esquivando el cuerpo a cuerpo. Javier cayó en la trampa y cometió el error de avanzar. Cuando su jinete lanzó un manotazo, Enrique lo esquivó, y aquél, al no encontrar cuerpo, sino vacío, perdió el equilibrio y descabalgó, dándose un costalazo contra la arena.

Una ovación acogió a los vencedores, que al trote corto se acercaron a la orilla, y sin desmontar se adentraron en el agua, donde, al fin, entre las olas, quedaron separados caballo y caballero.

Al salir del agua pasaron muy cerca de él, y Anastasio volvió la cara a otro lado para no ser reconocido. No fueran a tacharle de espía otra vez...

Anastasio iba a la playa todas las mañanas. Las tardes, en cambio, las reservaba para pasear. Unas veces lo hacía en tranvía hasta el final de las líneas, para desde allí regresar a pie descubriendo caminos nuevos. Otras, desgastaba desde el comienzo las suelas de sus zapatos. Así conoció Ategorrieta, desde donde subió al Monte Ulía, y vio, a sus pies, la Plaza de Toros, cara al cielo, abierto como un cráter de volcán. Así conoció Pasajes, con sus barcos, los primeros medianamente grandes que vio en su vida. Así, en fin, llegó hasta Amara, donde oyó decir que era el único lugar por donde en el futuro crecería la ciudad, encerrada por todos sus otros límites entre montañas y el mar. Su paseo de hoy era más modesto. Había decidido subir a uno de los vehículos que llevaban el rótulo de Venta-Berri. El tranvía pasaba por Ondarreta, pero allí se bifurcaba en otra dirección, y tenía curiosidad por conocer este fin de trayecto. Le habían dicho que desde allí podía subir a

Aldapeta y regresar a casa por un lugar todavía inédito para él. El Venta-Berri llevaba varios asientos vacíos: unos dobles y otros de una sola plaza. Se sentó en uno de estos últimos, pues no quería correr el riesgo de que un vecino importuno le diera conversación. Delante de él, dándole la espalda, había una chica de unos doce años, a la que Anastasio no tardó en reconocer: Celia.

El joven Fernández Cuenca miró a un lado y a otro por ver en qué asientos estaban sus hermanas, o aquella insoportable francesa que un día le llamó «niño desconocido». Pero afortunadamente no estaba en el tranvía. Celia viajaba sola.

De espaldas como estaba, Anastasio no le veía la cara, pero sí su reflejo de perfil en el cristal de la ventanilla. Estaba peinada con dos trenzas recogidas en forma de disco junto a las orejas. Un mechoncillo en la nuca, rebelde a toda disciplina, ondeaba al repiqueteo del tranvía o al viento que entraba por las portezuelas abiertas. Como si hubiera adivinado que alguien la observaba, Celia, sin volverse a mirar, alzó de pronto una mano y se sujetó el travieso mechón, cambiando de sitio una horquilla. «Es extraordinario —pensó Anastasio—. Le he transmitido el pensamiento. ¡Con tal que no se vuelva y me vea!» Pero había otras cosas extraordinarias que Anastasio admiraba en ella. Iba sentada como un mujercita, como una señorita, y se diría, por la rigidez de su cabeza y su mirada al frente, que tenía conciencia de ser mirada y admirada. En efecto, dos hombres sentados a su misma altura y separados de él sólo por el pasillo, no hacían otra cosa que observarla. Pero no decían nada. «¡Qué presumidas son las mujeres —pensó Anastasio—; siempre creen que las miran por algo! Y éstos de ahí la miran, sí, pero porque no tienen otra cosa delante. ¡Será tonta!»

El tranvía se detuvo en Ondarreta, donde Celia se puso en pie y se apeó. Miró prudentemente a un lado y a otro y atravesó la calle hacia los jardincillos que limitan con la playa. El tranvía se puso de nuevo en marcha hacia Venta-Berri; pero Anastasio, como empujado por un resorte, saltó de su asiento, fue a la plataforma y se tiró del tranvía en marcha antes que éste ganara velocidad.

«¿Por qué he hecho esto?», se preguntó mientras la seguía... Y después: «¡Qué manía la mía de preguntar a todo el porqué! Lo hago porque no tengo otra cosa mejor que hacer, supongo. Y entre aburrirme en Venta-Berri solo, o aburrirme aquí siguiéndola, prefiero lo último.»

Celia andaba a buen paso. Vestía la misma falda escocesa del primer día; pero la chaqueta de punto no era roja, sino amarilla. Llevaba calcetines blancos por los tobillos y zapatos con hebilla y suela de crepé. De pronto echó a correr. ¡Si las chicas se dieran cuenta de lo ridículas que se ponen al correr! La falda se les levanta por encima de la rodilla; balancean las manos y los hombros de una manera exagerada. Y no lo hacen por tener prisa, sino por estar azaradas. Que es exactamente lo que le ocurre a Celia. Al fondo del paseo, un grupo de chicos y chicas la miraban llegar, esperándola. Y esto de avanzar de cara hacia un grupo al que se ve desde lejos es siempre muy violento, porque hay que aguantar las miradas de todos sin saber qué cara poner ni qué decir. «¡Qué tontas son las chicas!», comentó Anastasio mentalmente. Pero cuando descubrió que quienes esperaban a Celia eran Enrique, Javier y los suyos, estuvo a punto de echar a correr él también.

Celia dio un beso en la cara a las chicas y la mano a los muchachos, uno a uno. Después, todos se sentaron en unos bancos de piedra que hacían semicírculo, y se pusieron a charlar animadamente. Anastasio, avergonzado de lo que hacía, pero sin poder remediar una irresistible curiosidad, se escondió para verlos sin ser visto.

El parque de Ondarreta estaba formado por dos jardincillos idénticos y simétricos, bordeados de setos de diferentes alturas. El centro de confluencia de ambos cuerpos de jardín lo formaba un pedestal vacío. En otros tiempos había una estatua de bronce verde sobre este pedestal: la estatua de una reina. Había oído decir que las autoridades de ahora la repondrían en su puesto. ¡Las autoridades de ahora! ¡Su padre había formado parte de las que retiraron, no ésta de San Sebastián, sino otras de la misma familia en Madrid y en Toledo! ¡Qué extraño y qué confuso era todo! Su padre era republicano. Fue concejal en Madrid el año 31. Cuando estalló la guerra pertenecía al Cuerpo de Prisiones; era director de una cárcel, en un penal al sur de Madrid. Y un día recibió la orden de poner en libertad a todos los presos comunes y distribuir armas entre ellos para que lucharan en el frente de la libertad. Se resistió a hacerlo. Y pidió confirmación de la orden. Se la dieron, y obedeció. El primer uso que los reclusos hicieron de su libertad, fue asesinar al director y a todos los funcionarios del Cuerpo de Prisiones destinados en el penal...

Aquel pedestal vacío provocó en él, por una asociación de ideas encadenadas, aquellos recuerdos que tanto le turbaban y confundían.

¡Aquel pedestal vacío!

A su alrededor, macizos de hortensias azulinas y rosadas, gordas como lunas llenas. Y setos de boj y de ciprés, enmarcando unos caminos llenos de diminutos guijarros, de gravilla gris, para embeber la lluvia. Algunas de aquellas plantas formaban grandes circunferencias como rotondas vegetales, cuyo interior no era visible desde fuera. En una de éstas Anastasio situó su puesto de observación. ¡Qué extraña emoción la que experimentó! Aquella charla, aquella animación, aquellas risas le estaban a él vedadas, porque no tenía amigos con quienes reír o charlar, ni mucho menos amigas. ¿Cómo sería una chica tratada de cerca, cómo sería Celia, cómo las demás?

Anastasio no tenía hermanas ni primas, ni había tenido, por tanto, acceso a las amigas de las primas y las hermanas. Tenía la vaga impresión de que una mujercita de trece años tendría que ser forzosamente tonta, presuntuosa y cruel. Pero si esto fuera realmente así, los amigos de Enrique no perderían el tiempo con ellas, y todas las apariencias indicaban que lo estaban pasando muy bien. Había además «algo» sorprendente. Los chicos aquellos, y Enrique más que ninguno, parecían «amaestrados» en presencia de las niñas. Junto a ellas no eran tan escandalosos ni tan extremosos, ni tan salvajes como cuando estaban solos. Al contrario, parecían comedidos, discretos y hasta galantes. Todos se pusieron de pie para dar la mano a Celia, y cuando a otra de las chicas se le cayó un pañuelo, tres muchachos se precipitaron a recogérselo. Por primera vez Anastasio añoró no pertenecer al grupo de Enrique. En la playa sería incapaz de unirse a ellos porque estaba seguro que haría un pésimo papel no sabiendo nadar ni luchar. Y siendo por naturaleza contrario a la dictadura de aquel déspota exhibicionista que Enrique era. Pero así, como estaban, plácidamente sentados junto a unas cuantas chicas, charlando y riendo, sin hacer gansadas, Anastasio sería feliz uniéndose al grupo. Sintió envidia de ellos, mas no porque le doliese el bien ajeno, sino su propio mal, su timidez, su soledad...

Algo ocurrió entonces que hizo latir fuertemente el corazón de Anastasio. Dos personas pasaron junto al seto en que él estaba, y aunque su primer impulso fue el de salir de allí para no ser sorprendido en actitud de espiar a nadie, se contuvo, pues pasaron de largo sin advertir su presencia. Eran un sacerdote muy joven y un colegial. Después, por los ademanes y la juventud del primero, dudó que fuera sacerdote, ya que no estaba tonsurado, y en vez de calzar zapatos llevaba zapatillas negras. Más que un *páter* en toda regla parecía un sacristán. Iban andando y hablando muy bajo, y Anastasio hubiera dejado de fijarse en ellos si no se hubieran detenido repentinamente ante una visión que los dejó perplejos.

—Están fumando —oyó Anastasio decir al más joven— y con chicas...

El otro expresó su admiración con un silbido muy

expresivo y se parapetó tras un seto para no ser visto por aquellos a quienes miraba.

—¡Con chicas! ¡Sucios, granujas...! Jugando con chicas... y a saber a qué jugarán...

Sigilosamente, como cazadores que siguen el rastro, se acercaron hacia el grupo de Enrique, procurando quedar siempre ocultos a la vista de ellos. A una prudente distancia, el de la sotana se sentó, y el otro, con el mismo disimulo que al principio, se acercó a la playa y bajó a la arena. Anastasio comprendió perfectamente la maniobra. Enrique y los suyos estaban de espaldas, y el «soplica», el espía que tan escamado y preocupado tenía a Enrique, bajaba a la arena para rebasarlos, verles la cara, anotar sus nombres y «chivárselo» a su acompañante.

El cura, o medio cura, estaba sentado a mitad de camino entre el grupo de Enrique y el escondrijo de Anastasio, y, al igual que éste, se ocultaba ante una pequeña muralla vegetal; pero miraba con tan poco disimulo, que si los de la pandilla tuvieran montada una guardia contra el espionaje, no podrían menos de haberle descubierto. El buen hombre era miope, sin duda alguna, pues se quitaba las gafas, estiraba el cuello y entornaba los ojos, haciendo indecibles esfuerzos por reconocer a quienes, ajenos al peligro que les rondaba, charlaban de espaldas a él y a no muy larga distancia. Como este procedimiento no le daba ningún resultado, se calaba las gafas y echaba la cabeza hacia atrás abriendo mucho los ojos.

Anastasio comprendió que aún era tiempo para actuar y, movido por un imperioso sentido del deber, salió de su escondrijo, y amparándose en la evidente cortedad de vista del enemigo, cruzó a toda carrera la distancia que le separaba de los amenazados y se plantó en medio de ellos.

—¡Quietos, no os mováis! ¡No miréis atrás ni hacia la playa! Os están espiando.

Anastasio dijo esto rojo como un pimiento; pero, más que por timidez (que la timidez en casos tan serios como éste se desvanece), por tener plena conciencia de la gravedad del acto que estaba realizando.

Ni por un momento uno solo de los que allí estaban dudaron de las palabras de Anastasio; tal debía de ser su expresión de iluminada sinceridad.

—Tengo una idea —dijo Enrique—. Seguidme.

Y sin mirar hacia atrás, con admirable disciplina, dando siempre la espalda hacia el sitio desde el que los observaban, penetraron en una de las rotondas del parque, idéntica a aquella en la que Anastasio (en el extremo opuesto del jardín) había instalado su primer observatorio.

Allí Enrique se encaró con Anastasio.

—Cuéntanos todo lo que has visto.

Jadeante aún por la carrera, penetrado de la trascendencia de la denuncia, contó a todos cuanto acababa de presenciar, silenciando, naturalmente, que él también estaba escondido, mirándolos.

A través del seto, chicos y chicas se pusieron a observar. Y era tan cómico lo que veían, que estuvieron a punto de echar a perder con sus risas toda maniobra de defensa. Detrás del seto que servía de parapeto al cura, se veía la tapa de los sesos de éste oscilando hacia atrás y hacia adelante, según se quitara las gafas o se las pusiera, en lucha desesperada contra la miopía. Pero el buen hombre debió de comprender que le observaban, y temiendo lo ridículo de su peregrina situación, cometió la indecible torpeza de levantar el campo, dar media vuelta y retirarse, intentando, en vano, disimular, y midiendo sin duda por el rasero de su pobre vista defectuosa la agudeza visual de los muchachos.

—¡El *frater*..., el portero del «cole»..., *Salomón*! —gritaron a una los chicos, reconociéndole.

Y atropellándose al hablar explicaron a Anastasio que el tal era tonto; que por tonto no le habían aceptado como cura y se había quedado en hermano portero; que no se quería quitar la sotana mientras durara la guerra para no ir al frente, porque estaba en edad militar; que le llamaban indistintamente *Los siete sabios de Grecia*, *Sócrates* o *Salomón*, en honor a su inteligencia; y

Lince, Águila y *Cóndor* y unas cuantas cosas más por las estupendas cualidades de su larga vista penetrante...

—¿Y el otro?, ¿cómo es el otro? —preguntó Enrique encendido de emoción y saboreando la maniobra que ya empezaba a tomar cuerpo en su mente...

—Es un poco gordo...

—¿Pantalón corto o bombacho?

—Corto...

—¿Y el pelo?

—El pelo negro, peinado con fijador, hacia atrás.

—¿Hacia atrás?

—Sí.

Los ojos de Enrique brillaron de entusiasmo...

—¿Seguro?

—Seguro.

—¡Escribano! —exclamó con el rostro inundado de alegría.

—Claro... ¿Cómo no habríamos caído antes en la cuenta? ¡Escribano; no puede ser otro...! —dijo Javier.

—Callad..., ahí está —dijo un tercero que se llamaba Andrés.

En efecto, allí estaba Escribano y en situación no menos airosa que la del hermano *Salomón*...

El muchacho había dado un rodeo por la playa para sorprender por la espalda a la pandilla; pero ninguno de los que él buscaba estaba ya en aquel sitio. Miraba y re- miraba, sin acercarse demasiado, y no sabía qué hacer. Por lo demás, ignoraba que el hermano portero hubie- ra puesto pies en polvorosa. Lo imaginaba escondido en el otro extremo del parque, esperándole.

—Vosotros salís por este lado —comenzó Enrique, para cortarle la retirada—. Yo iré por aquí...

—Enrique —interrumpió Celia, alarmada—, ¿qué vais a hacer? No iréis a pegarle...

—Las chicas no os metáis en esto. Nos esperáis aquí y ya veréis.

—Pues yo me voy —dijo Celia.

—Y nosotras también —dijo Maribel en nombre de las otras tres.

Javier pegó una patada en el suelo.

—No os vayáis. Es ridículo. Nos habíais prometido que...

—Si no le hacéis nada, nos quedamos —dijo Celia.

Enrique puso cara de desesperación. ¿Cómo iban a perder la oportunidad colosal de coger a Escribano con las manos en la masa? ¡Eso era pedir demasiado...! Pero, con todo, que se fueran las chicas era una lata..., una verdadera lata.

—Le podemos coger otro día, cuando estemos solos —insinuó Andrés.

Todos miraban a Enrique para que decidiera.

—Pero, Celia —suplicó éste—, es el destino, ¿comprendes? ¡Hoy le ha tocado a Escribano!

—Sois todos unos brutos. Yo me voy.

—No. Eso sí que no... —dijo Javier.

Enrique miraba a Celia —que muy segura de sí misma y dispuesta a cumplir su amenaza esperaba el fallo inapelable del mandamás— y miraba a Escribano, que, a menos de cincuenta metros de ellos, avanzaba cauteloso como un ciervo que presiente la presencia del cazador. El sacrificio que Celia exigía a Enrique era demasiado fuerte. Era como pedir a un montero que lleva meses queriendo cobrar una pieza magistral, que no dispare sobre ella cuando la tiene a unos pasos de su puesto de caza. Anastasio estaba confundido. De una parte, deseaba fervientemente el triunfo de la posición de Celia, pues nada le desagradaría tanto como que por culpa suya pegaran una paliza entre todos al tontaina de Escribano. Pero estaba admirado de la influencia tan grande que tenían las chicas sobre estos jóvenes bárbaros como para hacerles dudar siquiera de no comerse vivo al «chivato» que desde tanto tiempo atrás los traía por la calle de la amargura.

¡Qué misterioso poder el de las mujeres...! ¡Y pensar que en el colegio prohibían a los estudiantes salir con chicas y hablar con ellas! Esto era absurdo. Debería ser obligatorio, para desborricar a los más bestias, tratar con ellas y hasta tener novia... Enrique lanzó una última mirada a su presunta víctima y cedió. Hizo un ademán de desaliento y sentenció:

—Esto no lo hago por nadie más que por ti, Celia.

Entonces ocurrió algo insólito, algo admirable, algo que hizo latir el corazón de Anastasio hasta ponerle casi enfermo. Celia se lanzó sobre Enrique y le dio un beso en la cara.

—Gracias —dijo.

Y dando por terminado el incidente se sentó, feliz, en el banco de piedra.

No fue sólo el corazón de Anastasio el que se alteró ante aquella inesperada reacción. Las otras chicas abrieron unos ojos como grandes soles y Andrés, Javier, Adolfo, Leopoldo y el propio Enrique se quedaron sin saber qué hacer ni qué decir.

Fue Enrique el que quitó importancia a la cosa, al revalorizar, por encima del premio, su propio sacrificio:

—Andrés, tírale una piedra a Escribano, para ahuyentarle y que se vaya. Que si sigue ahí... no sé si podré contenerme...

Andrés cumplió lo ordenado, y todos rieron hasta las lágrimas al ver a Escribano correr despavorido al sentirse descubierto por sus no descubiertas víctimas...

Cuando el «chivato» desapareció de la vista de todos, Anastasio anunció que se marchaba y quiso despedirse.

—Ni hablar; tú no te vas —dijo Andrés.

—Eres un tío grande, y te quedas —confirmó Enrique.

—Siéntate a mi lado —propuso Maribel—. Así estamos todos: un chico, una chica, un chico, una chica...

Anastasio aceptó la invitación y se sentó.

—Y a todo esto, ¿cómo te llamas? —preguntó Celia.

—Me llamo Anastasio.

—Lo siento, chico —dijo Enrique—. Eso no tiene remedio.

Todos rieron la broma y Anastasio también.

—Anastasio ¿qué más?

—Fernández...

—¡Caray! Igual que yo —exclamó Enrique—. A lo mejor somos primos.

—Pero ¿tú no eres Torrevieja? —preguntó Maribel muy extrañada.

—Ése es el título, tonta —dijo Celia—. El apellido de Enrique es Fernández Cobos y Suárez del Valle.

—¡Huy, qué largo! —exclamó Maribel.

—El mío Fernández Cuenca —dijo Anastasio.

—¿A qué jugamos? —preguntó Celia.

—A las prendas. De La Habana ha venido un barco cargado de...

Un pañuelo voló por el aire y cayó en manos de Javier.

—Albaricoques.

Javier se lo lanzó a Maribel.

—Almendras.

Maribel a Enrique.

—Astucias.

Enrique a Anastasio.

—Amigos.

Anastasio a Celia.

—Amores...

Y el juego siguió, siguió, hasta que el sol, aburrido de puro puntual, se escondió tras el mar, y comenzó a anochecer.

VI

LA ESTATUA DE ARENA

A PARTIR DE AQUEL DÍA, Anastasio fue un número más de la flamante pandilla. El más tímido, sin duda, el más oscuro, el menos audaz; pero aureolado de un evidente prestigio, nacido del rasgo estupendo de su denuncia aquella tarde, entre los setos de Ondarreta.

El temor a ser despreciado, considerado en menos

o a ser objeto de bromas crueles por parte de sus bárbaros amigos, le duró muy pocos días. Le trataban como a uno más, y hasta creyó percibir por parte de Enrique cierta deferencia hacia su insignificante persona. Anastasio no se lo explicaba, pero era así: tal era el ascendiente ganado con su primera y felicísima actuación.

Por otra lado, no todos los de la pandilla eran tan bárbaros como a primera vista pudiera parecer. Andrés era un alma bendita, cuya principal característica era decir a todo que sí, encontrar estupendo cuanto hacían o proponían los demás, reírse más que ninguno con los chistes de los otros y no interrumpir jamás las conversaciones ajenas, si no era para afirmar que lo estaba pasando muy bien.

—¿Qué iba a decir yo...? —insinuaba cuando pasaba un ángel o eran las menos veinte. (Porque es preciso decir que cuando se producía un alto en la conversación o en las risas, que abría un paréntesis de silencio en medio del alboroto general, se afirmaba, no se sabe exactamente por qué, que eran las menos veinte de la hora que fuera, o que había pasado un ángel sobre ellos.)

—¿Qué iba a decir yo? —repetía Andrés—. ¡Ah, sí! Que lo estoy pasando en grande...

Javier era más complicado.

—Tú llevas una doble vida —solía decirle Enrique—. ¿Dónde estuviste ayer?

—Por ahí...

Y no había quien le sacara más.

Era reservón y no hablaba nunca de sí mismo ni de sus padres ni de sus hermanos. Y eso que tenía diez. Cuando venía a cuento, era tan alegre como el que más y bastante considerado por todos porque era el único capaz de enfrentarse con Enrique, cosa que no hacía casi nunca, pero cuando lo hacía, se le adivinaban contenidas las ganas de pelear. Enrique le vencía siempre saliéndose por peteneras y le desconcertaba con un chiste o con una broma, que arrancaba la carcajada a los demás, obligando a Javier a seguir el camino en que era más torpe: el de la guasa. Pero a veces se le notaba una tensión especial, una mal disimulada soberbia, una secreta rivalidad con cuantas cosas le rodeaban.

Era pésimo estudiante, pero entendía de cosas que ninguno había estudiado, como mecánica y electricidad. Con sólo oír el ruido de los motores, sabía de qué marca era el avión que cruzaba sobre su cabeza, y en cuanto se lanzaba al mercado un nuevo tipo de automóvil, comentaba las mejoras introducidas por la fábrica respecto del modelo anterior. Casi todos los de la pandilla sospechaban que Javier no había leído en su vida más que un libro: una colección de historias de fugas de prisioneros durante la Guerra Europea. Se las sabía de memoria y se entusiasmaba con el ingenio de unos y otros para planear y conseguir una escapada que parecía imposible realizar... Fuera de esta lectura y de la ciencia infusa sobre motores —infusa porque todos sus libros de curso, incluso la Física, llegaban sin haber sido abiertos a la época de exámenes—, mantenía una ignorancia supina en el resto de las artes y ciencias humanas y divinas.

Aparte las apuntadas, sus virtudes esenciales eran: tirar piedras con asombrosa puntería, considerar como señal de inequívoco afeminamiento cualquier veleidad poética y tardar unos segundos más de lo corriente en entender los chistes. Pero cuando los entendía, era tal la risa que le entraba, que sus carcajadas tardaban también en apagarse más tiempo que las de los demás.

Javier era el más alto de todos, y a pesar de tener catorce años, uno menos que Enrique, y uno más que Anastasio, era el único que se afeitaba. Cuando andaban juntos paseando, Anastasio evitaba ponerse junto a él para no parecer, por contraste, más niño de lo que era.

El resto de la pandilla estaba integrada por Adolfo —que hacía versos y tenía tres novias simultáneas, de las que estaba sinceramente, apasionadamente enamorado—; Leopoldo, que estaba siempre al tanto de las últimas novedades en materias lascivas y de las últimas creaciones del lenguaje en temas procaces. Y Enrique.

Más tarde, Anastasio tuvo que rectificar muchas de sus ideas, algo precipitadas, sobre sus nuevos amigos, pero a todos ellos los pudo clasificar mentalmente en determinadas categorías, porque, como él decía, Andrés, Javier, Adolfo y Leopoldo eran clasificables. Pero Enrique, no. Enrique era distinto a todos y distinto a él mismo. Su único constante era el amor a lo sorprendente, a lo estrafalario. Y como era una pura y estrafalaria sorpresa, era imposible incluirlo en una casilla determinada, en una categoría prevista.

De abordarse un tema en que hubiera faldas por medio, podía afirmarse de antemano, sin excesiva perspicacia, que Javier reaccionaría en displicente, Adolfo en enamorado, Leopoldo en lascivo, Anastasio en tímido y Andrés en éxtasis; si el tema fuera el de la guerra, Adolfo desbordaría a todos en patriotismo encendido y generoso, Javier asombraría a sus amigos con habilísimas maquinaciones estratégicas e ideando nuevas armas mortíferas, Anastasio mantendría una prudente reserva, y Andrés, de acuerdo con todos, se mantendría en éxtasis. Si el tema de la conversación rozara una plano religioso, Leopoldo expresaría sus dudas sobre la virtud de los «clérigos de ambos sexos», como él decía, y Javier sobre las verdades dogmáticas; Adolfo se encendería en fervor místico y, como un Cruzado de la Palabra, se batiría como un paladín de la Fe; Anastasio haría gala de respeto apasionado, y Andrés..., beatíficamente, continuaría en éxtasis. Pero Enrique tan pronto se abanderaría en una posición como en otra. Tan pronto impondría su autoridad... «porque había temas que no podían tomarse a chirigota», como se dejaría llevar por un cinismo o un escepticismo de hombre maduro que se las sabe todas.

Enrique era el más bárbaro y el más educado; el más cruel y el más generoso; el más fuerte, el más inquieto, el más audaz, el más imaginativo, el de más autoridad y el más artista.

Este último descubrimiento desconcertó a Anastasio. Cuando le oyó por vez primera tocar la armónica se quedó en la actitud preferida de Andrés: extasiado. Y cuando le oyó cantar canciones vascas o aragonesas con aquella voz tan viril, tan bien templada, tan potente, aseguró (y era verdad) no haber oído nunca cantar con mejor estilo. Pero su sorpresa fue todavía mayor cuando le vio esculpir sobre la arena húmeda una soberbia y ampulosa cabeza de profeta de poblada barba y revuelta melena. Enrique era un artista, un verdadero artista. Un corrillo de gente le miraba trabajar en la playa, y los comentarios de las personas mayores coincidían con los sentimientos de Anastasio. El saber modelar una cabeza como aquélla tenía positivo mérito.

La frente era amplia, la nariz poderosa, el labio inferior solemne, la barbilla avanzada, las cejas hirsutas, como pobladas de alfileres. Y en contraste con la arrogancia de las facciones, en los ojos, un punto de melancolía. En cuanto la terminó, Enrique, sintiéndose admirado, quiso asombrar aún más a cuantos le rodeaban; y sonriéndoles pícaramente, dio una patada a la preciosa escultura de arena y la pulverizó.

Fue una baladronada muy de su estilo.

—¿Por qué la rompiste? —le preguntó Anastasio minutos más tarde—. ¡Era colosal!

—Era una birria. ¿No viste que era un tío feo?

Y se negó a dar más explicaciones.

Adolfo, que admiraba las dotes de dibujante y modelador de Enrique, le echó en cara la poca estima en que tenía sus propias obras.

—Yo conservo todos los versos que hago, y tú, en cambio, rompes tus dibujos.

—No seas gilí. Tú los guardas porque te crees alguien. Y eres tan maleta como yo.

—Pero algún día yo tendré una obra, y si tú sigues rompiéndolo todo, no. Ni podrás mejorar.

—¡Pamplinas!

—No seas plomo, Adolfo —cortó Javier—, y no nos sueltes tu rollo.

Adolfo se excitaba.

—Hay que amar las propias obras. Eso que ha hecho Enrique, rompiendo la cabeza de su escultura, es como si un padre mata a su hijo...

—¡Al agua el poeta! —gritó Javier, y echó a correr tras él con la sana intención de darle una aguadilla. Adolfo escurrió el bulto y se zambulló solo.

Era terco como un baturro y al salir volvió a las andadas. Enrique, excitada su vanidad, fue hacia él.

—¿Tú crees entonces que eso que hice está bien?

—Yo no sé si está bien o no. Lo que sé es que hay que *amar* las obras de uno.

—Chico, no digas «amar» porque me da risa. No seas cursi...

—¡Al agua los poetas! —volvió a gritar Javier, que estaba hasta la mismísima coronilla de tanto rollo. Pero Enrique se lo impidió, porque empezaba a interesarse.

—¡Si yo soy un tío grande...! —rió bromeando—. Lo que pasa es que me veis todos los días y me quitáis importancia. Como el cocido...

—Mira —le dijo Adolfo—, había un escultor, que no sé cómo se llama, que hizo una estatua, que no sé cuál era; pero estaba tan entusiasmado con ella, que al verla acabada le dijo: «Y ahora, ¡habla!»...

—¿Y... habló?

—¡Hombre, no creo...! Pero te lo digo para que veas cómo quería a su obra.

La conversación derivó por otros derroteros. Y acabaron todos en el agua, menos Anastasio, que se bañaba solo, cuando nadie le veía, y Enrique, bajo cuya frente fruncida hervía una fantástica preocupación: le parecía recordar que al pisar la cabeza de su profeta, de entre sus labios de arena surgió un gemido de dolor.

Al día siguiente, Enrique, muy excitado, vino en busca de sus amigos.

—¿Os acordáis de la cabeza que hice ayer en la arena...?

—Sí...

—Pues ha ocurrido una cosa tremenda, un milagro o algo así. Es como para volverse loco... Seguidme y veréis...

—Pero ¿qué tontería es ésa? —interpeló Javier, a quien todo lo milagroso o extraordinario le daba cien patadas.

—Ha revivido. Mi cabeza ha revivido —continuó Enrique sin un asomo de broma en su expresión—. He creado un ser vivo, sin saberlo, sin quererlo...

Todos corrieron hacia donde Enrique les decía.

—Aquella estatua que me dijiste ayer, ¿habló o no habló? —preguntó Enrique a Adolfo mientras avanzaban.

—Eso ya no lo sé..., se me ha olvidado...

—¡Pues esas cosas no deben olvidarse, hombre! —replicó Enrique en son de reproche—. Mi estatua no sé si habla, pero se mueve...

Llegaron a grandes zancadas al malecón de piedra que bordea el Monte Igueldo. Corrieron a lo largo de todo el camino y alcanzaron el último límite del paseo, donde las rocas de la costa forman junto a una muralla que contiene el mar una gran rotonda de piedra. A pesar de la proximidad de Ondarreta, aquella rotonda forma el último extremo urbanizado de la ciudad. A la derecha, lejanas, las casas de San Sebastián, apretadas sobre la bahía como una sarta de perlas amontonadas junto a la concha abierta de una ostra gigante; a la izquierda, la costa abrupta, salvaje, en permanente lucha con los latigazos del mar.

Cuando la pandilla llegó a este lugar, un pescador de caña recogía sus bártulos y se retiraba. Fuera de él no había nadie, o al menos no se veía a nadie.

Enrique ordenó a todos con un gesto que guardaran silencio, y señalando a unas rocas próximas les dijo:

—Ahí le tenéis...

Todos siguieron con la mirada la dirección que Enrique les indicaba, y vieron, no sin asombro, el cuerpo tendido de un hombre.

—¿Está muerto? —preguntó Andrés, a quien, como a Enrique, le gustaban las soluciones extremas.

—No...

Se acercaron cautelosamente. Estaba tendido boca arriba sobre las rocas, con la cabeza inclinada sobre un hatillo. Parecía un mendigo por su extremada pobreza. Pero en cualquier caso, el más estrafalario de los mendigos que hubieran visto nunca. Iba calzado con sandalias, prenda no usual entre los de su clase; y sus pies se veían llenos de pequeñas heridas y deformaciones. Vestía pantalón y chaqueta como un señor, pero tan haraposos que no había dos palmos seguidos de ropa sin roturas, remendones y parches. No llevaba prenda alguna bajo su chaqueta abierta, de modo que se veía la piel lacia y blanquísima del pecho, apenas cubierta por un breve vello rubio y rizado. La cara, sanguinolenta, estaba surcada por arrugas profundísimas. Y sus barbas, cejas y melenas eran tan espesas y de un color tan desvaído entre blanco y amarillo, que le daban un vago aspecto de cromo o litografía desgastada.

—Aquí le tenéis —dijo Enrique de nuevo, pero con ánimo y tono de quien pronuncia una sentencia definitiva.

—¿Y este tío quién es? —preguntó Javier, que no entendía nada de nada.

—¡Cómo que quién es! —replicó Enrique indignado—. ¡La estatua que hice ayer sobre la arena!

Automáticamente los de la pandilla se dividieron en dos bandos: los que sintieron ganas de reír y los que sintieron ganas de correr. La semejanza del viejo —mandíbula agresiva, nariz potente, cejas de acero— con la cabeza esculpida la víspera por Enrique sobre la arena, era en verdad extraordinaria. O al menos así se lo parecía a ellos. Salvo Javier, que era un escéptico —quizá por ser el más ignorante—, todos los demás abrieron de par en par las puertas de la imaginación. Y se dejaron arrastrar, con un regustillo morboso, por el desasosiego de la fantasía.

—Pero tú ayer hiciste sólo una cabeza; una cabeza sin cuerpo —replicó Andrés.

—Ahí está el milagro —respondió Enrique sin inmutarse.

Los de la pandilla formaron semicírculo en torno al viejo.

—Estáis todos como cabras... —protestó Javier.

Ninguno le respondió. Andrés murmuró casi en un susurro:

—Es él... es él..., no hay duda. Ayer sólo le faltaba el color.

Hubo un silencio muy largo. Sólo se oía, rítmico y monótono, el ruido de las olas, que al retirarse para avanzar de nuevo sobre las rocas semejaba la gran respiración de un ser vivo. De pronto, un barco invisible dejó oír, lejano y apagado, el mugido de vaca marina de una sirena, y el viejo se estremeció levemente, como en sueños: estremecimiento que recorrió, sin dejar una, la columna vertebral de los fantásticos amigos.

Enrique, muy bajo, preguntó a Adolfo:

—¿Cómo era aquello que le dijo aquel tío a su estatua?

—Le dijo: «Y ahora... ¡habla!» La estatua era de mármol, representaba a Moisés; pero de lo que no estoy muy seguro es que fuera de Miguel Ángel.

—Eso da igual —dijo Enrique, y volvió a su primera y contemplativa posición.

—Vámonos de aquí, esto es estúpido —insistió Javier.

Pero Enrique ya se había inclinado sobre el mendigo para decirle muy bajo:

—Ahora... habla...

El viejo dio un suspiro, seguido de un breve gruñido, y siguió durmiendo. Volvió entonces a oírse, misteriosa y cercana, la respiración del mar.

Un sobresalto colectivo, mezcla de emoción y de terror, sacudió a los muchachos, incluso a Javier, que dio un paso atrás.

—Me parece que tienes miedo... —le dijo Leopoldo al oído.

Enrique volvió a inclinarse sobre «su» estatua de carne.

—Habla..., habla...

Y sopló sobre él, como Dios lo hiciera en el Paraíso sobre el barro de Adán.

Ahora fue Adolfo el que se impresionó.

—Miguel Ángel no sopló —comentó en voz baja—, sino que le dio un martillazo en una rodilla...

—Pues no se lo digas —replicó Javier—, porque éste le parte una pierna. ¿No veis que está loco?

Enrique soplaba cada vez con más fuerza y el viejo se despertó. Abrió primero un ojo, después el otro. Levantó la cabeza, irguió el cuello, se restregó los ojos y miró con estupor a aquel muchacho que, sentado frente a él, le miraba con un gesto de infinito asombro.

—Y ahora..., habla —repitió Enrique, misteriosamente en tono confidencial.

El mendigo cruzó los brazos sobre el pecho, meneó la cabeza de un lado a otro y no dijo una palabra.

Enrique, sin dejar de mirar a «su hombre», llamó otra vez a Adolfo en su socorro.

—¡Adolfo, Adolfo..., ven!

Adolfo tragó saliva y se acercó.

—Esa estatua que dices, ¿habló... o no habló? ¡Tienes que acordarte!

—No estoy seguro —exclamó Adolfo, compungido—; creo que no...

Y se retiró a su sitio.

Enrique dejó caer los brazos con desaliento.

—No hay nada que hacer. Soy su padre, y no me habla.

El viejo no entendía una palabra de las que decía aquel mocoso que afirmaba ser su padre. Su rostro se inundó con una sonrisa llena de bondad, y abriendo las manos articuló estos sonidos sorprendentes:

—*Ich verstehe nicht was du redest.*

Enrique se volvió hacia sus amigos con el rostro iluminado por el triunfo. ¿No era todo aquello una confirmación de sus suposiciones? Si la cabeza que había esculpido la víspera era la de un profeta, era lógico que al cobrar vida no supiera hablar el mismo idioma que ellos, sino el idioma de su lejana tierra y de su tiempo. Andrés tradujo a palabras el pensamiento de Enrique.

—Es un profeta de verdad. Esa lengua ya no existe...

El viejo miraba a unos y a otros desde el fondo de sus azules ojillos. Se diría que estaba divertido al ver aquel corro de mocosos plantados junto a él, con aquellos aires de consternación.

—De pequeño yo tuve una *Fräulein* —dijo Leopoldo de pronto—, y me parece que eso que ha dicho es alemán...

Enrique rechazó de plano tan absurda suposición.

El viejo intentó explicarse con las manos. Movía los dedos imitando a una persona que anda y abrió los brazos señalando la lejanía.

—Quiere decir que ha andado mucho y que está cansado —sugirió Leopoldo.

—Pues desde la playa en que éste le parió hasta aquí, no hay tanto camino —dijo Javier con sorna.

Enrique le fulminó con la mirada.

—*Ich bin ein jüdischer flüchtling aus Polen* —dijo el viejo.

Y Leopoldo tradujo a medias:

—Dice que es un judío de Polonia, o algo así, y que viene huyendo.

Enrique veía su paternidad esfumarse por minutos. Y no estaba dispuesto a ello. No se puede perder un hijo así como así, y menos teniendo una cabeza tan estupenda como la del viejo. No en balde la había imaginado él, no en balde la había presentido... Había que buscar una solución a aquel enigma.

—Un profeta... —murmuraba Andrés.

—Un judío... —aseguraba Leopoldo.

El viejo seguía explicando mímicamente que había andado centenares y centenares de kilómetros desde hacía mucho tiempo.

—¡El Judío Errante! —gritó Enrique de pronto, dándose una palmada en la frente—. Está clarísimo...

El viejo pidió a los chicos con gestos que se sentaran. Aunque ninguno hizo nada por demostrarlo, todos sintieron un poco de prevención. Pero se sentaron, al fin, formando un corro. Parecían personajes extraídos de un grabado de la Historia Sagrada. Y más de uno pensó, al verse así, que el hombre aquel iba a hablarles en parábolas o hacerles sabedores de una nueva profecía. Pero el viejo se limitó a enseñarles su hatillo, donde no había más que dos zapatos mugrientos y un mendrugo de pan tan duro que daba pena. Después se señaló el pecho, mostrando su desnudez. Y llevándose el pan a la boca, demostró que no tenía dientes para partirlo. Andrés, ni corto ni perezoso, se quitó la camisa y se la regaló al viejo. Éste juntó las manos, lleno de gratitud, y la aceptó. Enrique comprendió que ese gesto debía habérsele ocurrido a él antes que a nadie, y se quitó los zapatos y los calcetines y se los dio también.

—Tú eres... mi obra —le dijo silabeando las palabras para que le entendiera mejor—. Yo a-yer te es-cul-pí sobre la a-re-na.

El viejo movió negativamente la cabeza, señaló el pedazo de pan, y llevándose la mano en forma de pirámide a la boca, explicó, en el lenguaje de la mímica universal, que tenía hambre.

—Que si eres su padre, que le des de comer —aclaró Javier.

—No os riáis. Esto es muy serio —recriminó Enrique—. Lo más serio de mi vida.

Y haciendo al viejo señas de que le esperara, se volvió hacia la ciudad para traerle comida.

Los demás le siguieron, pero Enrique echó a correr para ganar tiempo, y antes de media hora estaba de regreso con dos barras de pan, chocolate y seis manzanas.

El viejo no se contentó con palmotear de alegría, sino que cogió con unas manos enormes y sucísimas, surcadas de venas grandes como tuberías, la cabeza de Enrique y le plantificó un beso en cada mejilla. Enrique enrojeció hasta las orejas, y algo más tarde confesó que no fue sólo por la emoción, sino por el secreto temor de quedar convertido con aquel beso en un errante más sobre la tierra por toda la eternidad...

—Lo que debes hacer es lavarte la cara con alcohol —le dijo Leopoldo—. Y pronto.

Enrique quedó en volver a la tarde con una manta para que se abrigara durante la noche, pero aclarando que era sólo como préstamo y no regalada.

A la mañana siguiente volvió de nuevo con más pan y manzanas y calcetines, pero el viejo había desaparecido. Y la manta, por supuesto, también. Le buscaron como locos, entre las rocas, recorrieron los caminos en bicicleta, preguntaron a los guardias. Nadie le había visto.

—En casa me han dicho —dijo Leopoldo— que hay muchos judíos que huyen de Polonia y de Alemania, y cruzan toda Europa, a pie, camino de Gibraltar. Allí embarcan.

—Eso es absurdo —protestaba indignado Enrique—. Lo habéis visto con vuestros propios ojos. Era igual a mi estatua. Era mi estatua pero de carne y hueso.

—Yo no sé lo que les das —bromeó Leopoldo— para que todos te besen. Celia lo hizo, y este viejo verde también... Debes de tener un atractivo especial.

—No te tolero esa broma, ¿entiendes? Si todo fuera una cosa «natural», alguien le habría visto además de nosotros...

Todos convinieron en que esto era cierto. Y que no había explicación alguna que aclarara, no ya el parecido —como decían al principio—, sino «la absoluta y total semejanza» —como decían ahora— entre el estrafalario profeta esfumado y la no menos estrafalaria cabeza que había modelado Enrique con la arena húmeda de la playa.

Buscaron mil explicaciones: un comparsa caracterizado y pagado por Enrique para gastarles una broma; una alucinación colectiva; un puro y total azar..., pero nada de esto les convencía. Lo comentaron en sus casas, alguno hasta lo consultó con su confesor.

Y tanto hablaron de ello, y tantas vueltas le dieron, que el prestigio de Enrique, ya muy arraigado, se reafirmó hasta hacerse indestructible: porque había conseguido —ésta era la explicación más sencilla— lo que no consiguieron los grandes artífices del pasado: hacer hablar —aunque sólo fueran diez palabras y en una jerga ininteligible— a una obra modelada con sus manos.

VII

EL «CHIVATO»

Cuando Adolfo y Anastasio llegaron aquella tarde a Ondarreta, no podían sospechar la gravedad de la noticia que allí les esperaba.

Se habían citado a las cuatro en Los Relojes para ir juntos, a pie, bordeando la Concha, bajo los tamarindos, hacia el sitio donde habitualmente se reunían con los demás.

Apenas los vieron llegar Javier, Andrés y Leopoldo corrieron hacia ellos.

—¿Sabéis ya lo ocurrido?

—¿Qué?

—Una catástrofe, una verdadera catástrofe... Enrique ha sido expulsado del colegio.

Y Javier y Leopoldo, quitándose uno a otro la palabra, expusieron atropelladamente cuanto sabían de este desgraciadísimo asunto.

El rector había llamado a Enrique aquella misma mañana para decirle que cuando se reanudaran las clases, después de sus vacaciones, no podría asistir a ellas. Ya habían escrito a su madre, con la recomendación de que buscara un nuevo colegio para el próximo futuro, pero habían querido primero informarle a él de palabra. Las acusaciones eran varias y muy concretas: tener reuniones con determinadas muchachitas en sitios generalmente ocultos; fumar descaradamente en público, alardeando de hombrón; arrastrar a varios amigos, más jóvenes que él y sobre los que ejercía una perniciosa influencia, a realizar actos indecentes de gamberrismo, como era desnudar a un compañero y tirarlo al agua; y, sobre todo, alardear de haber practicado la brujería, haciendo creer a los demás y creyendo él mismo en la ridícula encarnación de un profeta...

Cada una de estas acusaciones —«perfectamente comprobadas», había dicho el rector— eran muy graves. La última, gravísima. Todas juntas, inadmisibles.

—Pero esto es absurdo —exclamó Adolfo—. ¿Qué hacemos de malo con las chicas?

—Eso digo yo —añadió Anastasio—. ¿Qué tiene de malo estar con ellas? ¡Son nuestras amigas!

—Lo que pasa —interrumpió Leopoldo— es que los curas, cada vez que ven una chica —y soltó una burrada como un castillo—, ¡creen que todos somos iguales!

—No seas bárbaro —terció Adolfo—. Me revienta que hables así.

—Tiene razón Leopoldo —sentenció Javier.

—Lo que les molesta —precisó Adolfo queriendo poner las cosas en su punto— no es que salgamos con las chicas, sino que nos escondamos cuando salimos con ellas.

—Pero ¡demonios! —protestó Leopoldo, indignado—. Nos escondemos para evitar que nos castiguen al vernos con ellas. Si no, ¿por qué narices nos íbamos a esconder?

La objeción era buena, y Adolfo no replicó, no fueran a confundir su afán de precisión con una conformidad al atentado cometido contra la justicia en la persona de Enrique. Dieron media vuelta y emprendieron en silencio el camino de los jardines. Estaban consternados y admirados. Consternados, por la desgracia caída sobre su amigo y por el riesgo que ellos mismos corrían de seguir la misma suerte; y admirados de que una personalidad como la de Enrique pudiera ser tratada de esa manera. Un capitán puede morir en el frente a la cabeza de sus tropas; pero no ser herido por la patada de un mulo, o romperse un hueso por resbalar en un *parquet*. Un caudillo puede ser derrocado por una revolución, mas no por una riña de vecindad. La caída de Enrique era humillante, porque no correspondía a su categoría y a su personalidad. El delito de brujería de que era acusado quizá mereciera un castigo: la hoguera, por ejemplo, en tiempos de la Inquisición; pero nunca la infamante expulsión de un colegio de enseñanza media.

—Lo más alarmante de todo —dijo Leopoldo interrumpiendo la marcha— es lo del profeta... Si todo fuera una broma, es decir, mentira, no tenían por qué haberle castigado tan duramente. Si lo han hecho, es porque en todo este asunto del viejo quizá haya algo de verdad...

—¡No saben poco los jesuitas! —dijo Andrés—. Y aquel tío de las barbas era igual a la estatua... ¡Igual!

Reemprendieron la marcha cabizbajos, cada cual con sus pensamientos. Llegaron a los bancos y se sentaron sin decir palabra. La desgracia de Enrique les tenía mudos y perplejos.

—Lo mandan a Lecároz... ¡interno! —dijo Javier pensando en voz alta—. En San Sebastián ya no le aceptan en ningún colegio...

Javier contó que la madre de Enrique se pasaba las horas llorando. Tenía tres hijos más. Dos hombres, mayores que Enrique, que estaban en el frente, y una hija, con la que se quedaría sola mientras durara la guerra o el colegio...

—Callad ahora —interrumpió Anastasio—. Ahí está...

En efecto, muy sonriente, las manos en los bolsillos y un cigarrillo apagado en la boca, con un pantalón corto de pana verde, nuevo, y una boina muy maja ladeada en la cabeza, Enrique avanzaba hacia ellos, la cara inundada de felicidad.

—¡La que se ha armado! —dijo al llegar.

Y se sentó entre ellos como si no hubiera pasado nada.

—¿Quién quiere fumar?

Ofreció un pitillo a cada uno y todos lo aceptaron.

—Me ha salido cara la vuelta —comentó riendo—. El próximo pitillo que lo dé otro.

Encendieron sus cigarrillos, unos con la habilidad de la experiencia, otros con torpeza, y esperaron a que Enrique tomara alguna iniciativa.

—Vámonos de aquí —fue su proposición—, a donde no nos vean.

Se levantaron en silencio, y en silencio se encaminaron hacia el malecón. Pasaron delante de la cárcel. En muchas celdas, los presos, apretados contra los barrotes, miraban al mar. Las gaviotas —arcángeles blancos— planeaban sobre este extremo de la playa; y tal era el ritmo y la elegancia de sus movimientos, que se diría que lo hacían al son de una música sólo por ellas escuchada. Pasaron delante del Club de Tenis y se encaminaron —por el mismo escenario que el día precedente— hacia la rotonda de piedra que pone fin a la ciudad. El recuerdo del misterioso mendigo gravitaba en la mente de todos...

—Es el destino... —dijo Enrique como si contestara a sus propios pensamientos—. Hoy me ha tocado a mí...

Aunque intentara forzar la sonrisa y fingir buen humor, Enrique estaba «tocado». De esto a ninguno le cabía duda.

—Mi madre es tonta —añadió—. Se pasa la vida llorando. Cuando hirieron a mi hermano Claudio, lloró. Cuando le dieron de alta en el hospital, volvió a llorar. Si vienen sus hijos del frente con permiso, llora. Cuando se les acaba el permiso, llora también. Le encanta sacar las cosas de quicio...

Se interrumpió de pronto mirando hacia el último extremo del paseo, y dio un largo silbido.

—¡Lo que estoy viendo!... —dijo, llevándose las manos a la cara.

Todos miraron al frente, temiendo ver aparecer de nuevo al mendigo de las barbas. Pero en todo el paseo no había nadie, salvo un pescador de caña, sentado sobre la muralla del malecón, de espaldas a ellos.

—¿Ese que está pescando... no es...?

—¡Escribano! —exclamó Javier, repitiendo el silbido de Enrique.

Javier estaba rojo hasta las orejas. Tal era la emoción que aquello le producía. Enrique, en cambio, había palidecido un poco.

—Hoy sí que no se nos escapa —dijo, escupiéndose en las manos.

Javier le agarró por un brazo.

—Déjamelo a mí.

Enrique ni le miró.

—Pídeme otro favor... Éste es demasiado grande. Ese hijo de mala madre va a llorar hoy todo lo que ha hecho llorar a la mía...

Se abrieron en abanico, cubriendo toda la calle, y avanzaron lentamente hacia el improvisado pescador, saboreando de antemano las mieles del encuentro. Una sed colectiva de venganza se había apoderado de todos. Incluso Adolfo, el idealista, y Anastasio, el pacífico, avanzaban cautelosamente, como lobos que fueran a lanzarse sobre una presa.

Allí, ante ellos, solo y sin escape posible, estaba el chivato repugnante, el gusano asqueroso responsable de todo, el que había deformado con su inmunda imaginación sus inocentes encuentros con las chicas; el que había ido con el cuento de lo del profeta al rector del colegio; el que, desde hacía años, los espiaba, alimentándose, como las ratas, de las inmundicias que creía descubrir en los demás.

Escribano levantó en aquel momento la caña para reponer la carnada del anzuelo, y al volverse para realizar esta operación vio a sus compañeros de colegio avanzando por el paseo. Prudentemente descendió de la baranda en que estaba sentado y no tardó en adivinar sus intenciones. Las caras de los que venían no le parecieron tranquilizadoras, y miró a un lado y a otro buscando una salida. No la había. La muralla del malecón trazaba ahí mismo, donde él estaba, un semicírculo que cerraba la carretera. Tras la muralla, y a cuatro o cinco metros de profundidad, el mar se estrellaba contra las rocas. La carretera tenía a un lado el mar; al otro, el acantilado ascendente, inaccesible, de la montaña. Escribano tomó una resolución heroica. Dejó la caña abandonada y avanzó hacia ellos. La carretera era muy ancha y quizá escurriéndose entre uno y otro de los que avanzaban, pudiera escapar.

«Son más brutos que yo —pensó—. Pero yo soy más listo.»

El plan de Escribano era llegar corriendo hasta el Club de Tenis y meterse dentro. Ahí no se atreverían con él.

—¡Hola! —le gritó Enrique—. Venimos a jugar contigo.

Escribano, aterrorizado, les miró uno a uno. El que le parecía más flojo era el vestido de negro. Por ese flanco intentaría escurrirse.

—¿Qué queréis de mí? Yo no os he hecho nada...

Enrique se adelantó unos pasos.

—Y yo que no sé por qué siento esta irresistible simpatía hacia ti... —dijo mientras avanzaba.

Escribano comenzó a retroceder.

—Ya ves tú. Eres un tipo que me ha caído bien... —insistió Enrique—. Y la verdad —añadió—, estoy deseando hacer buenas migas contigo.

Seguía avanzando, y Escribano veía cada vez más difícil toda escapada.

—Quiero decir hacerte migas. Así...

Y Enrique movió los dedos como si migara un bizcocho recién salido del horno.

Escribano no esperó más y se lanzó hacia adelante. Esquivó a Enrique y a toda carrera se lanzó entre los otros buscando el punto más débil: Anastasio. Lo derribó, pero éste, para el que hubiera sido una tragedia que se escapara por su culpa, se agarró a sus piernas y aguantó, sin soltar, dos tremendas patadas del fugitivo sobre la cara. Javier fue el que lo alcanzó y lo sostuvo del pelo, hasta que llegara Enrique.

Éste lo hizo despacio, sin prisa, contoneándose.

—Pobre chico... —dijo calmosamente—. No le hagas daño. Suéltalo. Así...

Y lo soltó, dejándole libre todo el campo que había, desde la muralla humana, vuelta a formar por ellos, y el final, sin escape posible, de la rotonda.

—Has hecho mal en pegar a mi amigo. Mira cómo le has puesto la cara. Le has hecho sangre... cht... cht... Eso no está bien.

Escribano había llegado al final. Sudaba como un condenado y se agarraba desesperadamente a la muralla de piedra, con la vaga esperanza de que alguien los viera y acudiera en su auxilio.

Pero cuando a trompicones le sacaron de allí, llevándole hacia el acantilado del monte, donde era imposible ser visto ni oído, se echó a llorar.

—Dejadme ir... —les decía—. No seáis cobardes. Sois seis contra uno.

—Eso no es verdad —gritó Adolfo, herido en lo más sensible de su pundonor—. Nadie más que Enrique se va a pegar contigo. Y si tú le puedes, ninguno le defenderá y te dejaremos ir. Te lo juro.

—¡Cobardes..., cobardes..., dejadme ir ahora! —gimoteaba Escribano.

—Mira —le dijo Enrique—, hasta voy a darte una ventaja. Que seas tú el que pegue primero.

—No me da la gana... ¡Cobardes, más que cobardes!...

Y pataleaba en el suelo lamentablemente.

—Tu problema es éste —le dijo Enrique—. Tu madre es una santa, pero tú eres un hijo de tal. —Y lo soltó con todas sus letras.

—No me importa lo que digas —gimoteó—. Además, no tengo madre. Yo quiero irme...

—¡Dale de una vez! —gritó Javier impacientándose.

—Toma, caliéntate —le dijo Enrique. Y le dio un primer bofetón con la mano abierta.

—¡Ay! —gritó—. ¡Bruto, cobarde!... ¡Déjame ir!...

—Esta otra para que te calles y no me recuerdes más que estoy pegando a una mujer...

Y le santiguó la otra mejilla.

Escribano se cubrió la cara con las manos, aparentando renunciar a toda defensa. Pero fue sólo un ardid para lanzar una patada a Enrique en el bajo vientre, tan fuerte y tan bien colocada que lo derribó al suelo, donde quedó retorciéndose de dolor.

La patada y el intento de huida fue todo uno. Pero Adolfo, de un empujón, lo lanzó sobre Enrique, sin ver que éste, todavía en el suelo, estaba en mala posición. Tan mala, que si Escribano llega a acertar con una segunda patada, dirigida esta vez a la cabeza, le descalabra. La bota del chivato pasó rozándole la oreja, y el rapidísimo movimiento de Enrique para esquivarla se unió con el salto para incorporarse. El impulso de ponerse en pie fue el mismo del primer golpe en la cara con el puño cerrado. Enrique pegaba fuerte y ordenadamente, y cuando Escribano caía al suelo, esperaba a que se levantara para descargar un nuevo golpe. Escribano no utilizaba más armas que los pies, pues las manos las ponía como coraza sobre el rostro. Después, ni los pies le sirvieron, si no era para sostenerse dando tumbos de un lado a otro. Cuando parecía que iba a caer por la derecha, un puñetazo le enderezaba por la izquierda, y otro más daba en el suelo con él. Pero Enrique, ¡ay!, cuya serenidad inicial era admisible, empezó a cegarse con la sangre que manaba abundantemente de las narices y los labios de Escribano, y comenzó a perder el freno y la medida de sus golpes, hasta ensañarse. Cuando Escribano cayó una vez más, no hizo ademán de cubrirse, ni siquiera de incorporarse, y Enrique lo levantó él mismo, por el puro placer de tumbarle otra vez.

—Ya está bien, Enrique, déjale ya... —gritó de pronto Adolfo, alarmado por el nuevo cariz que tomaban las cosas.

Pero Enrique no le escuchaba. Era como un autómata ciego de rabia que golpeaba y golpeaba sin moderación, con la sola ambición de encontrar algo sólido al final de sus puños.

—Hay que hacer algo —gritó Adolfo—. Vamos a separarles.

Pero Javier, inyectados los ojos, se interpuso en el camino de Adolfo, y exclamó fuera de sí.

—Al que los separe, le parto el alma...

Y volviéndose hacia Enrique, se puso a gritar:

—¡Dale fuerte!... ¡Dale fuerte!... ¡Más!... ¡Más!...

El espectáculo era ya algo más que repugnante. Quienes hayan visto al patrón de una trainera, en día de regatas, marcando con gesto de loco el ritmo de los golpes de los remos contra el agua, podrá imaginar a Javier subiendo y bajando los brazos al compás de los directos de Enrique a la cara de Escribano...

—¡Ahora, a la boca! ¡Dale en la boca! —gritaba Javier fuera de sí:

Y Enrique, borracho, irracional, golpeaba, golpeaba, golpeaba...

Adolfo se volvió hacia los otros, pidiendo ayuda.

—¿Qué hacéis ahí parados?... ¡Estáis ciegos!... ¡Lo va a matar!

Anastasio y Andrés, se miraban sin saber qué hacer. ¿Cómo iban a enfrentarse ellos con Javier, que era el más fuerte de todos, o con Enrique, incapaz de razonar?

Sólo Leopoldo se atrevió a acercarse.

—Javier, sepáralos tú, que eres más fuerte —suplicó.

Javier, por toda respuesta, le dio un manotazo, apartándolo de sí.

—Dejadlos. ¡Dale fuerte, Enrique! ¡Así..., así!...

Entonces Adolfo, en un alarde de decisión, se interpuso entre Enrique y su víctima, y agarró a aquél por los hombros.

—¡Para!... ¡Para! ¡Déjale ya!

Pero Javier se abalanzó hacia él con los puños crispados.

—Te dije que los dejaras solos. No han acabado...

Adolfo se echó para atrás y esquivó un gancho de Javier mal dirigido a su barbilla.

Pero Leopoldo, Andrés y Anastasio tomaron la defensa de Adolfo y se interpusieron entre Enrique y el cuerpo exánime de Escribano.

De un lado quedaron Enrique y Javier, los más fuertes. Del otro, los cuatro menos corpulentos, protegiendo a Escribano.

—Te lo suplico, Javier. Serénate. No permitas que Enrique se siga ensañando.

—¡Dejadme paso!... —gritó Enrique, cuyos puños eran ya unos muñones de carne viva.

—¡Dejadle paso!... —gritó Javier, amenazador.

—Eres más fuerte que yo —insistió Adolfo— y sé que me dejarías como Enrique ha dejado a ese pobre diablo. ¡Pues, a pesar de eso, estoy dispuesto a luchar contra los dos!

Anastasio y Andrés se retiraron. Leopoldo dudó un momento y se retiró también. Adolfo quedó solo frente a Enrique y Javier, que le miraban como a un loco escapado del manicomio.

—Te vamos a triturar —dijo Javier—. No seas memo y quítate de en medio.

Entonces fue cuando Anastasio, con voz descompuesta y ahogada, exclamó:

—¡Dios mío! Escribano... está muerto...

Hubo un silencio preñado de terror.

—Vámonos de aquí. Vámonos pronto de aquí —dijo Javier deshaciéndose de Enrique, que tuvo que apoyarse en él para no caer al suelo.

Nadie se movió de su sitio. Se miraban unos a otros en muda y patética consulta.

—Tirémosle al agua —dijo Enrique.

Leopoldo se acercó al cuerpo de Escribano y dio un gran grito:

—¡No es cierto, no es cierto! ¡Eres un imbécil! ¡Está vivo!... De todas maneras, hay que hacer algo... ¡y pronto!

Adolfo tomó el mando de la situación.

—Enrique y Javier, marchaos de aquí. Leopoldo, acompáñalos. Esperadnos en la playa. Lo mejor que puede hacer Enrique es bañarse. No te vayas así. Quítate esa camisa. Está perdida de sangre. Andrés, Anastasio y yo nos quedaremos con éste. Ya veremos lo que hacemos...

Enrique se quitó la camisa y la tiró junto a su víctima. Leopoldo hizo lo que se le decía, y Javier, no repuesto aún, obedeció también.

Apenas se hubieron alejado, Anastasio confesó que había dicho aquello de que estaba muerto a sabiendas de que era mentira, como única medida para contener a Javier y a Enrique, dispuestos a continuar.

Con el cubo y la caña de pescar de Escribano, izaron agua del mar y lavaron las heridas de éste. Tenía las dos cejas partidas y los labios llenos de cortaduras. La nariz y los pómulos, amoratados, se hinchaban a ojos vistas. Temblaba como un azogado y lloraba sin lágrimas, en un puro ataque de nervios.

—No me tiréis al mar... No me tiréis al mar...

Le quitaron la camisa, que estaba tan manchada como la de Enrique, y lanzaron ambas al agua.

—No me tiréis al mar..., no me tiréis.

El cuerpo no tenía heridas ni golpes apreciables. La cabeza, tampoco. Todas las «caricias» de Enrique habían ido a la cara.

—No me tiréis...

—Cállate, o te tiramos de verdad. ¿No ves que te estamos ayudando, pedazo de cretino?...

Escribano dejó de gimotear, pero no de temblar. De cuando en cuando daba un hipido lleno de convulsiones.

Le echaron agua por la nuca y por la espalda, en los codos y en las muñecas. Al fin le incorporaron.

Adolfo le habló:

—¿Eres capaz de escucharme como un hombre, o vas a seguir gimoteando como una nena?

Escribano hacía esfuerzos indecibles por calmarse.

—Echadme más agua por la cara —dijo tan sólo.

Lo hicieron una vez más, y pareció que se calmaba un poco.

—Ahora escúchame —le dijo Adolfo—. El que te ha pegado no está ya aquí. El otro que te quería pegar, tampoco. Lo que te ha pasado hoy, lo tienes merecido. La cuenta ha sido saldada. Pero atiéndeme. Como salga una sola palabra de esa boca tuya de babosa y des uno solo de los nombres nuestros denunciando lo de hoy..., entonces te aseguro que te tiramos al mar...

—¡No! ¡Al mar, no!... ¡Al mar, no!... —volvió a llorar Escribano.

—Al mar, sí; al mar, sí..., nenazas, que eso es lo que eres. Y ahora mismo, además, si no te callas. De manera que... ¡chitón! ¿Te has enterado?

—Sí —balbució tragándose el último sollozo.

—Júralo.

—Lo juro.

—¿A nadie?

—A nadie.

—Ahora, ponte en pie. ¿Puedes andar solo?

—Sí.

—Pues vete con viento fresco.

Escribano no se movió.

—¿Y... qué voy a decir en casa, cuando me vean llegar así?

Adolfo se llevó la mano a la barbilla.

—¿Tienes padre?

—Sí. Pero está en el frente. Madre no tengo.

—¿Y tienes hermanos mayores?

—No.

—¿Con quién vives, entonces?

—Con mi abuelita.

—Pues dile a tu abuelita que te han pegado para robarte la camisa. Pero que no sabes quién. ¡Hala! ¡Vete!

—Me da miedo. Enrique sigue ahí. En la playa..

—No te hará nada. ¡Vete de una vez!...

Escribano cogió su caña y su cubo, y se alejó con la cabeza baja... Adolfo dio un gran suspiro. Y Andrés, con mucha prosopopeya, tomó la palabra.

—Adolfo —le dijo—, estoy orgulloso de ser tu amigo. Dame la mano. Eres un tipo fenomenal.

Anastasio, menos elocuente, también le felicitó:

—Has estado muy bien, Adolfo, muy bien.

Y los tres, en silencio, emprendieron el camino de regreso, para reunirse con Enrique, Leopoldo y Javier.

VIII

CUPIDO EN EL CHOCOLATE

LAS CINCO... Las cinco y cuarto... Las cinco y media... El reloj del Buen Pastor era un mal remedio para el insomnio. Anastasio había dormido mal, desvelándose a cada instante con las pesadillas. Cuando lograba conciliar el sueño, era éste tan agitado que se despertaba empapado en sudor y con una infinita sensación de angustia que le ahogaba. Despierto, pretendía dormirse; dormido, hacía esfuerzos indecibles por apartar de su memoria los recuerdos de la víspera. Y después... ¡aquel maldito reloj!...

A las seis y media saltó de la cama, se duchó y, a medio vestir, se instaló ante el mirador, esperando que tía Enriqueta se levantara y le permitiera desayunarse.

Anastasio tenía miedo. Tenía miedo a la venganza de Escribano, tenía miedo a Javier, tenía miedo a unas palabras horribles que nadie escuchó, o al menos que nadie comentó, y que fueron pronunciadas en el momento de mayor confusión, no sabía por quién o no quería saber por quién:

—Tirémosle al agua...

No, no eran imaginaciones suyas. Aquellas palabras fueron dichas cuando todos creían que, en efecto, Escribano estaba muerto. Anastasio se pasó una mano por la frente, como si quisiera borrar este recuerdo, arrancarlo de su memoria, inutilizarlo.

Sobre la mesa-camilla del mirador había unas hojas en blanco y una escribanía. Tomó una pluma y comenzó a escribir a su madre.

Su madre estaba, no ya al otro lado del frente; estaba al otro lado de la guerra. Al otro lado de las miserias del mundo. Sólo ella sería capaz, en un día como aquél, de distraer su atención de todos los pensamientos que le angustiaban. Si hubiera pensado en ella durante la noche, estaba seguro de que hubiera logrado conciliar el sueño, mecido por su recuerdo, como de pequeño lo fuera por sus brazos.

Cinco hojas largas tenía ya escritas cuando entró tía Enriqueta.

—¿Qué haces?

—Escribo a mamá.

—¿Qué le dices? Déjame ver...

Y sin esperar su autorización, cogió las páginas escritas y se puso a leerlas. Anastasio enrojeció de rabia. Y no porque en la carta hubiese nada que no pudiera leer tía Enriqueta, sino por el hecho mismo de que se creyera autorizada a mediar entre su madre y él.

Cuando la tía concluyó su lectura, Anastasio le dijo:

—Dentro de dos semanas, empieza el colegio.

—¿Qué colegio?

—Los colegios, todos. ¿A cuál voy a ir yo?

—Si de mí depende, al Instituto, que es gratis. Y además está ahí enfrente. Pero de esto más vale que hables con tu tío.

Anastasio no replicó.

En el pasillo sonó el timbre del teléfono.

—¿El teléfono a estas horas? ¿Quién será?

La criada lo descolgó, pero tía Enriqueta ya había acudido, presa de curiosidad, y se lo quitó de las manos.

—¿Quién es? —preguntó mecánicamente.

—¿Quién...? —volvió a repetir, más con el tono de quien no entiende que con el tono de quien no oye.

—¿El señorito qué?...

—¿La señorita quién?...

—Espere...

Por primera vez en su vida, Anastasio vio sonreír, y con no poca guasa, a tía Enriqueta.

—Niño, es para ti.

—¿Para mí? —preguntó Anastasio alarmado.

—De parte de la señorita de Guzmán... Debe de ser una gran dama —añadió irónica.

—¿Y quién es la señorita esa? —preguntó, incrédulo, Anastasio.

—Tú sabrás, hijo; que a mí no me cuentas nunca a quién ves ni con quién sales.

Tío Anselmo, que estaba a medio afeitar, salió al pasillo en pijama, con media cara enjabonada.

—¡Vaya con el niño!... ¿Sabes que empiezas muy pronto, tú?

—Pero ¡si no sé quién es!... —protestó Anastasio mientras acudía al teléfono con más miedo que curiosidad.

—Soy Celia... —dijo la voz al otro lado del hilo.

—¡Ah!, eres tú... Me habían dicho la señorita de no sé qué.

—Oye... Quiero hablarte. Es una cosa muy importante.

—¿Cuándo?

—Ahora...

—Pero ¡si son las ocho de la mañana!...

—Ya lo sé. Pero es muy importante. Oye. Estoy en la pastelería de Ayestarán, muy cerca de tu casa. Ven aquí y desayunaremos juntos. Adiós, no faltes. —Y cortó la comunicación.

Anastasio colgó lentamente el teléfono. ¿Qué habría ocurrido? ¿Qué relación tendría aquella llamada con los sucesos del día anterior? ¿Se sabría ya por todas partes lo de la paliza? ¿Le habría ocurrido algo a Escribano? «¡Dios mío! —pensó—, que no sea cierto lo que temo..., que no sea verdad lo que estoy pensando.» Entró en su cuarto y se peinó.

Iba a salir cuando observó que su camisa no estaba del todo limpia, y se la cambió. Anudó la corbata en torno a su cuello. El nudo se resistía a correr sin arrugarse lentamente. Nunca usaba corbata por las mañanas; pero aquel día tenía una cita con Celia, y no le parecía correcto acudir a ella vestido de cualquier manera. Se cepilló los zapatos, y al hacerlo se ensució las manos.

Fue al lavabo y se enjabonó cuidadosamente, mirándose al espejo. «Es absurdo lo que me pasa —pensó—. Estoy nerviosísimo. Y se me nota.»

Al salir de su cuarto, tía Enriqueta, tío Anselmo y la criada espiaban.

—¡Vaya..., vaya..., vaya!... Estás hecho un brazo de mar —murmuró tía Enriqueta.

Y tío Anselmo comentó.

—En mis tiempos, las citas galantes no eran nunca a estas horas... ¿Qué edad tiene esa chica?

—Trece años.

Tío Anselmo puso los ojos en blanco y se relamió los labios con procacidad.

—Que tenga suerte, señorito —rió la criada abriéndole la puerta.

El primer impulso de Anastasio fue lanzarse escaleras abajo a toda velocidad. Pero se contuvo y bajó despacio, muy dignamente. Las risas de sus tíos estallaron apenas la puerta se cerró tras él. Cuando salió a la calle, en vez de torcer a mano derecha, bajo los soportales, lo hizo a la izquierda, por si le seguían, para despistar. ¡Sólo faltaba que se presentara tía Enriqueta a husmear, en Ayestarán, cuando estuviera mano a mano con su amiga!

Al llegar a la esquina con la calle de San Ignacio se detuvo frente a un escaparate y miró de reojo por si le seguían. Era una tienda de objetos musicales. Guitarras, acordeones, flautas, violines, se exhibían tras el cristal. No. No le seguía nadie. Una mujer entró en el portal con un paquete de periódicos. Era la repartidora de *El Diario Vasco*. En el escaparate de Casa Erviti, en un estuche abierto de terciopelo rojo, había una armónica maravillosa. Se acordó de Enrique. Si con el juguete que tenía tocaba tan estupendamente, ¿qué no sería capaz de hacer con aquella pieza colosal? Pensó en regalársela, como recuerdo, antes de que se fuera a Lecároz. Pero era carísima. Con su peseta semanal, Anastasio tardaría años en ahorrar ese dinero. De su portal no salía nadie. Deshizo el camino recorrido y se dirigió a la famosa pastelería.

Por la calle, muchas señoras —rosario, mantilla o velo— apresuraban el paso hacia el Buen Pastor. Multitud de carros acudían al mercado a depositar sus mercancías. Las criadas, con sacos de hule o malla, volvían de hacer la compra.

Llegó frente a Ayestarán. Dos establecimientos gemelos, del mismo nombre, daban a la calle, y dudó en cuál entrar. De uno de ellos salían cestas y cestas de pan blanco, bollos de leche y ensaimadas. Era la panadería. Penetró en el segundo. La puerta, al abrirse, movía una pequeña campanilla que tintineaba indiscreta anunciando la entrada de un cliente, y Anastasio se sintió profundamente molesto. Le desagradaba no pasar inadvertido. Un aire cálido le dio en el rostro. Olía deliciosamente a bollería fina, a repostería recién hecha, a horno de pan y azúcar *glass*.

En el centro del establecimiento, un gran mostrador como el de los joyeros exhibía en sus vitrinas, en vez de pulseras y collares, pasteles de aspecto delicioso. Al fondo, sobre una pequeña plataforma, varias mesas rodeadas de sillas, y sentada en una de ellas, inquieta por la tardanza y sola, Celia.

Anastasio, muy azorado, se acercó a ella y se sentó a su lado. El corazón le batía desacostumbradamente y notó que los colores —indiscretos colores— le teñían el rostro.

—Es que he venido corriendo —dijo, por si Celia lo notaba.

—No he pedido nada —añadió ella— por esperarte. Ya son las ocho y media... ¿Qué quieres tomar? ¡Yo tengo un hambre!...

Eso sí que Anastasio no se lo esperaba. Desde que Celia le telefoneó hasta ahora, mil sensaciones le habían privado de la facultad de razonar. La posible relación de la llamada con los hechos de la víspera, la idea de que Escribano hubiera muerto, la emoción de un mano a mano sin testigos con aquella preciosidad que ahora tenía delante, el temor a que le siguieran..., todas estas sensaciones se habían agolpado confusamente en su cerebro. Mas la posibilidad de que esta cita le fuera a costar dinero, no se le había pasado por la cabeza. Aquélla fue, pues, la primera vez que Anastasio asoció —en su mente infantil— la idea de «mujer» a la idea de «gasto». Y como tenía cierto talento, intuyó que eran indisolubles.

—Me pasa una cosa terrible —dijo Anastasio compungido—. No he traído dinero...

Lo dijo todo azorado. Pero su turbación aumentó con la presencia de una camarera de cofia y delantal, muy bien arregladita, que en ese preciso momento les preguntó qué iban a tomar.

La idea que a Anastasio le pareció más deseable fue la de la muerte. Pero Celia, con mucho mundo, sonrió a la doncella.

—Ahora la llamaremos —le dijo, aplazando por unos segundos la decisión fatal.

La camarera se retiró, pero Anastasio seguía deseando fervientemente una apoplejía.

—¡Pues sí que la has hecho buena! ¿Cómo has salido de casa sin dinero? No se puede salir de casa sin dinero. Voy a ver el que tengo yo.

Abrió un monederito y vació su contenido sobre la mesa: una punta de lápiz, dos horquillas, muchas perras gordas, un billete de tranvía capicúa, dos monedas de una peseta, una fotografía muy arrugada de Enrique (que retiró rápidamente, guardándola en el bolsillo), un duro de plata, un rosario, un botón de ámbar, una estampa de la Virgen y un imperdible.

Anastasio, cuyo azoramiento progresaba sensiblemente, cambió tres veces de postura, se arregló la corbata, cruzó las piernas, las descruzó, se alisó el pelo y se tocó una oreja. Estaba ardiendo. La promiscuidad de aquellos objetos sobre la mesa —algunos tan íntimos como las horquillas, el botón y el imperdible— le azaraban más que si ella, inocentemente, hubiera comenzado a desvestirse ante él. Y el recuento del dinero, no digamos. Esto le parecía indecente. La deseada apoplejía no llegaba nunca. Celia llamó a la camarera.

—¿Qué cuesta —preguntó— un chocolate a la francesa con nata, un *croissant* y tostadas con mantequilla?

La camarera se lo dijo.

—Pues traiga dos —añadió Celia después de recontar minuciosamente su dinero—. Me faltan veinte céntimos —comentó—, pero eso no importa, ¿verdad?

La de la cofia asintió sonriendo.

—¡Ah! Y no se olvide de los azucarillos en el agua... ¡Me encantan!

De las muchas enseñanzas útiles que adquirió Anastasio aquel día, no fue la menor percibir la desfachatez y la falta de pudor de la mujer en materias financieras.

—Yo no tomo nada —dijo Anastasio muy bajito.

Pero Celia no le escuchó, y comenzó a hablar, a hablar, a hablar. No había palabras bastantes en el mundo para lo que ella hablaba. Y Anastasio estaba tan corrido, tan avergonzado, que no entendía nada de cuanto le decía. Entendió, eso sí, que no le hablaba de Escribano ni de la paliza, pero no se enteró de más.

Hasta que trajeron los desayunos.

—¡Caray, qué bueno es esto! —exclamó Anastasio, interrumpiendo a Celia y saboreando su chocolate con nata.

Celia confirmó aquella impresión, poniendo los ojos en blanco y relamiéndose. Es decir, hizo en honor del chocolate el mismo gesto que tío Anselmo, minutos antes, había hecho en honor suyo. Y mientras duró el desayuno, no volvió a pronunciar palabra. Anastasio aprovechó la total dedicación de Celia a su apetito para analizar su situación. Miró de reojo a un lado y a otro, y comprobó que los clientes sentados en otras mesas, o charlaban plácidamente o se desayunaban en silencio, sin fijarse para nada en ellos. Asimismo la camarera que les había servido, tan pronto despachaba pasteles en el mostrador como atendía a la caja o a las mesas. O sea, que tampoco se preocupaba de ellos. El comprobar que no era el centro de todas las miradas ni la irrisión de sus vecinos, ni el comentario de las encargadas del establecimiento, le tranquilizó sobremanera y le devolvió, en cierto modo, la seguridad en sí mismo.

—¿Qué crees que debo hacer? —preguntó Celia, secándose los labios con una servilleta de papel—. Por eso quería hablar contigo...

Anastasio no estaba en antecedentes de nada e iba a replicar que se lo explicara otra vez, porque siendo un caso difícil, convenía atar bien todos los cabos antes de resolver; pero Celia no le dio ocasión, pues volvió a hacer uso de la palabra en régimen de monopolio.

Parecía ser que hacía ya dos meses que Enrique (después de una excursión en piragua en que lo pasaron muy bien) la había llamado aparte. «Celia —le había dicho—, tengo una cosa muy importante que pedirte. ¿Quieres ser mi novia?» Como Celia no supiera qué responder, Enrique añadió: «Todas las chicas son tontas, menos tú. Y quiero que seas mi novia.»

Desde entonces («¡Y de eso hace dos meses!», comentaba Celia indignada), no había podido estar a solas con él más que una vez, porque Enrique la rehuía...

—Pero aquel día que estuvisteis juntos... —interrumpió Anastasio.

—Fueron sólo unos minutos —explicó Celia—. Yo le pregunté qué le pasaba, que por qué no quería estar conmigo, y él me contestó indignado: «¡Ya somos novios! ¿Qué más quieres?»

La expresión de Celia al llegar a este punto de su narración era de una tristeza infinita. Y cuando añadió: «¡Y ahora se lo llevan a Lecároz!», dos gruesos lagrimones corrieron por sus mejillas.

—Yo sólo quiero que le digas que me hable, que no se haga el distraído cuando llego yo, que me invite a dar paseos en piragua..., que sólo nos quedan diez días para estar juntos..., que me jure que me va a escribir..., ¡que no se olvide de que somos novios!

Anastasio estaba impresionadísimo. No podía sufrir ver a aquella divinidad llorar por la ingratitud de los hombres.

—Espera que lo apunte todo —dijo.

Y sobre una de las servilletas de papel, anotó, uno por uno, todos los encargos.

Lo que no acababa Anastasio de comprender era por qué Celia le había escogido a él y no a otro para tan delicadísima misión. Pensó, en efecto, que Javier era demasiado bruto y Andrés demasiado niño; que Leopoldo, con sus palabrotas, no debía de ser del agrado de las chicas, y que Adolfo...

—Dime una cosa —preguntó Anastasio—. ¿Por qué no le has hecho este encargo a otro? A Adolfo, por ejemplo.

Celia, por cuyas mejillas corrían abundantemente las lágrimas, se echó a reír misteriosamente. Y Anastasio se extasió mirándola. Con las lágrimas en los ojos y aquella sonrisa maravillosa en los labios, estaba guapísima. Y Anastasio, que ignoraba que la metáfora había sido escrita en varios idiomas, como original, miles de veces, la comparó, con audacia literaria, a un sol esplendoroso triunfando sobre la tormenta.

—¡Qué guapísima eres! —exclamó en el colmo de la admiración.

Celia aumentó, halagada, la luz de su sonrisa.

—A Adolfo yo no le puedo pedir eso —aclaró con un dejo de picardía—, porque Adolfo está enamorado de mí.

Aquella confesión dejó a Anastasio aturdido. Estaba descubriendo un mundo desconocido. La impresión que sentía era parecida a la que experimentó cuando vio el mar por primera vez.

—Además —añadió Celia—, Adolfo es un sinvergüenza...

—¡Cómo puedes decir eso! —protestó Anastasio saliendo en defensa de su amigo—. Si Adolfo es el mejor de todos nosotros. Si escribe versos... Si...

Celia se acercó a Anastasio y murmuró en tono confidencial:

—Tiene tres novias, y una de ellas, ¡figúrate!, es la

hija de una portera. La de Avenida, 28 —precisó—. La otra es una chica de San Sebastián hija del comandante de la frontera de Irún. La otra es Maribel...

—¡¡Maribel!!

—Sí. Pero a Maribel le gusta otro. Ya te contaré. El caso es que se declaró a Maribel con una carta en verso, y como Maribel no le contestó, se me declaró a mí ¡con la misma carta!

«No está mal la idea —pensó Anastasio—. Se escribe un verso una vez, y ya sirve para siempre.» Pero fue un mal pensamiento, que rechazó en seguida horrorizado.

Celia dio un gran suspiro.

—¿Por qué los hombres serán así?...

Y acto seguido explicó a Anastasio cuánto sufría por culpa de Enrique, cómo se desvelaba por las noches pensando en él, las cartas que le escribía y no le enviaba, y un sinfín de cosas más que Anastasio escuchaba asombrado y conmovido.

De pronto, Celia se interrumpió.

—Con todo esto no te he dicho lo que más te interesa...

—¿Más todavía?

—Sí. Que el chico que le gusta a Maribel, eres tú.

Anastasio tardó en ponerse colorado, porque tardó en reaccionar. Pensó que Celia aclararía los extremos de aquella sorprendente declaración, pero, lejos de esto, siguió por otros derroteros, como si no tuviera importancia, como si aquellas palabras hubiesen sido dichas al azar, como si Anastasio no se sintiera ya inflamado de un amor tan robusto y repentino como el propio amor que le denunciaban.

—Si tuviera dinero me encantaría invitaros a las dos todos los días a desayunar —dijo de pronto interrumpiéndola.

Pero en seguida, temiendo haber llegado demasiado lejos, y considerando que la frase no era leal para Enrique, aclaró:

—El chocolate estaba tan rico...

—¡Qué tonto eres! —exclamó Celia, molesta por la

interrupción de sus confidencias—. ¡Cómo se ve que no sabes lo que es el amor!

En efecto, Anastasio no sabía lo que era el amor. Mejor dicho, no lo había sabido hasta aquel día, hasta aquel instante. Cuando se despidió de Celia, ya no era el mismo que cuando la saludó una hora antes. Se sentía transportado, ingrávido, alado y transparente. Llegó a pensar que le había sentado mal el chocolate, pero desechó en seguida la idea, porque lo que sentía era opuesto a toda pesantez. Sentía ganas de correr, de volar. Eso es, de volar. Si lo intentara, estaba seguro de que lo conseguiría.

Un bocinazo terrible y un espantoso chirriar de frenos y una voz potentísima —«Chaval, mira por dónde vaaas»...— le hicieron reaccionar. Un coche había estado a punto de cortar, y para siempre, el hilo de sus sueños. Pero ya estaba al otro lado de la calle. Y el peligro había pasado. Y esta maravillosa sensación de ensimismamiento, no. Se sentía abstraído, enajenado, convertido en espuma, en brisa, en nube, en idea, en luz...

Pasó un tranvía junto a él, y lo tomó. Después comprobó que el vehículo llevaba una dirección que no le interesaba para nada.

Pidió perdón al cobrador y se apeó sin pagar en cuanto el artefacto perdió velocidad.

Subió a su casa, recogió el bañador —único equipo de verano que le facilitaron sus tíos— y se fue a la playa. Por primera vez se bañó en el mar sin ocultarse de nadie. No se iba fuera de fondo como sus amigos, naturalmente, pero tampoco se alarmaba de tener el agua por el pecho.

Los de la pandilla estaban más apagados que de costumbre. Ni lucharon, ni saltaron, ni hicieron exhibiciones de habilidad o de fuerza. La próxima marcha de Enrique, la ya cercana reanudación de las clases y algo muy parecido a un colectivo remordimiento por el exceso del castigo de la víspera, los mantenía a todos sensiblemente aplanados. El contraste de la euforia de

Anastasio, generalmente pasivo en las conversaciones, era, pues, mucho mayor. Bromeaba con unos y con otros, se tiró de cabeza al mar, ganando a Leopoldo una apuesta de dos pesetas, que invirtió en convidar a barquillos de canela a la comunidad, y consiguió levantar el ánimo de Enrique, explicándole las características de la estupenda armónica del estuche de terciopelo rojo que había visto en la tienda de música de la plaza del Buen Pastor.

Enrique se interesó vivamente y anunció que iría a verla, por saber lo que costaba.

—Si mi madre me la regalara... —exclamó.

Pero el sentido de la realidad hizo, al menos por esta vez, acto de presencia junto a él.

—Después de lo de la expulsión, no me la regalará.

Celia y Maribel se acercaron al grupo.

—¡Hola, chicos!

—¡Hola!

Anastasio sintió de nuevo que el maldito rubor le subía por el rostro, y se puso la mano sobre los ojos como para protegerse del sol, para disimular.

Las chicas se sentaron junto a ellos. Maribel era feúcha. Su frente era un puro proceso volcánico de acné juvenil. Sus dientes, con tendencia a la evasión, estaban aherrojados por una armadura metálica que la obligaba a cecear, y sus hombros yacían cargados por invisible peso. Su organismo de mujercita iniciaba por aquel entonces con singular entusiasmo su desarrollo, desarrollo que ella procuraba púdicamente amortiguar echando exageradamente los hombros hacia adelante.

Anastasio la encontró divina.

—Yo me voy al agua —dijo Enrique, apenas las chicas se sentaron con ellos—. ¿Quién viene conmigo?

Pretendía escabullirse. Un extraño complejo le advertía que estando sólo entre muchachos él era el jefe, el amo, el capitán. Pero ante Celia se sentía degradado a soldadito raso. La maniobra no salió como él quería, pues la única voluntaria para bañarse fue Celia.

—¿No viene nadie más? —preguntó alarmado.

—¿Tú no te bañas? —preguntó Maribel a Anastasio, muy bajito, casi en un susurro.

—No. Ya lo hice antes.

—Yo me quedo con Anastasio —contestó Maribel—. Prefiero quedarme aquí.

Y sin necesidad de más protocolo que esta pública renuncia al baño, quedaron selladas las relaciones amorosas entre Anastasio y Maribel.

Hablaron de mil fruslerías, se rieron por mil nimiedades, quedaron comprometidos a organizar una excursión en bicicleta a Epeleco Echevarri antes que Enrique saliera para Lecároz, y al despedirse, Maribel le apretó la mano con tal fuerza, que le hizo daño. Anastasio, poco ducho en tales efusiones, se volvió a ruborizar.

—Las chicas —sentenció Leopoldo— son como los tigres: o te los comes, o te comen.

Anastasio nunca había oído hablar de los tigres como elemento comestible, pero supuso que aquella frase profunda aludiría a uno de los muchos misterios que aún le quedaban por aprender del mundo del amor.

Y llegó a su casa, ingrávido como una llama, translúcido como un tul, desleído como un terrón de azúcar en agua de rosas. Cupido había hecho blanco en sus trece años con admirable puntería.

IX

LA ARMÓNICA

LAS MÁS HÓRRIDAS y espantables historias de la Leyenda Negra, las más torvas y truculentas descripciones del sadismo y la ferocidad de los viejos inquisidores del Santo Oficio; las más refinadas e inclementes escenas imaginadas por los heréticos grabadores alemanes de la Reforma acerca de frailes perversos, impíos, glotones y crueles eran pálidas acuarelas comparadas con los aguafuertes que Enrique y sus amigos hicieron circular acerca de los santos varones de la Orden Franciscana que regían el Colegio de Lecároz.

Toda atrocidad, barbarie y perversión, atribuida a aquellos tigres con sayal, era aceptada como probable, comentada como posible y difundida como cierta por Enrique y los suyos.

Adolfo, que acababa de aprender en clase de literatura lo que eran las comparaciones personales, históricas y mitológicas, aseguraba que Nerón era una hermana de la Caridad, Calígula un filántropo compasivo, Heliogábalo un abstemio y frugal penitente, Casanova un casto José al lado de aquellos viciosos verdugos a quienes sería encomendada dentro de muy pocos días la educación de Enrique.

El más suave de los comentarios que se hicieron sobre aquellos buenos frailes, discípulos del de Asís, amantes de las bestias y de los niños, es que daban a éstos, con harta frecuencia, el trato que a aquéllas correspondía.

Los días que aún faltaban para la marcha de Enrique corrían más de prisa, volaban con dolorosa e irritante facilidad. Las lluvias y las mareas altas de septiembre —bandera negra que prohibía bañarse a los nadadores— obligaron a la pandilla a renunciar a la playa y a sustituir el cómodo atuendo veraniego por otras prendas más propias del tiempo. Con un breve olor a naftalina surgieron de nuevo los pantalones bombachos y los «jerséis» guardados en las arcas desde que concluyó el colegio. Las corbatas, las boinas y las gabardinas —apenas utilizadas desde mayo— volvieron a hacer su aparición. Ondarreta misma había perdido todo aliciente y el rompeolas del Paseo Nuevo reemplazó a la playa pequeña como centro habitual de citas y reuniones. Los acontecimientos más salientes de aquellos días fueron: los dos reiterados suspensos de Javier en los exámenes de septiembre que le forza-

ban a repetir curso; la intervención de Adolfo en una
función benéfica a favor de la Columna Sagardía, en la
que recitó un vibrante poema de su invención; la noticia —anunciada por Enrique a bombo y platillo— de
que su madre, ablandada por la proximidad de su partida, había prometido, al fin, comprarle la maravillosa
armónica de Casa Erviti, y la concesión de una beca —a
petición de tío Anselmo— por los padres jesuitas a favor de Anastasio para que pudiera cursar gratuitamen-
te en el Colegio de San Ignacio el cuarto año de bachillerato.

Con Celia y Maribel sufrieron una amarga decepción. Parece ser que es costumbre de todos los padres
de familia reforzar, al llegar el otoño, los lazos de la disciplina, más sueltos durante el verano de lo que fuera
menester. Y Celia y Maribel —víctimas de esta extraña
manía colectiva de los progenitores— fueron llamadas
al orden. Se dejaron ver muy de tarde en tarde y siempre acompañadas de unas insoportables señoritas de
compañía. Esto representaba un atentado muy grave
contra la dignidad de los muchachos, que no podían tolerar la intromisión en sus asuntos privados de las
odiosas «carabinas». Y decidieron prescindir de ellas
mientras durara tan insólito y severo régimen de vigi-
lancia.

Y llegó el día siniestro de la marcha de Enrique.

—Hoy dormirá allí... —comentó Andrés con Anastasio, mientras se dirigía a la estación de Atocha, donde
se habían citado para despedirle.

En el camino se encontraron a Javier, Adolfo y Leopoldo, y ya en la entrada, haciendo cola para tomar un
billete de andén, a Celia, con los ojos llorosos.

—Me he escapado de casa diciendo que iba a misa
—les confesó.

Llegaron con media hora de antelación, y sus sem-
blantes eran tales, que se diría que acudían a un entierro. Enrique llegó poco después, acompañado de su madre. Al revés que sus amigos, su rostro irradiaba felicidad.

—Lo voy a pasar en grande —comentó.

Ya había olvidado los martirios chinos, los castigos corporales, las negras leyendas de pasados días. Ahora se encontraba ante el hecho inexcusable de su marcha; al borde de emociones nuevas; dispuesto a apurar hasta el máximo esta oportunidad estupenda de vivir por primera vez en su vida fuera de su casa y su familia.

Sus amigos interpretaron esta sorprendente euforia como signo inequívoco de su hombría: simulaba entusiasmo para no entristecer a su madre, para vencer el peso de su honda tragedia; pero la procesión iría por dentro. Nada más falso. Enrique ayer era sincero cuando dibujaba con las más negras tintas su porvenir inmediato y era sincero hoy al no poder contener la desbordante satisfacción que le invadía. Todas aquellas leyendas de los malos tratos, la severidad, no ya rayana, sino inmensa en la mismísima y más refinada crueldad, ¿quién había dicho que le entristecieron lo más mínimo? Él no lo había dicho nunca. Si sus amigos lo habían dado por supuesto, era una suposición gratuita. Además, acababa de saber que los frailes de Lecároz tenían barbas, y los hombres con barba conservaban para él un especial atractivo; y si eran largas, bien pobladas, hirsutas y negras, mejor que mejor. Aunque una buena barba colorada... ¡que se quiten todas las demás donde haya una buena barba colorada! Los piratas, los misioneros, los conquistadores, los revolucionarios eran más crueles, más santos, más audaces con barba colorada que de cualquier otro color. Y esto era lo bueno, ser más: lo más.

En cuanto vio llegar a Enrique con su madre, Celia desapareció. Y se fue corriendo hacia el último extremo de la estación, para ser la última, cuando el tren arrancara, que le dijera adiós.

Hizo bien, porque la madre de Enrique —a pesar de los esfuerzos que hizo por parecer amable y sonriente— no pudo disimular el profundo desagrado que le produjo encontrar en la estación aquella concentración de amistades. Ella hubiera preferido estar con él a solas, trazar sobre su frente una cruz y darle, sin testigos, los últimos consejos. Al ver a tantos amigotes comprendió que Enrique no toleraría el menor melindre ante ellos. Y acertó.

La madre de Enrique era alta y nerviosa. Su hijo contestó con un respingo al primer intento de caricia, y ella, extremadamente sensible, acusó el disgusto. Hizo otro intento subiendo al tren con su hijo y ayudándole a colocar los bártulos en la rejilla de su asiento, pero Enrique se asomó a la ventanilla dispuesto a no tolerar la menor terneza.

—Escucha, hijo...

—Déjame ahora, mamá...

Y sacando de su bolsillo la preciosa armónica nueva, grande como un maíz y reluciente como un espejo —«regalo de mi vieja», dijo muy bajito—, comenzó a tocar para sus amigos los compases de *Adiós, Pamplona*, tan famosos entonces como canción de despedida.

Con la mano izquierda dirigía a los cien profesores de una orquesta imaginaria, mientras la derecha ayudaba a deslizar por los labios el instrumento que tan sabiamente manejaba.

Celia, desde lejos, le miraba entre risas y lágrimas. Y todos los amigos también le miraban cautivados y conmovidos.

La madre de Enrique renunció a toda intimidad y se situó junto a los muchachos. Enrique le guiñó un ojo como a una novia, y a la buena señora, que no esperaba otra cosa que alguna muestra de cariño, se le llenaron los ojos de lágrimas.

—Lo malo de este chico —comentó más tarde— es lo simpático que es.

El tren se puso en marcha, Enrique redobló los gestos de director de orquesta, y lanzó con más fuerza si cabe el aire de sus pulmones a través de los milagrosos recovecos de la armónica. El vagón pasó por delante de Celia. La niña agitó el pañuelo, se puso de puntillas y gritó: «¡Escríbeme..., escríbeme!»; pero Enrique, en pleno fervor musical, no la vio. Ya la había rebasado el último vagón; el tren doblaba la primera curva, había desaparecido; el último eco del agudo pitido ya no se oía; y Celia, avergonzada, humillada, herida, seguía en la misma postura, con el adiós helado entre sus labios. Y un puntillo de tristeza en su primera ilusión.

Volvieron todos sobre sus pasos silenciosamente. Andrés, conmovido, se acercó a Celia, y Anastasio, correcto y galante, acompañó a la madre de Enrique hasta el coche que la esperaba.

—Está encantado con su armónica —comentó Anastasio por decir algo.

¡Nunca lo hubiera dicho!

—Habéis sido muy buenos regalándosela entre todos —respondió la madre. Y añadió—: Me ha contado cómo fuisteis todos a misa esta mañana, y que después se la disteis. Lo malo es que por culpa de esto le ha faltado poco para llegar tarde a la estación.

El coche se deslizó suavemente por el asfalto. Y Anastasio, en el bordillo de la acera, quedó sumido en profundas meditaciones. ¿Por qué no le habían invitado a él a participar en el regalo? Como amigo reciente que era, ¿no le consideraban acaso de bastante confianza para ello? ¿Le habrían querido evitar el gasto sabiendo que sus tíos sólo le daban una peseta por semana?

Adolfo y Javier se acercaron a él.

—¿En qué piensas? —le dijo el último—. ¿En la inmortalidad del cangrejo?

—Pensaba en la armónica de Enrique...

—Su madre le regala todo lo que quiere —comentó Javier.

Y Adolfo añadió con suficiencia:

—A mí no me parece bien que una madre mime tanto a un hijo que ya es tan mayor.

—Enrique es su preferido.

—Pues lo va a estropear.

Iniciaron todos juntos el regreso, menos Celia y Andrés, que bajaron bordeando el río Urumea. «O la madre de Enrique me ha mentido —pensó Anastasio—, o son mis amigos los que me mienten. Pero ¿por qué, por qué?» Súbitamente, como si el gancho de estas interrogaciones tirara de él como el anzuelo del pobre pez incauto, Anastasio echó a correr. Dijo, sobre la marcha, que algo se le había olvidado, que le esperaban en su casa para algo importante, y sin dar más explicaciones se separó de sus amigos. Cruzó corriendo el puente sobre el Urumea, y corriendo alcanzó la calle de San Martín. Estaba ya cansado, y la respiración le ahogaba, y el costado le dolía; pero no podía dejar de correr, como si huyera, como si le persiguieran. Y así era. Una idea le perseguía. Y le alcanzaba. Y él hubiera querido dejarla atrás, olvidarla, alejarla. Sólo al llegar al Buen Pastor se detuvo, trémulo por la emoción y el cansancio. Tras los cristales de la tienda de música, a pocos metros de su casa, junto a los violines, los acordeones, las guitarras y las partituras (adornadas con los colores nacionales las de los himnos de España) seguía en una esquina del escaparate, abierto como siempre, el estuche de terciopelo rojo. Pero estaba vacío.

«La ha robado, la ha robado...»

Subió a su casa y se encerró en su alcoba hasta la hora de comer...

—La ha robado, la ha robado...

Anastasio se repetía esto una y otra vez, como un disco enganchado incapaz de seguir adelante. Y como escenario que enmarcaba esta música obsesiva, veía, sin poder apartarla de sí, la figura de Enrique, la armónica robada en los labios, y una mano agitada en el aire dirigiendo a una invisible orquesta desde la ventanilla de un tren que se alejaba.

... ...

En el Sotillo de los Pinos, Fernández Cuenca encendió un nuevo cigarro. ¡Qué cortas eran las noches del estío! Ya una primera y levísima claridad se esforzaba en el horizonte en desgarrar la negrura. Los grillos y las cigarras habían enmudecido, siendo reemplazados por breves aleteos y el alborozado griterío de las aves madrugadoras, en honor del nuevo día.

Alzó los ojos y se entretuvo en contemplar los caprichosos juegos de las primeras luces sobre la mole del Penal. El ala sur iba emergiendo lentamente de entre las sombras. Ya se adivinaban los perfiles, trazando pequeñas fronteras pardas y rectangulares a la oscuridad; ya se proyectaban los planos en los distintos cuerpos del establecimiento; ya la mancha informe se distribuía, diluyéndose, en ángulos y líneas precisas y definidas. Detrás de aquellas paredes, más allá de las parrillas que trazaban algunos de los barrotes con la piedra, estaría Enrique.

Por Levante, una estrella parpadeó levemente y se apagó. Los gallos del pueblo cercano acuchillaban sin piedad los últimos jirones de la noche.

LIBRO SEGUNDO

SIEMBRA

La primavera ha venido.
Nadie sabe cómo ha sido.

ANTONIO MACHADO

I

EL *BALLET*

ANASTASIO ENTORNÓ LOS OJOS. No tenía sueño. Se había dejado arrastrar por la fuerza de la evocación y ahora se sentía extrañamente dominado por ella. De pronto, un rumor levísimo le sobresaltó. Sobre el gran silencio transparente que envolvía al Penal cuando los gallos callaban, comenzó a destacar un clamor delgado, huidizo, como de agua entre guijarros, como de viento entre cristales. El rumor se escapaba, deslizándose, hasta perderse entre la lejanía muy próxima al silencio, y, de pronto regresaba aleteando quedo sobre una nota o encrespándose en una agitada, contenida melancolía. ¡Era Enrique, era Enrique, con su armónica, que improvisaba! Anastasio hizo un esfuerzo por dominar su emoción. Porque detrás de aquellas notas no era sólo Enrique el que jugaba, sino él también, con todo su pasado. Hundió la cabeza sobre el pecho y se dejó arrastrar por la música y los recuerdos... Eran recuerdos vagos, confusos, cruzados por brumas blancas de olvido.

Veía a Enrique sentado sobre una alfombra, tocando la armónica. Pero no adivinaba qué había más allá de su contorno. Lo veía iluminado por una extraña luz rojiza, las manos junto a los labios pulsando el breve instrumento musical; pero no lo situaba en el tiempo ni en el espacio. Anastasio hizo un esfuerzo por desenterrar aquella escena apenas intuida, situarla en un «dónde» y en un «cuándo»; pero toda una muralla de olvido cerraba el paso a su recordación. ¡Qué extraña reminiscencia aquélla!

Su memoria era como un foco de luz disparado de improviso sobre una zona de su pasado cubierta hasta ahora de espesísimas sombras. En el centro de este aro de luz, Enrique, sentado en el suelo, casi inmóvil, iluminado por aquel resplandor...

Anastasio comparó aquella singular visión, cuya lejana esencia no alcanzaba a descifrar, con la figura central de un *ballet* salvada de las sombras de un escenario por la corona luminosa de un foco. Y en este caso el foco era su memoria; su memoria, limitada a un solo círculo de luz, en cuyo centro estaba Enrique. Más allá, las sombras del tablado. El olvido.

Al primer golpe de evocación provocado por el entrañable sonido de la armónica de Enrique (de Enrique, que estaba ahora en cuclillas ante el ventanuco de su celda, iluminada su cara por el primer resplandor amarillo de las luces del día), Anastasio tuvo la visión de aquel otro Enrique de diecisiete años, tersa la piel de sus primeros afeitados, marcada la raya de sus primeros pantalones largos, sentado sobre una alfombra y la cara iluminada, inflamada, por aquellos reflejos.

Anastasio hizo un esfuerzo para que su memoria —igual que el foco de aquel *ballet* de su adolescencia— ensanchara su base y encerrara a otra figura dentro de su aro blanco. Y lo consiguió. Celia penetró de pronto en la corona de luz de su rememoración. Estaba sentada en un sillón de cuero, inclinada hacia adelante. Enrique estaba en el suelo, a sus pies, y de espaldas a ella, interpretando una melodía. Celia le acariciaba suavemente el pelo. También ella tenía el rostro iluminado por un extraño resplandor.

El foco de la memoria de Anastasio abarcó algo más. Unos troncos ardiendo. Sí, ahora lo veía con seguridad. Había unos troncos ardiendo. Una chimenea con unos troncos. Era Navidad...

Otras figuras silenciosas e inmóviles comenzaron a surgir de la penumbra de su memoria. Adolfo estaba allí, y Ana Rosa junto a él. Y las hermanas pequeñas de Celia, y Charito, la pecosa. Y Leopoldo. Y Javier... Andrés ya no estaba. La luz estaba apagada, Celia la había apagado. Todos escuchaban a Enrique. Sobre sus rostros, los reflejos rojizos, oscilantes, de la chimenea. De pronto, alguien movió el interruptor. Y Anastasio se puso en pie muy azorado.

—¿Qué hacéis aquí, a oscuras?

Era la madre de Celia. Había un dejo de severidad y de recelo en la voz.

—No hacíamos nada malo —protestó Celia. Enrique estaba improvisando...

—¿Y Enrique no puede improvisar con la lámpara encendida? —preguntó la señora con estupor.

Encendió uno a uno todos los apliques y lámparas de pie.

—Así se os ve a todos mucho más guapos —dijo sonriendo.

Y con el ceño levemente fruncido, como si el roce de una preocupación le hubiera oscurecido por un segundo la frente, salió de la habitación.

Anastasio no recordaba más. Había algo que se resistía a resurgir del olvido, que se debatía, que se cubría el rostro para no ser recordado. ¿Por qué se azoró tanto cuando se encendió la luz? Una extraña sensación de angustia se apoderó de él —ahora, al cabo de tantos años— al recordar el porqué.

Mientras Enrique tocaba la armónica, Anastasio había tomado entre sus manos la mano de Maribel —¡Maribel...! ¡Qué lejana estaba ya en su vida!—, y ella había reclinado suavemente la cabeza en su hombro. La música, la penumbra, el roce del pelo de Maribel sobre sus mejillas... ¡Qué extraña cosa que no hubiera intuido a Maribel desde el comienzo de la evocación, ni aquel clima encantador de ensueño y de ternura que le embargaba y que se quebró cuando la madre de Celia penetró en el cuarto! Ahora lo revivía todo de golpe. Ya los

111

recuerdos no exigían, para surgir del olvido, ser atraídos unos por otros como el hilo y el ovillo del refrán, sino que se le presentaron juntos, sin dimensión narrativa: en bloque. Y no era gratos, sino amargos, infinitamente dolorosos. El revivirlos era para Anastasio como arrancar una venda de una herida siempre abierta. «No quiero pensar en ello», se había dicho una y mil veces. Y lo había conseguido. Pero ahora Enrique, tantos años perdido, estaba allí, con él, junto a él, inquilino forzoso del propio penal que Anastasio regía; y aunque tantas cosas los separaban, la música los unía. Y los recuerdos.

Y el sonido de la armónica de Enrique le precipitó en uno de los episodios más dolorosos de su existencia. Y en el recuerdo volvió a sangrar, como entonces, sangre de sus quince años.

II

1938-1939

EL ESCONDITE A OSCURAS

—¡YA NO HAY MOROS EN LA COSTA! —gritó Leopoldo en cuanto la madre de Celia salió de la habitación.

Enrique se había quedado mirando la puerta y tardó unos minutos en preguntar:

—¿Qué edad tiene tu madre, Celia?

—Treinta y cinco años —comentó. Y añadió desolada—: ¡Ya es muy mayor!

—¡Déjate de mayor! ¡Está cañón! —sentenció Enrique. Y volviéndose hacia Leopoldo, le disparó un directo al hígado y un *crochet* a la barbilla, en una parodia de boxeo un tanto espectacular. Leopoldo, enemigo de las bromas violentas, le dejó el campo libre, y Enrique siguió luchando con el vacío. Tan pronto hacía gestos de dolor por los imaginarios golpes recibidos, como se cubría el rostro con la izquierda mientras avanzaba la derecha hacia su rival. Después le acorraló en las cuerdas, martilleándole sin piedad, y derribó por la cuenta de diez, según todos dedujeron, cuando alzando los brazos se proclamó campeón del mundo por K.O. a los once segundos del primer asalto.

Era la Navidad de 1938. La víspera, Enrique había regresado de Lecároz para pasar las fiestas con su madre. Tres vacaciones —dos de Navidad y una de verano— habían transcurrido ya desde que Enrique ingresó en el internado. Anastasio lo encontró muy cambiado. Estaba más bajo. Enrique estaba a punto de cumplir la fabulosa edad de diecisiete años. Anastasio había cumplido los quince la primavera pasada, y en los último meses había dado el estirón. Ahora tenían aproximadamente la misma estatura. Esto sorprendió muchísimo a Anastasio, más aún que verle vestido de pantalón largo, más aún que observar su piel tersa y brillante por los primeros afeitados. Porque él también se había afeitado una vez, hacía tres meses; pero el resultado fue tan desastroso, que no volvió a repetir la trágica experiencia. Se cortó la cara tan concienzudamente, decapitó los múltiples granos que le abultaban la piel con tal afán de universalidad, que, más bien que del lavabo, se diría que acababa de salir de un combate con gatos enfurecidos. Prefirió, pues, conservar la pelusilla que le alfombraba los carrillos y reservar la navaja de tío Anselmo nada más que para suprimir cada domingo el bozo humillante que le ahumaba el «terreno de nadie» entre el labio y la nariz. Y esta operación no la realizaba por esconder el nacimiento de su mostacha virilidad, sino, muy al contrario, para ocultar la poquedad y la timidez de su pilosa manifestación. De aquí que la perfección del afeitado de Enrique le tuviera conmovido.

—Juguemos a algo —exclamó éste apenas puso fuera de combate al ex campeón del mundo.

—Si queréis —insistió Adolfo, no sin cierto temor

113

de ser rechazado—, os recito unos versos que escribí anoche.

La repulsa fue unánime.

—¡Ni hablar! —rugió Javier, anticipándose a todos.

—Os advierto —insistió Adolfo muy serio— que lo que he escrito es importante...

—Por eso...

—Razón de más.

—Nada de cosas importantes. Juguemos a cosas sin importancia, que es lo bueno —dijo Enrique.

Adolfo, sin embargo, ya había extraído sus cuartillas, y estaba dispuesto, quieras o no, a cumplir su amenaza. Pero Ana Rosa, que era su musa inspiradora, se las arrebató, tirándolas al fuego. La cara de Adolfo no se contrajo menos violentamente que la de Dante si hubiera visto perecer la *Divina Comedia* en manos de Beatriz.

Se arrellanó en un sillón y quedó sumido en un patético mutismo. «Con gentes así —pensó—, España no se salvará nunca.»

Enrique tomó el mando de la situación.

—Os propongo que juguemos a las prendas, pero sólo a condición...

—¿Qué condición?

—Lo diré si las chicas no se enfadan. Y si tus hermanitas —añadió, dirigiéndose a Celia— se van a jugar a las muñecas, que es lo que corresponde a su edad...

Celia miró imperativamente a sus hermanas. Los deseos de Enrique eran órdenes para ella. Las pequeñas, muy ofendidas, se pusieron en pie.

—Que conste que si nos vamos es porque nos aburrimos —dijo Amalia, la más pequeña.

Y Carmina, menos parlanchina pero no menos elocuente, sacó la lengua a la concurrencia y salió pegando un portazo que hizo temblar los cristales de la araña.

Un clima de curiosidad se había adueñado de todos. Enrique lo percibió y estaba dispuesto a explotarlo.

—Yo llevo media vida fuera. En el «cole». Este año

termino el «bachi». No voy a jugar a las prendas así como así..., como si fuéramos niños...

—¿Qué quieres decir...? —preguntó Ana Rosa, visiblemente excitada.

—Todas sabéis lo que quiero decir...

—Que si jugamos a las prendas —interrumpió Javier—, sea a las prendas de verdad, y no de broma...

—Eso.

—Yo estoy de acuerdo —interrumpió Leopoldo.

—No entiendo nada —dijo Maribel, mintiendo.

—Que valgan los besos, tonta; no te hagas la despistada...

Hubo un silencio.

Celia, Ana Rosa y Maribel parlamentaron.

—De acuerdo —dijeron—, pero sin hacer burradas.

Enrique recogió las prendas: un reloj, una sortija, una estilográfica, un broche...

—El dueño de esta prenda —dijo palpando uno de los objetos a través de la tela— debe dar un beso en la mano, uno en la frente y uno en los labios de cada una de las chicas. A su elección. —Y extrajo de su bolsillo una pluma estilográfica—. ¿De quién es?

—Mía —dijo Adolfo.

Besó en la mano a Charito, en la frente a Celia, y posó sus labios suavemente, brevemente, sobre los labios de Ana Rosa.

—¡Así no vale! —protestó Leopoldo.

—De acuerdo, así no vale —confirmó Enrique.

—¡Pues no sé qué más queréis...! —protestó Celia, enfadada.

Se abrió entonces una discusión sobre las calidades y requisitos que debía tener un beso para ser considerado como tal. Anastasio estaba molesto. De un lado se sentía atraído por el giro de la discusión; de otro, escandalizado por las risas y falsas protestas de las chicas, cuyos argumentos defensivos eran cada vez más débiles. «Soy un cobarde —se dijo—. Tengo que oponerme a que esto siga adelante.» Si cada uno besara a su novia como había hecho Adolfo, el juego podría pasar..., pero Javier y Leopoldo no tenían novia... ¿Se les iba a excluir del juego? ¿Se les iba a permitir que besasen a las novias de los demás?

Enrique insistía en besar a Celia «como Dios manda» (fueron sus palabras), para demostrar en qué condiciones sería aceptado un beso como valedero para recobrar las prendas entregadas, pero Celia se negó en redondo.

—Si apagamos la luz —protestó Enrique— estas tontas no van a saber cómo tienen que ser los besos para que sean válidos...

Anastasio se debatía entre dos frentes: su hombría de bien, que le obligaba a repugnar que Maribel tomase parte en el juego, y un extraño deseo de que siguiera adelante, de que las chicas cedieran al mismo impulso ciego, morboso, cálido que paralizaba su propia defensa.

Celia ya no se peinaba con sus trenzas de disco enrolladas sobre las orejas. Llevaba melenilla corta y un poco de flequillo. Lo echó para atrás con un brusco movimiento de cabeza, como si al apartar el rizo que la estorbaba, apartara también un pensamiento.

—Si el que me besa es Javier —dijo, de pronto, Charito ante el asombro de todos—, a mí no me importa que me besen...

—¡Ánimo, Javier! —gritó Leopoldo.

Éste no se hizo el melindroso. Se sentó en el brazo de la butaca de la pecosa, se inclinó hacia ella, presionó suavemente con la mano su barbilla invitándola a entreabrir los labios y posó los suyos sobre la boca de la muchacha. Charito cerró los ojos.

Anastasio no vio a Maribel ni a Ana Rosa encendidas de rubor, ni vio los ojos de Leopoldo inyectados de deseo, ni a Enrique riéndose de gusto; sólo sentía su propio cuerpo alterado, su pulso enloquecido, sus mejillas ardiendo.

Cuando Javier se apartó de Charo, ella mantuvo unos segundos la cabeza hacia atrás, entreabiertos los húmedos labios, cerrados los ojos. Bajo sus párpados brotaron dos lágrimas y se deslizaron por sus mejillas.

Leopoldo, impaciente, rompió el silencio.

—¡Sigamos el juego! ¡Ahora le toca a otro...!

Charito, mientras se secaba las lágrimas, protestó débilmente.

—Yo no sé si debíamos dejarlo...

—¡Qué graciosa! —protestó Maribel—. ¡Como tú ya has pagado tu prenda!

Enrique y Javier soltaron la gran carcajada ante la salida de Maribel.

—Mira, mira la mosquita muerta...

Adolfo sacó otra prenda.

—Te ha tocado a ti, Leopoldo. ¿A quién escoges?

—Ana Rosa en la mano, Celia en la frente, Maribel en los labios —contestó rápido.

Anastasio sintió paralizársele el corazón. «Tienes que impedirlo..., no seas cobarde», se decía. Pero Maribel se le anticipó.

—No —dijo—. En los labios, no. ¿No ves que tengo novio?

Leopoldo pegó una patada en el suelo.

—No hay derecho. Eso es trampa.

Y se dirigió a Enrique en demanda de justicia.

—Si no se deja, no le devuelvas el broche...

—En los labios, no —volvió a decir Maribel.

Una idea cruzó como un rayo por la mente de Leopoldo.

—En la cara, entonces...

Maribel accedió.

—En la cara, sí.

—¿En cualquier parte de la cara?

—Menos en los labios, en cualquier parte de la cara.

Leopoldo se volvió hacia Enrique.

—Tú haces de juez. Y yo creo que Maribel debe tener un castigo especial por haberse negado. Y como el que sale perdiendo soy yo, pido que a cambio de no besarla en los labios se me concedan tres minutos de besarla en la cara.

—No seas bestia —rió Enrique—; en tres minutos te ahogas. ¡Tú no sabes lo que son tres minutos!

—Ni hablar —protestó Maribel—. Medio minuto y vas que chutas.

—De acuerdo —sentenció Enrique—. Medio minuto reloj en mano.

—El reloj delante de mí —aclaró Maribel—, que si no, hacéis trampa.

Leopoldo guiñó un ojo a Javier y se acercó a Maribel. Se situó detrás de su asiento, le recogió el pelo y comenzó a besarla en la nuca. Anastasio no veía qué malicia podría tener aquello, y en el fondo se sentía liberado de un gran peso, gracias a la negativa de Maribel.

—Cinco segundos... —dijo Enrique.

Leopoldo movía los labios por el cuello de Maribel, de la nuca al oído, del oído a la nuca. No presionaba con ellos, tan sólo los deslizaba.

—Diez segundos —cantó Enrique.

Maribel se cubrió la cara con las manos. Ana Rosa, Charito y Celia abrían los ojos muy extrañadas ante aquella desconocida extravagancia.

—Quince segundos...

La respiración de Maribel se agitaba. Su blusa oscilaba al ritmo de su respiración. Leopoldo bordeó con sus labios el lóbulo de la oreja y ella hizo un brusco movimiento apartándose, pero él posó su mano junto al oído de ella como si le dijera un secreto. Movía los labios como si hablara. Ella se estremeció levemente.

—¡Déjame! —suplicó. Pero no hizo ningún ademán por apartarse.

Leopoldo redobló su extraño secreto.

—Basta..., basta... ¡Por favor, no sigas más!

Y Maribel se estremeció como si la hubieran azotado.

Leopoldo se apartó.

—Veinticuatro segundos —comentó Enrique con toda seriedad.

Ana Rosa y Celia no salían de su asombro. Anastasio no comprendía nada de nada. La extraña expresión de Maribel le tenía confuso.

Adolfo se puso en pie.

—No lo diré en verso, por si alguno no lo entiende, pero al que bese a Ana Rosa le parto la cara.

Anastasio se recluyó dentro de sí. Había llegado demasiado lejos. Él debía haber intervenido al principio del juego, como Adolfo había hecho ahora. No entendía el significado de lo que había hecho Leopoldo, pero le desagradaba profundamente que hubiera escogido para ello a Maribel. De otro modo, ella no se había dejado besar como Charito por Javier. Tenía motivos para estar satisfecho de ella y, sin embargo...

—¡Eh, despistado! Que te ha tocado a ti...

Se lo decía Javier a Anastasio, que —abstraído— no había seguido el curso de la discusión.

—Yo no quiero besar a nadie...

—Pero ¡no seas despistado! Si ahora estamos jugando a otra cosa. ¿No ves que Adolfo se ha sentido puritano...?

—¿A qué jugamos ahora?

—A las Ánimas del Purgatorio. Te ha tocado a ti salir fuera...

Las «Ánimas del Purgatorio», o el Escondite a Oscuras, era una de las diversiones preferidas de Leopoldo. Cuando sus padres le enseñaron este juego, el niño tenía cinco años, y aquellos buenos señores no podían sospechar que la afición entonces nacida le durara —muy acrecentada, por cierto— hasta después de los quince. Él fue quien puso de moda el juego entre sus amigos.

Echaron suertes a ver a quién tocaba salir, y Anastasio fue la «víctima».

Él ya había jugado alguna vez. Mientras la «víctima» esperaba fuera de la habitación a que le llamasen, el resto de los jugadores preparaban, con la luz encendida, las trampas en que le harían caer con la luz apagada. Si había entre ellos uno con más sentido común que el normal de la concurrencia —y este personaje solía representarlo Celia—, apartaba antes que nada las porcelanas, las lámparas de mesa, los jarrones. Acto seguido, Javier dirigía la construcción de unos *bunkers* y barricadas, amontonando sillas, mesa, vitrinas y muebles-bibliotecas. La habilidad no consistía en la solidez de la construcción, sino, muy por el contrario, en su inestabilidad. Se trataba de que, a la menor presión, los muebles se derrumbaran estrepitosamente sobre la cabeza del pobre enemigo ciego. Y por si acaso el sistema era insuficiente, cada defensor reunía junto a sí un buen acopio de proyectiles: almohadas, cojines, servilletas anudadas. La «víctima», atravesando a oscuras tales y tantos peligros, debía coger un prisionero, reconocerle al tacto. Si acertaba, el prisionero pasaría a ocupar el papel de víctima, y el juego volvería a comenzar...

Las chicas, por lo general, se negaban a que Leopoldo representara este papel, pues más de una vez se había excedido en el reconocimiento táctil de sus prisioneras. Anastasio era más rápido y más formal.

—¡A las Ánimas del Purgatorioooo! —gritaron los de dentro.

Anastasio penetró en la habitación. Lo hizo de espaldas, como mandan los cánones, para que la luz del pasillo no le ayudara a orientarse.

Cerró la puerta. Notó el olor a chimenea apagada con cubos de agua y percibió la alfombra del cuarto bajo sus pies. Tardó unos segundos en comprender que la alfombra había sido cambiada de sitio; pero antes de que imaginara en qué consistiría esta estratagema, Enrique y Javier tiraron fuertemente de las puntas, el suelo corrió bajo sus plantas y Anastasio se dio el gran costalazo contra el *parquet*. Las risas y los proyectiles iniciaron juntos el bombardeo. Anastasio aguantó la lluvia de cojines, amontonó junto a sí cuantos pudo, y los disparó ciego, contra sus invisibles enemigos.

Un crujido, un roce y un estruendo formidable se dejaron oír. El castillo de muebles se había derrumbado sobre los propios que lo construyeron. Se oyó un lamento, al que siguieron varios ayes y la risa nerviosa de Javier. Después, atildada y campanuda, la voz de Adolfo:

Éstos, Fabio, ¡ay dolor!, que ves ahora
campos de soledad, mustio collado,
fueron un tiempo Itálica famosa...

Anastasio, a gatas, sin hacer ruido, marchó hacia la voz. Pero las patas de una silla volcada le dieron en el rostro, y prefirió localizar a un defensor menos atrincherado.

La oscuridad era total. Había perdido el sentido de la ubicación...

¡Qué fastidio que le hubiera tocado a él la parte menos sabrosa del juego! De no ser por esto, se hubiera atrincherado junto a Maribel, en la zona de menos riesgo, como el último día, las manos enlazadas...

En los usos y costumbres de la pandilla, el ser novios se reducía en realidad a esta sola prerrogativa: la de tomar la mano de la pareja en el cine y en las «Ánimas del Purgatorio». Cuando Anastasio tomaba una mano de Maribel, no hablaba. Se limitaba a estar así, en silencio, junto a ella, sintiendo sus latidos y su respiración. La última vez, arrebatado de audacia, se atrevió a acariciar suavemente a su amiga la punta de los dedos. Ella entonces le rozó con sus labios las mejillas. Anastasio sintió un calor suave, una ola tibia y divina que le recorría la espalda. Cerró los ojos y se estuvo quedo, quedo, para mejor gozar en su quietud de aquella sensación tan dulce. Y tan limpia.

Y ahora, en lugar de estar junto a ella, estaba obligado a andar a gatas de un lado a otro, esquivando almohadazos y sin aprisionar a nadie. Estuvo a punto de meterse de cabeza en la chimenea, pero el olor a ceniza mojada y todavía humeante le contuvo. Giró sobre sus pasos. Se había orientado. A su derecha, la puerta. A su izquierda, el tresillo. Se puso en pie y manoteando en la oscuridad, avanzó en esa dirección, pasito a paso...

El sofá no estaba en su sitio. Tropezó con la pared. Se volvió a desorientar. Palpó una puerta. Y el interruptor de la luz. «Esto empieza a aburrirme», se dijo.

Posó una mirada sobre el vacío. No se oía una voz, ni una risa, ni un roce.

Dio vuelta al interruptor y se encendió la luz. Fue una fracción de segundo. Pero aquel parpadeo de tiempo tuvo para Anastasio dimensión de eternidad. Leopoldo, totalmente inclinado sobre Maribel, la besaba en la boca. Su mano estaba brutalmente crispada sobre la blusa de la muchacha. Y ella, vencida, caída, la cabeza hacia atrás, entregada... De un salto Maribel y Leopoldo se separaron. Nadie, salvo Anastasio, los vio.

Una oleada de protestas se elevó.

Enrique, saliendo de su escondite, se le acercó irritado.

—Esto es una canallada. Es trampa...

Pero en seguida cambió el tono de voz.

—¿Qué te pasa? ¡Estás blanco!

—Me he puesto enfermo. Me siento muy mal... —alcanzó a decir.

Y era verdad. Se diría que se le había paralizado el corazón. Que el aire no le llegaba a los pulmones. Había sentido un vacío en el cuerpo como si le hubiesen disparado un puñetazo en la boca del estómago.

—Creo que voy a vomitar... —dijo.

—Pero... ¿por qué te has puesto así...? —preguntó Celia.

—Traed agua —aconsejó Enrique.

Anastasio, tambaleándose, salió de la habitación y abrió la puerta de la calle. Echó a correr hacia los jardincillos del parque y se escondió tras los setos. No pudo seguir. Se detuvo y devolvió cuanto tenía en el estómago.

—¡Anastasio, Anastasio! ¿Dónde se habrá metido...?

Era Enrique, que le llamaba.

Hacía frío. Mucho frío. Le castañeteaban los dientes. Quería llorar, y no podía llorar.

—Pero ¿qué te ha pasado? Has vomitado... ¡Cómo te has puesto!

Anastasio no vio ni escuchaba a Enrique, ni a Celia y Adolfo, que acudían a ayudarle. Sólo veía dolorosamente a Leopoldo y a Maribel —antes de separarse de un salto— besándose. Ella entregada, vencida. Y aquella mano crispada como una garra sobre su blusa...

III

QUINCEPESETAS

¡QUÉ ESTUPENDA HUMANIDAD la del Padre Usoz! Nadie diría, al verle tan grande y tan gordo, que era capaz de correr así tras la pelota y de machacarla, una vez alcanzada, con aquella fortaleza.

—¡Aaaa...! —gritaba contenido, mientras giraba la pala en el aire. Y cuando golpeaba la minúscula esfera (dura y blanca como una bola de billar), sus pulmones se vaciaban en una especie de mugido, mezcla de explosión natural y de satisfacción—: ¡...Hum!

El Padre Usoz era, sin discusión alguna, el mejor jugador de frontón de todo el colegio. Sus alumnos de Literatura le regalaron por San Fernando una pala de primera calidad con mango reforzado, comprada en los afamadísimos «Echevarrieta y Hermanos». Los domingos, y casi todos los días entre semana durante las vacaciones, se paseaba, regalo en ristre, por las proximidades del frontón, en busca de un rival voluntario. Sonreía a unos y a otros maliciosamente, y se diría que llevaba colgado de la mirada —como Don Juan en su puerta napolitana— un cartel no poco fanfarrón: «Aquí está Fernando Usoz para quien quiere algo de él.»

Era un placer verle jugar, y no sólo por su extraordinaria pericia y fortaleza, sino por las interjecciones y comentarios que intercalaba entre pelotazo y pelotazo.

Cuando Anastasio cruzó la verja del colegio, oyó a lo lejos el golpe seco, en tres tonos, de una buena partida de frontón. (Cuando jugaban los maletas, era imposible distinguir el golpe de la pala sobre la bola, de la bola contra la pared y su rebote en la piedra del suelo.) También oyó las voces y los aplausos de los «hinchas» de uno y otro bando.

—Bien, Echave..., ¡duro!

—Ésa no la coge, Padre...

Y el resoplido en dos tiempos del Padre Usoz.

—¡Aaaa... hum!

Anastasio no pudo reprimir un gesto de fastidio.

Había ido al colegio con intención de hacerse el encontradizo con su profesor de Literatura y dejarse interrogar por él. No tenía una idea clara de lo que quería decirle, pero sabía muy bien que, una vez mano a mano, el Padre provocaría la confidencia.

Y ahora oía sus gritos en el frontón. ¿Estaría jugando? ¿Estaría jaleando a los jugadores? En el primer caso, sería punto menos que imposible conseguir un aparte con él.

Cruzó el patio de los pequeños y se encaminó hacia la cancha. En efecto, no había nada que hacer: el Padre jugaba contra Echave, alumno de sexto y su único rival posible. Hacía pareja del segundo el Padre Larrañaga, muy buen zaguero, y de Usoz, Anchón Usandazábal, que no era manco. Dos docenas de curiosos jaleaban a los jugadores.

«Y ahora ¿qué haré?», se preguntó Anastasio. Cuatro días llevaba sin ver a sus amigos, y haciendo lo indecible para no encontrarse con alguno. Quedarse en casa le producía un tedio de muerte, y salir de casa, también.

A veces, algunos compañeros de clase se reunían en el colegio los domingos y días de vacaciones, a jugar al ping-pong o al billar, en la sala de recreo de los mayores. Pero era estúpido venir a ciegas sin haberse citado antes con alguien.

«Quizá el partido no dure mucho —pensó— y pueda tener un rato de charla con el Padre.» Con esta esperanza se sentó en el suelo, a prudente distancia de los jugadores.

El Padre Usoz, pala en ristre, sudaba como un condenado. Tras cada tanto tenía que interrumpir el juego para limpiar el vaho que empañaba los cristales de sus gafas.

—Si quiere usted, lo dejamos, Padre —dijo Echave por picarle el amor propio.

—Eso quisieras tú, granuja —respondió el campeón.

Y siguieron jugando.

Gran tipo el Padre Usoz. Anastasio lo tuvo el año pasado de profesor de Religión, y ahora, en quinto, en Historia de la Literatura. No había en todo el colegio hombre más ameno en clase, ni que más se hiciera querer de sus alumnos. Su facilidad para traer por los pelos citas literarias era asombrosa. Y con ellas, tan pronto provocaba un golpe de humor como explicaba los más arduos problemas de gramática, de moral o de filosofía. Otro de sus fuertes era la improvisación en verso.

Contaba entre sus alumnos con media docena de muchachos con clara vocación literaria. Al margen de la composición redactada por uno de éstos, el profesor escribió:

Bien por tu incipiente vena,
Iñaqui Machimbarrena,
Con constancia y con gran fe
Irás rompiendo la bruma,
Llegando tu joven pluma
A brillar en A B C.

Y a Adolfo, que era su debilidad, por ser quizá quien más prometía, le espetó en plena clase una tarde que no se supo la lección:

Si no estudias mucho más
Ni eres formal cual se debe,
Tú no aprobarás jamás,
Y por siempre amén serás
Un percebe.

Adolfo protestó, un poco picado, que a veces era más fácil improvisar versos malos que hacer justicia a los verdaderos talentos. El Padre le retó a que demostrara si era o no tan fácil improvisar sobre el terreno, y le anticipó el tan conocido ejemplo de quien, en caso similar, respondió:

> Para mí es cuestión de honrilla,
> Pero os quiero demostrar
> Que el hacer una quintilla
> Es la cosa más sencilla
> Que se puede imaginar.

Adolfo meditó un momento, cerró los ojos, apretó los puños, garabateó unas palabras ilegibles sobre una cuartilla para encontrar los consonantes deseados, y al fin dijo:

> Esto me parece atroz,
> Mi querido padre Usoz,
> Pues me obliga a hacer fatal,
> Con método tan feroz,
> Lo que no siempre hago mal.

El Padre, divertido y halagado por la improvisación de su alumno, contestó rápidamente:

> Me rindo, pues tu pericia
> Me obliga a hacerte justicia...
> Mas no sólo vive el hombre
> De la versificación...
> Si quieres hacerte un hombre
> Apréndete la lección...

Cuando el Padre Usoz decía misa, parecía otro. A Anastasio le conmovía la unción, que le transformaba durante el Divino Sacrificio. Porque Usoz se volvía pequeño, infinitamente humilde y distinto a sí mismo cuando elevaba la Víctima de sus manos, o cuando se volvía hacia los fieles mirándolos, sonriéndoles, para decirles: «El Señor sea con vosotros...»

Y se veía que no era una fórmula vaga de salutación, que no era una cortesía litúrgica, sino que deseaba realmente, para aquel mundo de sus jóvenes amigos, la paz del Señor.

Anastasio admiraba al Padre Usoz. Se reía más que nadie con sus golpes de ingenio. Le afectaban más que a nadie sus reprimendas. Le quería. Anastasio quería a todos los que le demostraban afecto, amistad.

En una ocasión, no sin pasar grandes apuros, Anastasio confesó al Padre Usoz su amor por Maribel. Con admirable delicadeza, el profesor de Literatura le escuchó, le dejó hablar, elogió a la muchacha, que no podría ser otra cosa que un ángel de Dios, que inspiraba sentimientos tan nobles y tan puros como los que acababa de escuchar, pero...

Anastasio le miró extrañado. ¿Cómo podía haber un pero, una objeción, a aquella amistad? Por Maribel, Anastasio se sentía unido a sus amigos, a sus estudios, al resto del universo...

—Desde que el hombre nace —le dijo el Padre Usoz—, vive en un puro tránsito entre dos madres: la suya propia, de la que se va poco a poco desvinculando por ley de vida, y la que será un día madre de sus hijos, hacia la que tiende desde que alcanzó la pubertad. Te digo como Benavente en *Más fuerte que el amor*: «El alma de la mujer ¿qué vale si dentro de ella no hay un alma de madre?», o como Martínez Sierra en *Canción de Cuna*: «...ya que toda mujer —porque Dios lo ha querido— dentro del corazón lleva un hijo dormido.»

»Ser madre es el mayor regalo, el mayor adorno con que Dios ha distinguido a la mujer. No olvides nunca esto, Anastasio. Y mira siempre a la mujer como a una madre. Porque si el Creador le dijo: *In dolore parcies filios*, Cristo nos habla del goce de este dolor: *Mulier cum parit laetitiam habet quia venit hora ejus; cum autem peperit puerum, quia natus est homo in mundum*. Y el autor de las *Doloras* —¡qué cristianísimo sentido del amor!— nos dice: «Al besar la madre a su hijo amado, besa a un tiempo al amor de que ha nacido.»

»En no errar el camino durante este tránsito entre las dos madres reside el equilibrio del caballero cristiano; el que la Iglesia desea para sus hijos. El que yo quiero para ti.

»Pero en este camino hay un largo momento en que los lazos de la primera madre se aflojan, sin que los de la segunda hayan tensado aún las amarras...

»Y aquí está el peligro. Si tú sueltas la estacha que sostenía fuertemente tu barca y la lanzas a otra agarradera, hay un momento en que la cuerda está en el aire. ¡Qué terrible momento, qué pericia hay que tener para acertar, qué pulso más firme! Porque, entretanto, las olas mueven la embarcación, las corrientes la desplazan. Y la barca, desarraigada, puede estrellarse contra los escollos.

El Padre Usoz se interrumpió, se quitó los lentes y humedeció los cristales con el vaho de su aliento. Mientras los limpiaba con papel de fumar, prosiguió:

—Tú acabas de descubrir la Mujer, así, con mayúscula. Y la Mujer, así, con mayúscula, tiene para ti una sola cara: la de Maribel. Pero no olvides lo que dice el Eclesiástico: *Brevis omnis malitia super malitiam mulieris*: «Toda malicia es pequeña en comparación con la malicia de la mujer», y que *propter speciem mulieris multi perierunt*: «por la hermosura de la mujer se perdieron muchos».

—Eso no siempre es así —protestó Anastasio.

—¡Bla, bla, bla! —rió malicioso el Padre Usoz—. Dice Gracián que «fue Salomón el más sabio de los hombres, y fue el hombre a quien más engañaron las mujeres...». Y tú, inocente como un pajarillo, te has puesto en pie sobre la barca, y sin mirar a babor ni a estribor, te dispones, inexperto, a lanzar la cuerda, a pesar de lo lejísimo que estás. Pues mira..., la cuerda estará en el aire hasta que te cases. Entretanto, tus estudios, tu carrera, otras mujeres tenderán sus manos para

128

agarrar la estacha lanzada; tú mismo quizá tirarás de la cuerda, en el aire, para que caiga en manos diferentes de aquellas a quien la enviaste... y las olas, las tentaciones, ¿no moverán tu pobre barquilla? Hijo mío, yo no quiero que digas nunca como Lope: ¡*Pobre barquilla mía — entre peñascos rota...!*

—Entonces, Padre, ¿eso quiere decir —y Anastasio lo dijo casi con terror— que tengo que dejar a Maribel?

—No, no, no. Quiero decir que no le lances tu estacha, o al menos que no ates al extremo de la cuerda tu propio corazón. Es prematuro aún para ti el hacer esa maniobra. De las dos madres que te he dicho, acércate a la tuya. Eres todavía como un pajarico que tiene caliente el nido.

Anastasio recordaba estas palabras con infinito dolor.

—Padre Usoz —preguntó Anastasio—, ¿les falta mucho para acabar el partido?

—Pero, Anastasio, chico, si no te había visto... —dijo el Padre acercándose a él—. ¿Has recibido mi carta?

—No.

—Se la di al Padre Uriza, que confiesa en las Reparadoras y pasaba delante de tu casa.

—¡Vamos, Padre, no se haga el remolón! —gritó Echave impacientándose.

—¿Les falta mucho para terminar? —insistió Anastasio.

—¡Hasta que se rindan! ¡Hasta que no puedan más! —gritó el Padre Usoz, otra vez en la cancha—. ¡Ahí va ésta, Echave, que saco yo! ¡Aaaa... hum!

Aquello tenía aspecto de no acabar nunca. Sin despedirse de los jugadores, Anastasio dio media vuelta y salió del colegio. Estaba deprimido, confuso. Torció por la Avenida de Navarra y se perdió por las calles del barrio de Gros. Una mujerzuela le salió al paso.

—¡Hola, chico! ¿Tienes fuego?

—¿Qué?

La fulana, con el pitillo en la mano, le sonreía. Era vieja y delgada. Estaba pintarrajeada como una máscara. Llevaba un bolso blanco y zapatos «tanque», de suela corrida, como un yunque al revés.

Cuando Anastasio se dio cuenta de la clase de mujer que era, sintió un terror tan grande como si, perdido en la selva, se hubiera encontrado frente a frente con una fiera. Su reacción fue inmediata.

—Desvergonzada... —le dijo a media voz. Y a buen paso inició la retirada.

Los improperios, los insultos soeces, las palabras escandalosas que se desplomaron entonces sobre el pobre Anastasio, no pueden, sin romper moldes, ser dados a la imprenta. Echó a correr como si una jauría le persiguiera. Y no otra cosa parecían aquellas voces agudas, desacompasadas, rotas, que ladridos de perras en un ojeo.

Anastasio torció por la primera bocacalle. Zabaleta era su nombre, nunca lo olvidaría. Las voces cesaron, y él dejó de correr. Estaba confuso y avergonzado por la lluvia de improperios que había caído sobre él, y también por considerarla merecida. Jamás entendería que hubiera nadie en el mundo capaz de gustar ninguna intimidad con aquel esperpento deforme que le había abordado en la calle, pero eso no le autorizaba a insultarla. «Jamás, jamás —y se lo dijo golpeándose la cara con los puños— sería yo capaz de pecar con una mujer así.»

De pronto se sintió avergonzado de que alguien pudiera leer sus pensamientos. Delante de él, apoyadas en la pared, había tres mujeres que le miraban llegar. «Si me ven correr —se dijo— van a pensar que he robado algo y que me persiguen.»

Cruzó despacio por delante de ellas.

—Déjale en paz, que es un chaval —oyó decir a una.

Pero otra de las leonas salió del grupo y se puso a andar junto a él. Anastasio miraba hacia adelante, con los ojos muy fijos, haciéndose burdamente el distraído. «¿No ves que soy un chaval? —gritaba con el pensamiento a su acompañante—. Déjame en paz.»

Y no volvió la cabeza para mirarla.

130

—¿Adónde vas? —le preguntó la chica.

«No te detengas. Sigue adelante, o estás perdido.»

Anastasio se detuvo.

Era una muchachita pálida, con cara de niña y ojos tristes.

—No sé. Estoy paseando.

E hizo ademán de reemprender el camino. La muchacha le agarró de un brazo.

—No tengas prisa, hombre...

Anastasio la miró sorprendido, y se detuvo de nuevo muy azorado. En el fondo le agradecía que le hubiera llamado «hombre» y no «chaval». Aquella chica, desde luego, no parecía una «cualquiera», pero no acababa de comprender sus intenciones. ¿Sería lo que él había pensado? ¿No habría lanzado contra ella un falso testimonio, una acusación injusta, con el pensamiento? ¿No estaría necesitada?

—¿Cómo te llamas? —preguntó la chica.

—Yo, Anastasio. ¿Y tú?

—Yo..., quince pesetas.

Anastasio estaba perplejo.

—No..., no comprendo bien... —dijo tragando saliva.

—¿Tú no tienes quince pesetas?

—No...

—¿Cuántas tienes...?

—Once...

La chica meditó.

—Anda, ven...

—¿Adónde?

La muchacha le agarró de la mano y Anastasio se dejó llevar. Penetraron juntos en un portal.

—Ya ves la hora que es, y todavía no he empezado a trabajar —comentó *Quincepesetas* mientras subían la escalera...—. Tú eres el primero.

«No subas, no cruces esa puerta, no lo hagas», gritaban mil voces dentro de Anastasio.

Cruzaron la puerta. En el pasillo, varios hombres se besaban con sus parejas, sin hacer caso de si los miraban o no. Anastasio imaginó a Maribel y a Leopoldo...

y cerró los ojos. «Quiero irme —pensó—. Voy a ponerme malo otra vez.»

Una vieja desgreñada se dirigió a los recién llegados.

—No hay sitio. Esperad por aquí.

Después agarró a Anastasio por la barbilla y dijo:

—Es majo este chico. ¡Qué pocholo! ¿De dónde lo has sacado?

La vieja le dio una palmadita cariñosa en la cara y siguió pasillo adelante. Anastasio, disimuladamente, se pasó el pañuelo por la mejilla, como si quisiera borrar las huellas de la mano de la mujer. Estaba aterrado. Su compañera le había dicho: «Espérame aquí. Ahora vuelvo», y se había ido, no sabía dónde.

La mujer vieja aporreó una puerta.

—¡A ver si acabáis de una vez, so guarros, que hay gente esperando...!

Quincepesetas regresó con una lata de sardinas abierta.

—¿Gustas?

—No, muchas gracias.

La chica cogió una sardina, con los dedos, y la engulló. Después otra y otra más. Al fin bebió el aceite que quedaba en el fondillo y tiró la lata al suelo; cogió el pañuelo de Anastasio y se secó los labios y los dedos.

«Aún estás a tiempo —gritaban las voces dentro de Anastasio—. Di que no tienes dinero. ¡Busca una disculpa! ¡Escápate!»

Por la puerta aporreada, apareció de pronto una mujer desnuda con una toallita entre las piernas. Cruzó corriendo el pasillo y se metió en el retrete. Nadie la miró. Anastasio no había visto nunca una mujer así. Y se sorprendió de que no le conmoviera especialmente. El desnudo le pareció desolador. Le recordaba el frío, la miseria infinita, y el grabado de un catecismo francés sobre los condenados a las penas eternas.

—¡Eh, vosotros —gritó la vieja a una de las parejas que se besaban en el pasillo—; dejad algo para cuando estéis solos! ¡En seguida os va a tocar!

Anastasio estaba un poco pálido. La chica se apretujó contra él. Y le besó.

—Me gustas —le dijo.

Quincepesetas olía a sardinas. Anastasio sintió asco. Se oyó entonces tirar de la cadena del retrete y la cascada de agua al caer. La mujer desnuda cruzó de nuevo el pasillo y se metió en la habitación. Al abrir la puerta se vio a un hombre sentado en el borde de la cama calzándose.

—Tráeme un poco de agua, ¿puedes? —preguntó tímidamente Anastasio.

—Ven a la cocina —dijo la chica—. Por aquí...

Apenas echó a andar por el pasillo, Anastasio se precipitó hacia la puerta y salió disparado como alma que lleva el diablo. No se estrelló de milagro, pues bajó los escalones de cinco en cinco. Al llegar a la calle, el aire le acarició el rostro como la mano invisible fresca y limpia de una madre, o de un amigo.

¿Cómo había ocurrido todo aquello? Él no lo había querido. Se pasó la mano por la frente, para borrar todo recuerdo; para que no quedara huella dentro de él. Cogió un tranvía. Se quedó en el estribo para que el aire le diera en la cara. Un confuso remolino de pensamientos se agitaba, giraba dentro de él. A veces se encabritaban como caballos locos. La barquilla entre peñascos, rota, su madre, Maribel, las prostitutas, el beso de *Quincepesetas*, y el aire fresco, el aire limpio de la calle.

Subió a su casa.

—Tienes una carta del colegio —le dijo la criada.

Anastasio la tomó maquinalmente y se encerró en su cuarto con ella. Se echó en la cama. La letra del sobre era del Padre Usoz. «Mucha carta; pero, cuando he ido a verle, no ha querido hablar conmigo. Le divertía más jugar al frontón.» La abrió. Eran dos cuartillas, escritas a mano y en verso. Estuvo a punto de romperlas. Dejó las cuartillas sobre la cama. Y cerró los ojos. Si se pudiera rezar a los vivos, Anastasio rezaría ahora a su madre. Quiso hacerlo. Su boca sabía a sardinas. Sentía asco de sí. Cogió las cuartillas y posó sus ojos sobre la letra grande y clara del Padre Usoz.

Pajarillo volandero

decía el título, y estaba subrayado con trazo azul.

—¡Al diablo los pajarillos, los «siempre amén serás un percebe»; a la mismísima m... los versos, los curas y las zorras!

Se levantó de la cama y tiró las cuartillas lejos de sí. Apenas lo hubo hecho las recogió del suelo, se echó de bruces en la cama, y siguió leyendo:

> *Pajarillo volandero*
> *que en el borde del alero*
> *donde posas.*
> *Sueñas ya con el hechizo*
> *de aquel balcón fronterizo*
> *tan cuajadito de rosas.*
> *Mira en calma*
> *que tus alas temblorosas...*

Volvió la hoja, y siguió leyendo:

> *...no son para largo vuelo*
> *y en vez de...*

Interrumpió la lectura. Volvió al comienzo de la estrofa y la leyó, más despacio, silabeando los versos:

> *Mira en calma*
> *que tus alas temblorosas*
> *no son para largo vuelo.*
> *Y en vez de lograr tu anhelo,*
> *¡ay, que con sangre del alma*
> *vas a salpicar el cielo!*

Al leérselos a sí mismo, Anastasio oía dentro de sí la voz de su profesor de Literatura. Reconocía sus giros, sus inflexiones, su estilo y hasta su gesto. Pero no el congestionado del frontón, ni el malicioso de clase, cuando provocaba a sus alumnos, sino el que ponía —lleno de ternura, traspasado de santa amistad— cuando se volvía hacia los fieles, en el Sacrificio de la Misa, y les decía sonriendo: «El Señor sea con vosotros.»

Y una extraña sensación de paz, una calma sedante, comenzó a manar sobre Anastasio desde los versos del Padre Usoz.

> ¡Pajarico fascinado
> que en el borde del tejado
> donde anidas,
> tiemblas de emoción incierta
> ante un algo que despierta
> ansias de fuego encendidas!
> ¡Tente alerta!
> No vueles a la ventura,
> que hay quien acecha en la altura...
> y en tu virgen corazón
> querrá saciar su hambre dura
> el halcón.
> Tente, tente en el alero,
> pajarico volandero.
> Da al olvido
> tu volar aventurero
> ¡y vuelve a tu amor primero,
> que aún tienes caliente el nido!

Anastasio cerró los ojos.

> ¡Y vuelve a tu amor primero,
> que aún tienes caliente el nido!

Vio ante él la figura de su madre y la de Maribel..., ambas cubiertas de niebla y lejanísimas. Fue un segundo nada más, pues la primera comenzó a avanzar, a liberarse de las nubes que la cubrían, y la segunda a alejarse, a perderse, a esfumarse en la lejanía.

Boca abajo, hundida la cara en la almohada, Anastasio se quedó traspuesto... En sueños, abrazado a su madre, reclinado sobre su regazo, Anastasio oía su propia voz.

¡Qué aún tienes caliente el nido,
pajarillo volandero!

IV

LA PATRIA NECESITA DIVISAS

La vieja criada, toda pálida y temblorosa, cruzó la habitación y abrió la ventana. Los ruidos de la calle —el chirriar de un lejano tranvía, el voceo del periódico de la tarde, el llanto de un niño— se mezclaron con el murmullo de los rezos en la habitación. El aire era denso, enervante, por el olor de las flores —dalias viejas, ajadas: dalias de veinte horas— y el olor del formol. Afuera llovía mansamente.

Cuando la criada volvió a su sitio, la señora se incorporó hacia ella.

—Ama, se lo suplico, váyase a descansar.

La vieja movió enérgicamente la cabeza, negándose; sus labios se contrajeron en un puchero y se arrodilló.

—Ama, siéntese por lo menos. ¡Vamos..., hágalo!

La señora —tía política del muerto— ayudó a la criada a incorporarse y le cedió su asiento. El ama obedeció. Sus labios temblaban al ritmo de los rezos y sus ojos lloraban, como la lluvia, mansamente.

Unas monjitas dirigían el rosario. Adolfo, de pie, los brazos cruzados sobre el pecho, rezaba también, pero su oración, como un disco enganchado, repetía tan sólo una y otra vez: «Ruega por nosotros, ahora y en la hora de nuestra muerte, ahora y en la hora de nuestra muerte, ahora y en la hora de nuestra muerte...»

Poco a poco, fueron llegando todos los amigos. Alcanzaban el marco de la puerta con el impulso de quien ha subido los escalones de dos en dos, con prisa de llegar a la capilla ardiente. Una vez allí, frenaban y se quedaban quietos, con miedo de penetrar, de adentrarse en el aire enrarecido por la penumbra, el olor de las flores ajadas y el rumor de los rezos. El primero en llegar fue Leopoldo. Cometió el error tan común de hacer una genuflexión y persignarse ante el muerto, como si estuviera ante el Sagrario, y se acercó a Adolfo:

—¿Cómo ha sido esto, ¡por Dios!, dónde, cuándo?

—Su hermano lo metió en una ambulancia para que lo operaran en Zaragoza... Murió antes de llegar... Entonces lo trajo hasta aquí. Acércate, míralo..., parece dormido.

Leopoldo lo miró de lejos, horrorizado, y desvió rápidamente la mirada. Después se arrodilló y unió sus rezos a los de las monjitas.

Anastasio llegó pocos minutos más tarde. Se veía que había llorado. Por no acercarse a Leopoldo, se situó en un extremo de la habitación, lejos de todos. Aún le parecía oír a Andrés, hablándole la víspera de su partida.

—Mi caso es distinto, ¿comprendéis? Todos vosotros tenéis una familia a la que no podéis castigar inútilmente. Pero yo no tengo padres. Mi único hermano está en el frente...

—Nadie te obliga... con catorce años...

—Claro que nadie me obliga... Además, ya casi tengo quince.

¡Con qué claridad recordaba Anastasio los giros, los gestos, la voz de Andrés aquel atardecer, mientras las sombras se desplomaban desde las montañas sobre el mar! Estaban solos. Andrés buscaba la confidencia. Se echó a reír, se rascó la cabeza con las dos manos y golpeó con el pie una piedra inexistente, como si fuera a meter gol.

—Me da algo de vergüenza lo que voy a decirte...

—¿Vergüenza de mí...? ¿Por qué?

—Júrame que no te reirás...

—No seas tonto, hombre. ¿Qué es?

Andrés se colgó del brazo de su amigo, obligándole a andar, para que no le mirara a los ojos durante su confesión.

—Todo el mundo sirve para algo..., ¿no? Cuando uno llegue a viejo y..., ¡qué diablos, todos tendremos que morir algún día...!, pues creo yo que le gustará pensar que ha servido para algo alguna vez... Déjame terminar..., no me interrumpas... ¿No ves que me da vergüenza decirlo? ¡Si me interrumpes, no sigo...!

—¿Y si te matan...?

—No creo que me maten...

Anastasio se le quedó mirando fijamente.

—Y... ¿si no te matan...?

Anastasio estaba seguro de que esta idea ni siquiera se le habría pasado por la cabeza, pero se equivocó. Andrés contestó rápido:

—Pues cuando llegue ya viejo al final de mis días... (¡qué solemne suena esto, caray!), seré un tipo que durante años y años no habrá servido para nada, no habrá hecho nada útil; pero una vez, al menos una vez, dio todo lo que tenía... ¿No comprendes que es maravilloso?

Hubo un larguísimo silencio. Habían caminado lentamente por el Paseo Nuevo. La noche había caído sobre la costa y no había luna ni estrellas. Los dos amigos se habían apoyado en la balaustrada que daba sobre las rocas. Abajo, apenas se veía, pero se oía el mar. «¿Y no es éste mi mismo caso? —pensó Anastasio—. Yo tampoco serviré nunca para nada. Seré siempre un don nadie, como ahora...»

Andrés se volvió bruscamente hacia su amigo.

—Pero... ¿qué te pasa...? ¡Anastasio!, ¿estás llorando?

Anastasio movió afirmativamente la cabeza.

—Te juro —insistió Andrés— que no hago ningún sacrificio.

—No es eso, no sigas. ¿Cuándo te vas?

—Mañana.

—¿Hace falta mucho dinero?...

—No.

—Entonces —respondió decidido—, ¡me voy contigo!

Andrés se apartó de la barandilla, con la cara iluminada de gozo. Él también tenía ahora los ojos arrasados en lágrimas. Se miraron en silencio, riendo y llorando a la vez...

—A las siete de la mañana...

—A las siete...

—En la Estación de Atocha...

—En Atocha...

Se abrazaron. Entre los dos críos, apenas sumaban veintinueve años.

Desde su «hasta mañana» en el Paseo Nuevo, Anastasio y Andrés no habían vuelto a verse. Pasado el primer entusiasmo, apagado el primer impulso de fervor, Anastasio meditó fríamente que él se debía a su madre y sólo a ella. Si moría en la guerra, su madre, viuda, tendría que venirse a vivir con tío Anselmo y tía Enriqueta. «Ella no merece que yo la castigue así», se dijo. Encendió la luz de la mesilla de noche y cogió en sus manos el grueso reloj de cifras fosforescentes. La aguja del despertador marcaba las seis menos cuarto. La hizo girar lentamente hasta situarla en los confines de las ocho. Cuando Anastasio se despertó, Andrés llevaba ya una hora de camino.

Enrique y Javier llegaron juntos a la capilla ardiente. Se acercaron al féretro. Enrique se retiró pronto hacia el grupo de sus amigos. Javier se quedó de pie junto al cadáver, mirándole detenidamente, observando sus rasgos, afilados por la muerte, y el color —estatua de cera sin policromar— de su piel. Andrés estaba de uniforme. Bajo las manos cruzadas, la boina del requeté con su borla de gala; entre las manos, un crucifijo, y sobre el pecho, dos viejos retratos del padre y de la madre, muertos mucho antes y puestos allí por la vieja criada. El vientre y las piernas no se veían bajo las flores. Únicamente las puntas de las botas surgían entre los pétalos de las dalias.

Un viejo sacerdote entró en la habitación y preguntó por la familia del difunto.

—Sólo vive su hermano —le dijeron—, y ahora está descansando...

El Padre rezó un responso.

—¡Oh Dios, de quien es tan propio compadecerse y perdonar, humildemente te suplicamos por el alma de vuestro siervo Andrés, que habéis ordenado pasara de ésta a la otra vida... No la entreguéis en poder de sus enemigos... Mandad a los santos ángeles que la reciban, a fin de que, ya que creyó y esperó en Vos, posea los eternos gozos del cielo!

El sacerdote trazó una cruz en el aire sobre el féretro:

—Dadle, Señor, el Eterno Descanso... Y la luz perpetua le ilumine. Descanse en paz. Amén.

Enrique hizo entonces un gesto a sus amigos y salió fuera de la habitación. Todos le siguieron. Javier tardó unos minutos más en imitarles, absorto como estaba en la contemplación del muerto.

Se sentaron en un viejo salón con olor a cerrado.

—Hay un tufo terrible en aquel cuarto. Respiremos un poco aquí... —dijo Enrique.

Encendieron sus cigarrillos en silencio. Anastasio, que casi nunca fumaba, también lo hizo esta vez.

—¿Cuándo es el entierro? —preguntó uno.

—Mañana por la mañana. A las nueve.

Tardaron mucho en entablar conversación. Habían decidido quedarse allí hasta que se levantara el hermano de Andrés para darle el pésame. Parece ser que llevaba tres noches sin dormir, las dos últimas viajando, primero con el cuerpo de su hermano herido, después con el cuerpo de su hermano muerto.

Leopoldo estaba especialmente afectado. La cercanía del muerto le producía una indecible incomodidad muy parecida al terror. La idea de la eternidad, del más allá, del Juicio, de los castigos eternos, le causaba pavor. Hubiera querido salir de la casa, correr por la calle; pero temía ser castigado por huir de la muerte, y soñó despierto que le alcanzaba la desnarigada y le decía:

—¿Por qué corres, Leopoldo, si sabes que algún día te alcanzaré?

La muerte de Andrés produjo en el ánimo de cada uno reacciones tan diversas como las que un mismo ácido provocaría mezclándose en distintas probetas, con diferentes compuestos.

Leopoldo era cobarde ante la muerte. No lloraba a su amigo, sino al cuerpo joven lleno ayer de energía y hoy reducido a la eterna inmovilidad. Un indecible terror religioso le invadía... No amaba a Cristo, pero temía al Infierno.

Adolfo, en cambio, estaba conmovido. De poder el hombre elegir una muerte, él habría escogido la fórmula aceptada, buscada por Andrés. Era bello morir por un ideal. Adolfo interpretaba la tragedia que vivía su patria como si una roca gigantesca se desplomara desde las alturas sobre una multitud. No era el momento de discutir las causas del desprendimiento ni de saber si hubiera podido evitarse o no. Un grupo de jóvenes esforzados —los combatientes, Andrés entre ellos— se habían interpuesto en el camino del bólido, para frenar con sus cuerpos la violencia del farallón desprendido y salvar al resto de la comunidad. La fe religiosa —que en Adolfo era profunda y sincera— le ayudaba a no temer la muerte, aunque sí a respetarla. Pero su temperamento poético y mediterráneo le llevaba, más allá de la ética, a la estética. La muerte así concebida era bella, era envidiable. Tenía raíces clásicas, helénicas. El héroe se sublimaba hasta hacerse dios de su comunidad. ¡Qué hermoso sacerdocio el de estos seglares que se alzaban a sí mismos como víctimas para aplacar las fuerzas del mal!

Javier era más primitivo. No se resignaba a que un amigo suyo, tan sencillote, tan bueno, hubiera sido muerto por un enemigo. Estaba seguro de que había sido por la espalda en una emboscada, a traición. Y se sentía obligado a vengarle; mejor aún, sentía deseos de venganza. Por un momento cruzó por su mente la idea de irse a la guerra, él también, con sus dieciséis años a cuestas y un buen mosquetón, para matar, para vengar la muerte de tantos. No comprendía qué hacía allí, durmiendo, el hermano del muerto. Javier en su caso no hubiera iniciado la inútil aventura del viaje con el herido. Se hubiera apostado tras una peña, hasta agotar las municiones, disparando, disparando...

Anastasio no vibraba como Javier por deseo alguno de venganza, ni como Leopoldo por un pánico cósmico ante lo insalvable, ni como Adolfo en pura exaltación lírica por la belleza de la muerte. Anastasio sentía pena, nada más, por el amigo fraternal, perdido para siempre. Sentía entrañablemente el dolor de su pérdida, el vacío irremediable de su ausencia.

Enrique —vencida la sorpresa de la noticia— tuvo todos los sentimientos que habían privado como exclusivos en cada uno de sus amigos. Con dos notables diferencias; una de grado: las sintió más intensamente que ninguno. Otra de duración: se desvanecieron a los pocos minutos.

Su primera impresión fue envidiar —como Adolfo— la gallardía de la muerte de Andrés. Le causaba no poca desazón no haber sido él el héroe; no ser él quien hubiera reunido a todos sus amigos junto a su cadáver. ¡Qué muerte más espectacular hubiera tenido! Se habría arrastrado con el vientre deshecho por la metralla, como un caracol dejando su huella —mas no de babas inmundas, sino de sangre gloriosa— por el suelo. Habría avanzado conduciendo sus tropas y no habría exhalado el último suspiro hasta no clavar la bandera en la posición enemiga, por él conquistada.

Más tarde le asaltaron los mismos temores que a Leopoldo. La visión del cadáver de Andrés le conturbaba. Bien estaba el avanzar glorioso, el expirar sobrecogedor, la difusión de la noticia entre los amigos y parientes admirados y conmovidos; pero el estarse tan quieto entre seis tablas, mientras el alma rendía cuentas, no le divertía tanto. Sintió un escalofrío por la espalda y varió bruscamente de tema de meditación. Ya que no era el muerto, al menos podría ser su vengador.

La idea de la venganza no duró en él mucho más. Sus mandíbulas, movidas por un repentino impulso, se abrieron de pronto en un bostezo. Enrique comprendió de súbito que se estaba aburriendo terriblemente; que aquello, no por tétrico, sino por monótono, era demasiado para él, y decidió aprovechar la primera oportunidad para marcharse.

Apenas concluyó el segundo rosario, se reunió con Leopoldo, que ni siquiera había entrado esta vez en la capilla ardiente. Con más o menos celeridad, los demás le siguieron. Solamente Adolfo se quedó.

Nadie, salvo el ama y él, quedaba ya junto al muerto. Se sentó en un viejo sillón, extrajo de sus bolsillos unos apuntes de clase y comenzó a escribir en los márgenes, en los ángulos, en el dorso de las cuartillas. Cuando todo el espacio estuvo cubierto, deshizo su cajetilla de cigarros canarios y aprovechó el papel de envoltorio para concluir allí su escrito. Y es que, durante el rosario, sus ideas —incapaces de centrarse en el tema tantas veces repetido de las avemarías—, se habían independizado y habían compuesto por sí solas una oración particular. Ahora, necesitaba escribirla, pasarla al papel. Y lo hacía en la misma capilla, ante su amigo muerto, para que su escrito tuviera no carácter de certamen literario, sino fuerza viva de viva oración.

Cuando regresó a la sala, sus compañeros estaban enfrascados en una acalorada discusión. Javier proponía que todos colaboraran en vengar la muerte de Andrés. En la cárcel de Ondarreta se iba a realizar aquella misma noche un fusilamiento. El condenado, un comunistazo como la copa de un pino, fue uno de los que asaltaron el fuerte de Guadalupe y participó en el asesinato de los políticos allí detenidos. Javier invitaba a todos a que se presentaran voluntarios para el fusilamiento.

Leopoldo, Anastasio y Enrique protestaron, aunque por muy diversas razones. El primero, porque el horror de la muerte se lo impedía; el segundo, porque su hombría de bien se lo vedaba. Adolfo —que entró en ese mo-

143

mento dispuesto a leer a sus amigos la oración que había compuesto— iba a intervenir, pero Enrique tomó la palabra.

—Estás loco, Javier. Loco de remate.

Y expuso su punto de vista.

«Cuanto más amargo es el café, más azúcar hay que echarle para compensar. ¿Es así o no? Pues la vida es igual.» Ninguno podía ni debía quedarse toda la noche —añadió— con el mal rato encima de la muerte del pobre Andrés. Tendrían que buscar algo que los ayudara a olvidar, que les compensara el disgusto, que les amortiguara el dolor. Intervenir en un fusilamiento, como reacción por la muerte de Andrés, era algo así como echar acíbar en el café, en vista de que estaba demasiado amargo.

—Ni hablar, hombre, ni hablar —concluyó—. Azúcar es lo que yo necesito... —Y añadió confidencial—: Yo os sugiero que esta noche nos vayamos... de señoras.

Leopoldo se llevó las manos a la cabeza.

—Sólo pensar que me pudiera alcanzar la muerte con una..., vamos, quiero decir fuera de casa, me pone los pelos de punta. Yo voy a confesarme, Enrique; tú también deberías hacerlo...

Enrique saltó incómodo en su asiento.

—¡Chico, se te ocurren unas cosas...!

—Pues si lo piensas bien, no he dicho ningún disparate.

—Yo soy tan religioso como el que más —protestó Enrique— y me revienta que se tomen las cosas de la religión a chirigota. ¡Estábamos hablando de señoras, y mira tú por dónde te sales...!

—Lo mejor es lo que yo os he dicho —insistió Javier con voz ronca.

—¿No os da vergüenza? —les echó en cara Adolfo.

—Oye, rico —cortó Enrique—; sermones, no, ¿eh?

Después estiró los brazos y las piernas, soñoliento. Bostezó aparatosamente.

—Me aburro... —dijo—. Me voy.

Se levantó de su asiento, y Javier y Leopoldo le imitaron. No había nadie de quien despedirse. El único conocido de la casa estaba muerto, y el único miembro de su familia, dormido.

Salieron los tres, escalera abajo, decidido cada uno a arrastrar a sus amigos a participar en menesteres tan dispares como un fusilamiento, una confesión general o un sueño sobresaltado en mala compañía.

Adolfo y Anastasio se quedaron en casa de Andrés, dispuestos a velar el cadáver toda la noche.

Una vez en la calle, Enrique convenció a sus dos acompañantes, y —todo hay que decirlo— sin mucha dificultad, de que se fueran con él al «Viejo» a tomar unos chatos y unas banderillas para hacer boca. Después, cada uno podría hacer lo que le viniera en gana.

No hacía frío, y la lluvia finísima, como lanzada por un pulverizador, no asustaba a nadie. Las callejuelas, estrechas y rectilíneas, estaban repletas de gente, y de las tascas y tabernas abiertas de par en par llegaba el vaho de las cocinas, el olorcillo del vinate y el rumor de las risas o de las broncas de los parroquianos. Una compleja mescolanza de tipos se apiñaba en las callejas. Sobre el elemento humano connatural al Barrio Viejo donostiarra, la población flotante refugiada de guerra daba a estos rincones de la ciudad el aspecto más cosmopolita y vario que cabe describir. Pescadores, soldados de permiso, estudiantes, noctámbulos de oficio, actores, políticos, extranjeros que husmeaban la retaguardia de una nación en guerra, se daban cita en el Barrio Viejo para mirarse las caras. Enrique metía las narices en todas las puertas, saludaba a unos, gastaba bromas a otros e iba desechando sitio tras sitio, por no encontrar una sola tasca lo suficientemente animada para su gusto. «Es intolerable salir de un velatorio para meterse en un entierro», decía.

Al doblar una esquina aguzó el oído, y, como el perro que rastrea una pieza, fue siguiendo el rumor de unas voces bien templadas hasta localizarlas, dos calles más lejos, en Casa Antxón. Guiñó un ojo a sus amigos y se asomó.

—¡Colosal!

Entraron en la taberna.

Un grupo de mozalbetes —boina en la nuca, porrón en la mesa— cantaban a dos voces canciones vascas y navarras ante la indiferencia de otros parroquianos que jugaban al mus, y el entusiasmo indisimulado de tres extranjeras de mediana edad y bastante más alumbradas, según parecía, por el vinillo riojano que por las tenues bombillas que colgaban del techo. En una mesa cercana unos *casheros* —amplia blusa negra, pantalón «mil rayas»— comían *marmitako* y cocochas en salsa verde. Algo más lejos, unos guardias cívicos se daban un atracón de pochas y *misheras*. Enrique pidió tres porrones —mitad de tinto, mitad de gaseosa— alzó el codo y remojó el gaznate haciendo filigranas. Aquel espectáculo de malabarismo alcohólico tenía, sin duda, un singular atractivo para las extranjeras, pues se quedaron boquiabiertas mirándole. Enrique no pedía otra cosa, y acentuó su habilidad. Estiró el brazo cuan largo era, de modo que el hilillo clarete alcanzara al menos la altura de un metro, y con los labios casi cerrados recibía el líquido sobre los dientes por una abertura inverosímil. Después produjo un movimiento oscilante con la mano, y, moviendo la cabeza como una noria, consiguió beber un cuarto de porrón sin que una sola gota le manchara el rostro. Terminada la operación guiñó el ojo a las extranjeras como diciendo: «¿Qué les ha parecido esta exhibición?», correspondió a sus exclamaciones admirativas con una gentil reverencia y se volvió groseramente de espaldas.

—No seas chulo, tú, que te iban a decir algo —le dijo Leopoldo.

—Y tú no seas ignorante —respondió Enrique muy serio—. He hecho lo que conviene.

Echó un traguito más al porrón y se explicó:

—Si quieres tenerlas en el bote, primero hay que castigarlas.

Los chicarrones vascongados entonaron entonces el *Ume eder Bat*; seguidamente, el *Agur Jaunak*, y por último, en vascuence y castellano, *La Habanera* de Guría. Enrique, por supuesto, unió su voz a las suyas, y como en la canción siguiente no acababan de ponerse de acuerdo sobre la primera nota, sacó la armónica y dio el tono para cada una de las voces. Después les acompañó hasta el final.

> *Riau, riau, riau*
> *los del Amaikak, los del Amaikak*
> *riau, riau, riau*
> *los del Amaikak estamos aquí.*

—¿Qué te parece si le damos esquinazo? —sugirió Javier a Leopoldo—. A mí esto me da cien patadas.

—¡Hombre, las extranjeras esas..., vete tú a saber!...

—Pero ¡si son unas carcamales!...

—La pelirroja no está mal.

—Es la más joven ¡y tiene por lo menos cuarenta!

—De acuerdo. Vámonos.

—¡Eh, tú, Enrique! Éste y yo nos las piramos. Agur.

Enrique no sólo tocaba la armónica, sino que con la mano libre dirigía la musical operación. No les hizo ni caso.

> *Tenemos un defecto:*
> *que no nos gusta, que no nos gusta...*
> *tenemos un defecto:*
> *que no nos gusta el chacolí.*

Las extranjeras —a quienes sí les gustaba el chacolí y lo que les echaran— palmotearon de alegría, y Enrique se sentó a su maesa. Les habló en francés y no entendieron nada. Ellas le replicaron en inglés y él no cazó una sola palabra. Por mímica les preguntó si podía invitarlas a un nuevo porrón, y con mímica respondieron ellas que aceptaban el vino muy complacidas, pero en vaso y no a chorro. La pelirroja —después de cerrar los ojos y fruncir la nariz como si fuera a estornudar— hizo un gran esfuerzo mental y dijo:

—Vino *spañuola ¡benísimo!*

—¡Colosal, chica! —exclamó Enrique—. Hablas el castellano como Cervantes.

La pelirroja, naturalmente, no se enteró de nada, pero añadió:

—Mucho vino... *I capisco l'ispañuolo un pocuito.*

Y aproximó los índices de cada mano para indicar la cortedad de sus conocimientos lingüísticos.

Cada parto de frase iba siempre acompañado de grandes risas y de exclamaciones en inglés y de comentarios entre sí que Enrique juzgaba —y no juzgaba mal— bastante alentadores. En un proyecto de italiano —idioma que no hablaba la pelirroja ni hablaba tampoco Enrique—, consiguieron ligar, no sin muchos esfuerzos, un conato de conversación, por el cual el español se enteró de que no eran inglesas, sino sudafricanas, que estaban en España para regalar vendas y medicamentos a los heridos y que querían ir a bailar. Ellas aprendieron de Enrique varias mentiras: que era torero, que había sido fusilado dos veces por los rusos y había logrado escapar milagrosamente, y una sola verdad: que todas las salas de baile estaban cerradas a causa de la guerra; pero que si le invitaban a su hotel, él procuraría complacerlas y bailaría todo cuanto fuese necesario.

Al llegar a este punto, la pelirroja exclamó picarescamente:

—Mi marido... no gustar.

Enrique meditó un instante sobre el significado de esta frase enigmática, pues lo mismo podía significar que a su marido no le gustaría que se presentara con Enrique en el hotel, como que a ella no le gustaba su marido.

—¿Quién es su marido? —preguntó Enrique, acentuando exageradamente un vago gesto de disgusto y melancolía.

—General, *marechal* —contestó ella, e imitó un ceño muy fruncido, unos gruesos bigotes, y una mano, a modo de saludo militar, abierta junto a la visera...

—¿Dónde está? —preguntó Enrique.

—En... *in*... *eh*... Australia.

—¡En Australia! —exclamó Enrique en el colmo de la alegría; y añadió muy despacio para que le entendieran bien:

—Eso gustar a mí...

Las tres rieron, falsamente escandalizadas, y la pelirroja tomó a Enrique por la barbilla, dándole como castigo un cariñoso pescozón.

Acto seguido comenzaron las tres a hablar en inglés, muy agitadas. La pelirroja, tras consultar a una y a otra, preguntó:

—¿Y *due amicos*..., otros *amicos*?..., ¿*dove* están?

—Duermen —exclamó Enrique con voz ronca, y pensó para sus adentros que aquello comenzaba a ponerse interesante.

Salieron al fin a la calle. El vinillo había hecho su efecto y la esposa del general tenía que ir apoyada sobre Enrique para no tropezar. Con su brazo abierto enlazando el hombro de su nuevo galán, a pasitos lentos para no caer, se quedaron rezagados. Enrique comenzó a hartarse de sus zalemas, de sus palabras ininteligibles y de su aspecto lamentable. La buena señora —veintitantos años más vieja que él—, despeinada, ojerosa y ebria, carecía de todo atractivo. Enrique, cubierto su cupo de novedad, apenas llegaron al *Boulevard* la metió en un taxi, dispuesto a despedirse y con el firme propósito, para días sucesivos, de practicar los usos y costumbres del «si te he visto no me acuerdo». Pero no era fácil la maniobra. La pelirroja se bajó del taxi y a grandes gritos comenzó a llamar a Enrique, el cual, ni corto ni perezoso, *Boulevard* adelante, se batía ya en retirada. Volvió sobre sus pasos. No sabía qué hacer con ella y la acompañó de nuevo hasta el coche para hacerla callar. A medida que ella tendía sus brazos hacia él, la repugnancia inicial comenzó a aumentar de grado. ¡En mala hora se le ocurrió sentarse a su mesa! Pero la mujer era práctica. Abrió su bolso y enseñó a Enrique un grueso paquete de libras esterlinas. Enrique soltó un taco y silbó complacido y admirado. Aquello era ya otra cosa. Al menos era una experiencia nueva para él. «La patria necesita divisas», pensó. Y subió al coche, dispuesto a sacrificarse por su patria.

Sobre el rostro de Andrés ya no caía el parpadeo de luz de los otros cuatro cirios que bordeaban el féretro. El ama se había dormido y ni Adolfo ni Anastasio se atrevieron a reemplazarlos.

—¿No te importa —preguntó Adolfo— que lea en voz alta mi oración a Andrés?

Anastasio sonrió a su amigo.

—Yo te lo iba a pedir.

Se sacó de los bolsillos las cuartillas arrugadas, con los apuntes de Física escritos a grandes rasgos. Entre los haces de luz marcados con trazos discontinuos —«Lección XIV: óptica»— de los cristales convergentes y divergentes, había varias fórmulas químicas sobre las valencias del carbono, un perfil sin acabar del padre Usoz, dibujado a lápiz, y los primeros versos de un madrigal galante, iniciado en clase cuando decidió fanático que la vida sería sin duda mucho más hermosa ignorando los secretos de la química orgánica. Entre unos y otros apuntes, siguiendo los valles dejados en blanco por tan complicada orografía, con letra muy menuda y apretada, avara de espacio, estaba escrita la Oración a Andrés. Ordenó sus papeles, sin olvidar la cajetilla desdoblada de cigarrillos canarios, marcó con unas flechas indicadoras el camino que debía seguir en la lectura y comprobando que nadie, salvo Anastasio, los veía ni podría escucharlos, se puso en pie.

—Antes de corregirlo —confesó Adolfo en un alarde de sinceridad—, algunas frases estaban inspiradas en los salmos de David; otras en los discursos de don Antonio Goicoechea... Pero ahora ya no se nota.

Se acercaron los dos al féretro. Anastasio se arrodilló y Adolfo se mantuvo en pie. Con voz muy tenue, casi en un susurro, leyó su oración:

—Tú, Señor, que penetras en los secretos de los corazones, libera el mío de toda soberbia y de toda impureza para que mi oración, desprovista de todo vano ropaje, llegue humilde y desnuda hasta Ti y sea grata a Tus oídos.

»Forman legiones, Señor, aquellos de tus siervos que, imitando a Nuestro Señor Jesucristo, han tomado su cruz y Te han ofrecido sus vidas en el Calvario de mi Patria.

»No mires tanto a nuestros errores, ni a la soberbia de nuestros padres, ni la ingratitud de nuestros hermanos como a la limpieza de los corazones de aquellos que, como Andrés, te dieron sus vidas en ofrenda como precio de la Paz. ¡Mira, Señor, cuántas lágrimas, cuántas heridas! No te pedimos por nuestros muertos. Les pedimos a nuestros muertos que se unan en esta oración, ante Ti. Ante Ti, Señor, para pedirte, con toda humildad, que nos des la paz: esa paz que no merecemos, pero que ellos sí merecieron con el sacrificio de sus vidas.

»Ante Ti, Señor, está tu siervo Andrés. Mírale. Nosotros lo alzamos en espíritu hasta Ti como el sacerdote alza la patena en el Santo Sacrificio del Altar, y te lo ofrecemos, como él mismo se ofreció, por la salvación de nuestros hermanos.

»Andrés, tú que estás en presencia de Dios, ruega al Señor por nosotros y por nuestra Patria. Amén.

Los dos amigos guardaron silencio. Los ojos de Andrés estaban ahora más hundidos y sus labios se habían despegado ligerísimamente. Parecía un niño, que, entre sueños, sonreía.

V

SERVICIO SECRETO

LA AVENIDA y el Paseo de la Concha eran hervideros de gente. Refugiados de guerra de media España habían duplicado la población de San Sebastián; y se diría que las casas, como un río salido de madre, lanzaban fuera de sus cauces, sobre las orillas de estos dos paseos, toda la población sobrante. Los militares con permiso, que no habían encontrado sitio en «Xauen», el «Bar Bosque» o el «Café Madrid», los «enchufados», en edad militar, que no iban al frente «por patriotismo», pues querían salvar sus preciosos y preciados talentos para servir a la Causa desde la retaguardia; los «guardias cívicos», caballeros de edad avanzada —boina gris, insignia en la solapa— que prestaban servicios auxiliares en la censura de cartas o de teléfonos; escolares, oficinistas, adolescentes con ganas de presumir, obreros, soldados, niñeras, se daban cita, al atardecer, bajo los tamarindos y paseaban lentamente en grandes grupos.

Allí se comentaban las noticias cada vez más alentadoras de las operaciones militares; allí las viuditas jóvenes daban sus primeros paseos después del encierro de viudedad, exhibiendo candorosas y entristecidas su luto y su juventud; allí los estudiantes más generosos explicaban a sus compañeros más torpes los problemas que éstos no entendieron en clase; allí los pequeños, amparados en la confusión multitudinaria, fumaban sus primeros cigarrillos. Allí, en fin, se fabricaban los bulos políticos y los chismes eróticos, se cruzaban las primeras miradas de interés, las primeras palabras alusivas, los primeros recados de amor...

Los uniformes privaban sobre los atuendos civiles.

Unos los exhibían con orgullo legítimo. Otros, como los «enchufados» —puñal damasquinado al cinto, pulsera con balines a modo de adorno—, lo usaban como disfraz.

Las personas importantes, o los que pretendían serlo, paseaban entre Oquendo y el nacimiento de la Concha. La chiquillería estudiantil, las gentes de poco más o menos, deambulaban por el paseo que bordea la playa desde Alderri-Eder a los Relojes, desde los Relojes hasta la Perla.

A partir de la hora en que concluían las clases, las colegialas colaboraban con sus uniformes a dar pinceladas de color al abigarrado conjunto de atuendos que allí se veían. Las alumnas de la Asunción llevaban por aquel entonces una larga capa colorada sobre su uniforme azul. Parecían esas ramas pintorescas y exuberantes que lanzan fuera de sí algunas plantas tropicales antes de que sus frutos comiencen a madurar.

Cierto día, Anastasio, a la salida del colegio, se paseaba por la Concha con un nutrido grupo de compañeros de clase, cuando oyó una voz que le llamaba.

Desde la terraza de uno de los hoteles más elegantes que daban sobre el paseo, Enrique le hacía señas de que se acercara.

—¡Da la vuelta y sube al hotel! Ya verás qué cosa más estupenda...

Anastasio se resistió. No estaba vestido como para entrar en aquel hotel.

—Es un favor que te pido... ¡Sube!

Era difícil resistirse a Enrique. Cuando se empeñaba en algo, siempre lo conseguía. Anastasio anunció a sus compañeros que volvería dentro de poco, y dobló por la calle de Easo, para entrar en el hotel.

Enrique le esperaba en la puerta.

—Estaba en la terraza para cazar a alguien. Ha sido una suerte encontrarte a ti.

—¿De qué se trata?

—¡Sensacional! ¡Sencillamente sensacional! ¡Ya verás!...

Enrique iba vestido como Dios manda, pero Anastasio, con su cazadora de cremallera y sus pantalones bombachos, se sentía desplazado.

En el *hall* del hotel se reunía la crema de la retaguardia: señoras y señoritas de la aristocracia, que habían prestado sus servicios durante el día en hospitales y policlínicas, se reunían a última hora de la tarde en el hotel, vestidas de enfermeras, para tomarse una copa; militares de alta graduación que estaban de paso; corresponsales de guerra que iban al frente o volvían, y una extraña raza de aventureros extranjeros y aventureras (que acudían al olor de la guerra como las moscas a las llagas) pululaban juntos por los pasillos, las terrazas y el *hall*.

Enrique hizo un gesto para indicar a Anastasio que le siguiera y se precipitó escalera arriba hacia el piso superior.

Un botones les preguntó:

—¿Adónde van ustedes?

Enrique se volvió iracundo hacia él.

—Para hablar conmigo te tienes que cuadrar primero.

—Perdón. Yo sólo quería saber...

—Soy el ayudante del general, si eso te basta.

El muchacho se disculpó, y Enrique, seguido de Anastasio, continuó subiendo muy dignamente los peldaños.

—¿De qué general?... —preguntó Anastasio emocionadísimo al llegar al rellano del primer piso.

Enrique le guiñó un ojo.

—De ninguno. ¡Mira éste! Pero decirlo te abre todas las puertas. Y si añades que eres del Servicio Secreto se te cuadran hasta los muebles...

Anastasio no había pisado nunca alfombras tan muelles ni tan bonitas como las que cubrían la escalera y los pasillos. Daba pena andar sobre ellas, por miedo a mancharlas.

A pesar del azoramiento que le había producido la llamada de Enrique, Anastasio estaba satisfecho. Aquella mezcla de curiosidad y temor era muy emocionante.

Por dos veces pidió a Enrique que le aclarara tanto misterio, y otras tantas Enrique se llevó un dedo a los labios exigiendo silencio. Al fin se detuvo ante una de las muchas puertas que bordeaban el pasillo y, a la vez que daba media vuelta a la llave, que estaba puesta por el exterior, hizo un ademán a su amigo para que éste le siguiera, y entraron.

—¿Estás ahí? —preguntó Enrique con voz muy baja.

Una mujer contestó algo en un idioma extranjero desde el interior del cuarto de baño.

Anastasio respiró emocionadísimo y llenó sus ojos con cuantos detalles se ofrecían a su vista. Estaban en un dormitorio muy elegante. Frente a la cama, anchísima, un armario con las hojas abiertas. Colgados de las perchas, muchos vestidos de señora y una hilera de zapatos de altísimo tacón alineados en posición de firmes. Un gran ventanal daba al Paseo de la Concha. Anastasio se hizo rápidamente su composición de lugar. Recordó las palabras de Enrique «ayudante del general», «servicio secreto»... y aunque después le aclaró que había dicho estas palabras sólo como un «¡ábrete, Sésamo!», Anastasio comenzó a sospechar que todo aquello tendría algo que ver con el espionaje, con los servicios de información de la retaguardia o algo así; y su sospecha se tradujo en casi una evidencia cuando en el marco de la puerta apareció la inquilina de la habitación. Tenía esta mujer un inconfundible aspecto de espía internacional. Era alta, pelirroja, elegante; y aunque su vestido y su peinado eran de jovencita, tendría por lo menos cuarenta años, si no tenía más.

Sonrió a Enrique embelesada. Era una sonrisa mucho más cálida de lo que correspondía a un simple saludo rutinario. Anastasio creyó ver en el gesto, la sonrisa y la mirada que dirigió a Enrique una significación especial: ella estaba agradecida por un servicio, por un servicio secreto, sin duda, que Enrique habría conseguido realizar. ¡Qué no sería Enrique capaz de hacer! Después la pelirroja miró a Anastasio detenidamente. Lo analizó de arriba abajo, sonriendo, como si pensara si sería capaz de realizar con éxito la misión que le iban a encomendar. No dijo nada. Se acercó al ventanal, les indicó con un gesto que se sentaran, y ella también se sentó.

Desde luego, no había como salir con Enrique para ver cosas extraordinarias. Anastasio se sintió protagonista de una aventura, y a pesar de que sus condiciones personales eran contrarias a toda acción que rebasara los límites de lo normal, pensó para sus adentros si serviría o no para espía. Y no se desechó plenamente. No tenía edad para hacer la guerra, pero quién sabe si en la retaguardia podría ser de gran utilidad...

—Qué *giovinezzos son tutus lispañuolos* —dijo la señora.

Y Enrique palmoteó entusiasmado.

—Para aprender un idioma, no hay como dormir con el diccionario. —Y guiñó un ojo a Anastasio aclarando—: Yo soy su diccionario.

Anastasio no comprendió de la misa la media.

—¡Muy bien, muy bien! —le dijo Enrique a la recién llegada—. ¡Esa lengua va progresando!

La señora golpeó a Enrique en una mano, frunciendo los labios escandalizada:

—¡Oh! —dijo tan sólo... Y volvió a repetir como si lo dicho por Enrique la hubiera azorado...—. ¡Oh!... *How «terible» you are...!*

Enrique se doblaba de risa.

—Ha entendido mal —le explicó a Anastasio, como si éste hubiera entendido bien.

Y volviéndose hacia ella, le aclaró:

—Me refiero a la lengua de Cervantes...

—¿De Cervantes? —preguntó la señora admirada.

—Sí, de Cervantes; el idioma...

—¡Ah!... —exclamó la señora, y durante un buen rato no pudo dejar de reír.

¡Qué extraña era aquella mujer! Vestía muy bien —o al menos así le pareció a Anastasio— y estaba muy perfumada. Era una señora muy mayor, y ni por un momento pudo sospechar que Enrique mantuviera con ella ninguna relación especial... No se le pasó por la cabeza, como no se le pasaría el imaginar que una piedra diera flores o que una vaca pastara en el mar. Sin embargo, en su fuero interno, percibió una voz de alarma y se puso en guardia. La señora pelirroja se había olvidado de cerrar los botones de su blusa más próximos al cuello, y al reírse se escotaba aún más, con lo que Anastasio hacía esfuerzos indecibles por mantener retraída la mirada. Los riesgos del espionaje eran muchos, sin duda. Y no era el menor de ellos tener que tratar con una espía profesional...

De pronto, alguien hizo girar desde fuera la llave de la cerradura y entreabrió la puerta. Una cabeza rubia se asomó y ya dentro golpeó con los nudillos, cosa que Anastasio juzgó inútil y carente de sentido.

—¿Puedo entrar? —preguntó en castellano, aunque con acento...

La recién llegada era algo más joven que la pelirroja; pero no bajaría de los treinta y cinco. Su pelo era rubio como la paja; en cambio, sus cejas —y esto sorprendió muchísimo al pobre Anastasio, que la observaba deslumbrado— eran oscuras. Tenía dos hoyuelos en las mejillas que sólo le surgían al reír; pero como no dejaba nunca de hacerlo, adquirían en su rostro carta de naturaleza. Hablaba el castellano de corrido alternando en sus expresiones el dejo de algún país sudamericano y cierto acento británico. Debía de ser muy simpática y muy ingeniosa, según dedujo Anastasio por las exclamaciones y risas con que Enrique y la pelirroja la coreaban. Él no entendía bien su sentido del humor; pero se reía también por no parecer descortés.

—*This is Enrique*... —dijo la pelirroja muy orgullosa al hacer las presentaciones, y señalando a Anastasio, se encogió de hombros disculpándose por la imposibilidad fonética de pronunciar su nombre.

—¡Oh, querida!... ¿Son tus hijos? —preguntó la recién llegada con sorna.

La pelirroja no entendió y la rubia platino se lo repitió en inglés. Después, sin dejar de reír, analizó a Anastasio de arriba abajo, con muchísimo descaro. Igual, igual que había hecho la pelirroja. Indudablemente le estudiaba, antes de proponerle quién sabe qué delicada misión. Volviéndose a su amiga, la platino comentó:

—*He is really too young...!*

Y se le quedó mirando a los ojos sin dejar de reír. Enrique tradujo:

—Ha dicho que eres demasiado joven... ¿Qué opinas tú, eh? ¿Tú, qué opinas?

Y Enrique se reía como si estuviera borracho.

«Aclaradme lo que queréis de mí y yo mismo os diré si soy o no capaz», pensó Anastasio, pero no lo dijo en voz alta por culpa de su timidez.

Como si hubiera leído sus pensamientos, Enrique guiñando un ojo a las señoras, comentó:

—Es muy tímido..., ¿verdad?

La rubia replicó:

—¡Me encantan, me vuelven loca los jóvenes tímidos! ¡Pero no los niños tímidos! —Y añadió mientras cubría a Anastasio con la nube de humo de un cigarrillo turco—: En fin... ¿Quién sabe? ¡Ya veremos!

Anastasio palideció de rabia. ¿Quién la autorizaba a...? ¿Qué pretendían de él? ¿No habría algo turbio, algo sucio, algo inconfesable escondido detrás de todo aquello?

La recién llegada hizo un gracioso mohín con los labios...

—¡Oh, querido!... No se me enfade por lo que he dicho... Seremos muy buenos amigos... Ya verá...

Extendió su mano y acarició la de Anastasio presionándola cariñosamente. Éste la retiró con violencia, como si le hubiesen tocado con un cable eléctrico. Y algo así fue, en efecto, lo que sintió. Un estremecimiento le recorrió todo el cuerpo. El vello del brazo se le erizó. Se le puso carne de gallina. Y después se quedó como asustado de su reacción. Se volvió hacia Enrique. No le importaba que ellas le entendieran o no.

—¿Quieres explicarme esto de una vez?... No entiendo ni una palabra de lo que habláis... ¿Qué queréis de mí?... ¿Cuál es el favor que me ibas a pedir?

Enrique se desternillaba de risa. Parecía el ser más feliz de la creación.

—¡No te enfades, hombre! La cosa es muy sencilla. Esta señora —y señaló a la pelirroja— es amiga mía. Había quedado con ella en cenar esta noche, después le surgió un compromiso con esta otra señora y yo me comprometí a buscarle un amigo, para que fuéramos cuatro. Ellas nos invitan. Después, vendremos aquí a bailar, a su apartamento, ¿comprendes? Es un plan sensacional... ¡Sensacional..., sencillamente!

Anastasio estaba perplejo. ¿De modo que eso era todo? Una profunda decepción le invadió. ¿Por qué se le habría ocurrido idealizar, convertir en una novela de aventuras un episodio tan vulgar?

Se levantó lentamente y se acercó al balcón. Le daba vergüenza que le vieran el rostro, que adivinaran su pensamiento. Pero apenas se puso en pie, se acordó de sus pantalones bombachos, de su cazadora de cremallera manchada de tinta. ¡Qué bobada más grande había cometido poniéndose en pie! Ahora estaba indefenso ante las miradas de todos, como un condenado en el paredón ante las armas del piquete de fusilamiento. Se quedó quieto, de espaldas a los demás, fingiendo que miraba algo interesante a través de los cristales.

—Me recomendaron que mi amigo fuera jovencito... —confirmó Enrique—. Les gustan los chicos jóvenes, ¿comprendes? ¡Esto no se da todos los días, caray! ¡Es una bicoca colosal! ¡Colosal, sencillamente!

La recién llegada se encaró con su amiga:

—¡Oh, qué adorable es este joven! —dijo refiriéndose a Enrique—. Me encanta como habla. ¡Qué divertido es lo que dice!

Enrique, halagadísimo por la explosión de entusiasmo que había merecido, se puso descaradamente a «flirtear» con la rubia.

La pelirroja anunció que iba a preparar unos licores y se ausentó. Anastasio, confuso, avergonzado, sin saber qué decisión tomar, miraba a la gente que circulaba por el paseo. Reconoció la cara de varios amigos suyos entre los grupos y sintió el ferviente deseo de reunirse con ellos. De pronto, otra cara conocida apareció ante él. Era Celia con un grupo de chicas —colegialas todas del Sagrado Corazón y la Asunción—, que paseaba a la salida de clase, bajo los tamarindos.

Llevaba en la mano un grupo de libros atados con una goma gorda de colores —«comprada en Francia, seguro»— y un plumier donde guardaría sus lápices, plumas, plumillas y difuminos. Nunca la había visto de uniforme. Era un traje azul oscuro, tableado y de mangas largas. Con el cuello, blanco, redondo y almidonado —como una golilla—, parecía una niña antigua. Y por si fuera poco, el uniforme tenía una esclavina lisa, del mismo color que el traje, cubriéndole los hombros. Menos mal que no llevaba, como una de sus amigas, la larga capa colorada... Anastasio nunca la había visto con medias —medias altas de algodón— como las amas. ¡Qué graciosa estaba!

Anastasio siguió a Celia con la mirada hasta perderla de vista. No había hablado con ella desde Navidad, desde aquel día horrible en que jugaron a las Ánimas del Purgatorio... ¡Si Celia supiera que Enrique estaba arriba, divirtiéndose con la rubia!

—Mira. Por ahí va Celia... —dijo Anastasio pensando que a Enrique le interesaría la noticia.

—¡Que se fastidie! —contestó Enrique, soltando en lugar del verbo una grosería.

Y a Anastasio le dolió como si le hubieran mentado a su madre. No debía tolerar aquello. Era una injuria insufrible. No le asustaba la palabrota. Estaba harto de oír a diario, en el colegio, otras peores. Pero, aplicada a Celia, le parecía intolerable. Tenía que protestar, tenía que decir algo.

Pero no lo hizo. En cambio, cuando Enrique le miró riendo, se mantuvo serio, demostrando su radical desa-

160

probación por lo que acababa de decir. Enrique no se enteró; y volviéndose a la rubia, de pronto, le dijo:

—¿Me permites que te tutee? En España no se usa el usted más que para hablar con los catedráticos...

La rubia le miró llena de admiración.

—Pero ¡qué manera más divertida de hablar el español tienen los españoles!... ¡Me encanta!...

—Es que..., ¿sabes? —dijo Enrique muy rápido—, lo acabamos de aprender. Volviendo a lo de los catedráticos —continuó—, si tú fueras catedrático..., yo te llamaría de usted... y aprendería todo lo que quisieras enseñarme...

—*What does he say?* —interrumpió la pelirroja, que llegaba con una bandejita de licores.

Pero la rubia, sin atenderla, respondió a Enrique:

—Yo no tengo nada que enseñar.

—¡Que sí, que sí! —decía Enrique riendo, y cuando añadió: «Soy tan joven que todo lo tengo que aprender. Todo es nuevo para mí», ella se sumó a sus carcajadas.

—*What does he say?* —volvió a preguntar la pelirroja.

La de los hoyuelos se lo tradujo y el efecto que le hizo fue tal, que Anastasio pensó que un duende invisible le estaba haciendo cosquillas en las plantas de los pies. Aunque no entendía nada de nada, Anastasio —con risa de conejo— se incorporó como pudo a la general hilaridad. Pero por dentro comenzó a buscar el modo y el momento de escabullirse.

No, no eran unas damas como imaginó. Eran dos aventureras que querían reírse de ellos. No acababa de comprender cómo Enrique, que parecía tan listo, no había caído en la cuenta. La rubia platino secreteaba ahora con la pelirroja descaradamente. En todos los códigos del mundo eso era una falta de educación intolerable. ¿Por qué lo habían ellos de aguantar?

La rubia, inclinada hacia adelante, para hablar al oído con su amiga, estaba medio incorporada en su asiento. Llevaba la falda —de lanilla blanca— muy ceñida al cuerpo, y Anastasio descubrió horrorizado los límites, marcados bajo la falda, de su ropa interior.

Cerró los ojos. «No quiero pecar —se dijo—. El seguir aquí un solo minuto más, es pecado.» Iba a levantarse, pero Enrique interrumpió el secreteo y las risas de las señoras, que se consultaban, por lo visto, ciertas dudas extremadamente delicadas.

—Tienes una falda preciosa —dijo Enrique súbitamente.

—Me está un poco estrecha.

—Eso es lo bueno, mujer —exclamó Enrique—. Falda estrecha y manga ancha...

Anastasio, como si un resorte le hubiera empujado, intervino en la conversación.

—Es que... yo... no sabía nada de esta cena... y ya tenía un compromiso... eso es... un compromiso anterior.

—¡Oh..., no se me marche! —dijo la señora.

—No..., no... Si no me voy... del todo. Voy sólo a decir a unos amigos que me están esperando... que no iré con ellos. Además, voy a cambiarme. Estoy con la ropa del co..., bueno..., con la ropa de la universidad... En seguida volveré.

—No sabía que en San Sebastián hubiera universidad. Pero me parece muy bien que se cambie, mi hijito —dijo la rubia.

Enrique no paraba de reír al ver los apuros y las mentiras de Anastasio.

—No me llame mi hijito —dijo Anastasio azoradísimo—. Además, tampoco soy tan joven. En seguida volveré. Señora, si me permite...

—No me llame «señora» con tanta ceremonia —protestó ella con un gracioso mohín de enfado. Y devolviéndole el golpe, añadió—: Al fin y al cabo, sólo tengo unos años más que usted, querido mío. Llámeme por mi nombre... Me llamo Ester...

—Pues hasta ahora, Ester —dijo Anastasio. Y muy estirado, para parecer más alto, salió del dormitorio.

—Ése no vuelve —oyó Anastasio que Enrique comentaba.

Y a sus espaldas, como dos ecos que se abrazaran, sonaron, unidas, las risas de Enrique y de Ester.

VI

FRUSLERÍAS

ANASTASIO CRUZÓ muy despacio el vestíbulo del hotel, que tanto le imponía; a mucha mayor velocidad bajó los peldaños que daban a los jardincillos y cuando alcanzó la calle echó a correr como si cien demonios le persiguieran.

¡Qué extrañas mujeres la pelirroja y Ester! Estaba seguro de que eran malas, de que eran viciosas. Sólo hablar con ellas, ser mirado por ellas, dejaba un extraño regusto en el espíritu, algo así como «mal sabor de alma»...

Cuando llegó a la Concha, respiró más tranquilo. Allí estaban sus compañeros, los que eran sus amigos y los que no lo eran, paseando lentamente bajo los tamarindos. Y los del colegio rival, los Maristas, que estaban insoportables desde que uno de los suyos —alumno de sexto año— había sido fichado por el equipo de la Real Sociedad, para jugar en sus filas.

¡Qué distinto era todo esto! ¡Cuánto más sencillos y más simpáticos los problemas que aquí se debatían!

Hasta los cruces de miradas y de sonrisas de los muchachos con las alumnas del Sagrado Corazón y la Asunción (que paseaban en grandes hileras cubriendo todo el frente del paseo, desde la línea de los edificios hasta los árboles) eran limpios e inocentes. A veces, las miradas quedaban enganchadas de tal suerte, que cuando el grupo de chicas había cruzado y rebasado al de los muchachos y uno de entre ellos se volvía para mirar de espaldas a la elegida, ella —¡oh, extraña coincidencia!— se había vuelto ya para mirarle, también. ¡Cómo se azaraban las chicas cuando esto ocurría! No pasarían muchas semanas sin que algún correveidile de uno u otro bando se acercara a uno de los que se sintieron extrañamente anudados por la mirada, para decirle: «¿Sabes? ¡Me ha dicho fulanito, o fulanita, que le gustas!» Y si el informado era tímido y después de este avance decisivo no tomaba la firme resolución de declararse, le acusaban de soberbio y presumido.

Anastasio paseaba ahora entre ellos, y se sentía marcado por un infamante sambenito. «Todos los que pasean por aquí —pensaba—, ¡todos sin excepción!, son mejores que yo.» Nadie de entre sus compañeros de clase tendría nada oculto de que avergonzarse. Y, en cambio, él tenía tres tachas que le ensuciaban, que tendría siempre que llevar ocultas: su entrada en una casa mala, el día aciago de *Quincepesetas*; el haber dejado que Andrés se marchara solo a la guerra y su coloquio turbador con aquellas dos diablas extranjeras. ¡Andrés, Andrés! Su recuerdo le hacía daño como si le vaciaran por dentro cada vez que pensaba en él. El salto de la mediocridad a la grandeza no dependía más, muchas veces, que en seguir los impulsos de la generosidad. Y él había sido cobarde. No por miedo a los peligros de la guerra, sino por falta de arranque para romper con la pequeña rutina de cada día. Era un ser despreciable. Se despreciaba a sí mismo. Se merecía haber sido humillado por aquellas extravagantes mujeres. Las imaginaba en la habitación del hotel riéndose con Enrique de su poquedad, de su timidez.

Delante de él —y caminando en su misma dirección— iba Celia. La reconoció —entre la muchedumbre uniformada de sus compañeras— por el mechoncillo rebelde de la nuca. Celia —y todos bromeaban con ella a causa de esto— cambiaba constantemente de peinado. Ahora se había recogido el pelo por detrás con una cinta, dejando suelta una impertinente y petulante «cola de caballo». Pero entre el haz apretado y estirado por la presión de la cinta, un mechoncillo, rebelde a toda disciplina, se escapaba travieso.

No la veía desde aquella tarde desgraciada en casa de Maribel. ¡Cuántas cosas había aprendido Anastasio desde entonces! ¡Cuántas suciedades, cuántas bajezas!

De pronto Celia se llevó una mano a la nuca y se arregló el mechoncillo. Anastasio quedó perplejo. Otra vez —dos años atrás—, viajando en tranvía camino de Ondarreta, había acontecido algo muy semejante. Celia tendría entonces trece o catorce años; y aquel día precisamente, gracias a la denuncia de que Escribano les espiaba, Anastasio ingresó en la flamante pandilla... ¡Qué lejano era aquel episodio! Habían pasado siglos...

Celia se volvió de súbito, y sus ojos fueron directamente a clavarse en los de Anastasio. Apenas le reconoció, se soltó del brazo de sus amigas y esperó a que Anastasio llegara.

—Tú me estabas mirando, ¿verdad? —le dijo Celia a guisa de saludo.

¡Qué desagradable sensación la de sentir cómo la sangre, desafiando la ley de la gravedad, inunda de pronto el rostro y quema las orejas! A Anastasio no se le había subido el pavo ante las dos aventureras. ¿Por qué, pues, esta absurda, incongruente manía de acholarse ante una colegiala?

—¡Hola, hola, hola! ¿Por qué me miras, si puede saberse?

Celia estaba con las manos en la espalda. Al hablar se ponía de puntillas y dejaba después caer todo el peso del cuerpo sobre los talones. En esa misma postura recitaba en el colegio su lección.

—Si dejas de saltar te lo diré.

Celia tensó la atención, interesada.

—Nunca te había visto de uniforme. ¡Estás graciosísima!

Y le tendió la mano para atender el protocolo.

—¡Hola, otra vez! —le dijo Celia extendiendo la suya y dándole un apretón—. ¿No me encuentras bien de uniforme?

¡Qué distinto era el contacto de una mano al de otra mano! La de Celia no le produjo ese latigazo en la piel, en la sangre, como la de aquella otra mujer, aquella Ester que tanto le turbó.

—Estás como dormido. ¿Qué te pasa? —preguntó Celia retirando su mano.

—Una cosa horrible. No te lo puedo contar.

—¿Adónde ibas?

—Acompáñame, pero no mires hacia atrás.

Celia, naturalmente, miró hacia atrás picada de curiosidad, pero no vio nada que mereciera aquella preocupación. Siguió a Anastasio y se apoyaron en la barandilla que daba a la playa de cara al mar, junto a una de las escaleras que bajaban a la arena.

—Dime lo que te pasa, cuéntamelo.

Celia llevaba, igual que las condecoraciones de los militares, una medalla enganchada al uniforme sobre el pecho y un rosetón de tela arrugada semejante a un capullo un poco ajado. En torno del cuello, una banda blanca y azul.

—¿Qué es eso? —preguntó Anastasio.

Eran las insignias de aspirante, congregante, Hija de María u otras de esas recompensas que inventaban las monjas para premiar a las mejores. Anastasio no se enteró bien. Interrumpió la explicación de Celia. Miró hacia atrás temiendo que le siguieran. Tuvo miedo de que Enrique saliera en su busca y le viera con Celia de charloteo. Pero más miedo aún le causaba la idea de que Celia le viera con las extranjeras.

—Bajemos a la playa y te contaré.

Celia dudó si debía hacerlo o no, pero la curiosidad pudo más que ella y siguió a Anastasio, que ya se había adelantado escalera abajo.

—Es horrible lo que me ha pasado.

—Cuéntamelo.

—Me querían invitar a comer.

—¿Y eso es horrible?

—Era una gente rara, muy rara... Gente viciosa, gente mala. Espías, estafadores... o algo más feo aún.

—¿Algo más feo? —preguntó Celia intrigadísima—. ¿Qué quieres decir?

—Sí..., eran unas mujeres...

—¿Unas mujeres? —le interrumpió Celia abriendo mucho los ojos.

—Mujeres perversas o algo todavía peor...

—¿Peor?

—Sí. Pervertidoras...

—¡Ah! —exclamó Celia en el colmo de la admiración. Pero después meditó un instante.

—¿Y eso... qué quiere decir?

—No sé cómo explicártelo —respondió Anastasio desolado, y bajando la voz susurró—: Les gustan los chicos jóvenes.

Celia meditó un momento mordiéndose una uña.

—¡Qué divertido, a mí también me gustan! ¿Y eso está mal?

Anastasio no sabía cómo explicar unos matices cuyo verdadero alcance él mismo desconocía. Al fin, con tono de suficiencia, afirmó:

—Eres muy joven para que te lo explique.

—¡Ja, ja! —exclamó Celia, displicente—. Tenemos casi la misma edad.

—Pero tú eres una chica. Y no es lo mismo.

—Eso son tonterías que decís los chicos para presumir. Anda, cuéntamelo.

Anastasio y Celia mantenían este diálogo —hundidos los pies en la primera arena— al pie de la escalera que bajaba desde el paseo. Apoyados en la barandilla de arriba, un grupo de soldados y de muchachas seguían muy entretenidos todos los matices de su conversación. Celia los vio y echó a correr azaradísima hasta ocultarse de su vista bajo las arcadas que bordean la playa.

—¡Qué vergüenza! —dijo Celia—. No nos habrán reconocido, ¿verdad?

—¿Qué más te da? —preguntó Anastasio, que la había seguido hasta allí.

—Si me hubieran visto, sería espantoso —comentó Celia.

—¿Por qué?

—Imagínate, ¡bajar a la playa con un chico a estas horas...!

Debajo mismo de la barandilla del paseo, un largo corredor de piedra bordeaba la playa. Tenía forma semicircular, como la playa misma, o como un arco en tensión a punto de disparo. A un lado de este corredor, estaban las puertas —en esta época del año cerradas— que comunicaban con las casetas donde en verano se vestían y desvestían los bañistas; el lado opuesto, abierto sobre la playa, en juego de arcadas y columnas, estaba elevado medio metro sobre la arena. Las luces del Paseo de la Concha apenas llegaban hasta allá; y en algunos trechos en que las arcadas se cierran cubriendo la vista de la playa, la oscuridad era total. Celia y Anastasio comenzaron a pasear lentamente por el corredor. El muchacho estaba abrumado de que la reputación de Celia hubiera sufrido un duro golpe si alguien les hubiese reconocido al bajar.

—Nadie puede pensar nada malo de ti —dijo para tranquilizarla.

Celia rió.

—¿Estás seguro?

—¡Seguro! —contestó el muchacho con firmeza.

Celia volvió a reír.

—¿Seguro, seguro?

—¡No faltaba más! —comentó Anastasio—. Si alguien dijera algo malo de ti, yo le partía la cara.

Celia le miró halagada.

—No te conocía en ese aspecto tan matón...

—No soy matón. Pero tratándose de ti, te defendería. ¿Por quién me has tomado?

Celia le hizo seña de que callara. Había descubierto sin duda algo importante en la oscuridad, porque su gesto era radiante.

—Mira...

El descubrimiento, en verdad, valía la pena. Amontonadas ordenadamente bajo un gran toldo de lona había una infinidad de tumbonas y sillas de playa, recogidas. Con mucho cuidado, temerosos de hacer ruido y ser descubiertos, apartaron dos de ellas y se sentaron.

Celia rió.

—¿Verdad que es emocionante estar aquí?

Anastasio no respondió. El lugar era muy oscuro. Las voces del paseo llegaban hasta allí confundidas en un gran rumor: como un mar de sonidos. Un haz de luz se filtraba por el hueco de una de las escaleras y caía sobre la cabeza de Celia, dorándole el pelo. Así, bajo ese foco de luz, el pelo recogido y toda vestida de oscuro, Celia parecía mucho mayor. Anastasio la contempló detenidamente. Celia dio una patadita en el suelo.

—Como me has dicho que soy tan formal, tan formal, ya no me atrevo a hacer una cosa.

—Pero, Celia... ¿qué ibas a hacer?

Celia miró cautelosamente a un lado y a otro para comprobar que nadie la observara. Después, con la misma cautela, extrajo de su plumier dos cigarrillos y una cerilla arrugada.

—¿Quieres uno?

Anastasio la miró con reproche.

Celia dudó antes de encender.

—Fumar no es pecado, ¿verdad?

—No es pecado, pero es una tontería.

Celia rió.

—Me encanta hacer tonterías que no sean pecado... Anda, coge uno, y cuéntame cosas. ¿Ya no sales con Maribel?

—No.

—¿Por qué?

—Porque no. ¿Y tú? ¿No sales ya con Enrique?

—No.

—¿Por qué?

—¡Porque es tonto! ¡De un tiempo a esta parte se da unos aires!

Celia se echó un poco para atrás en su silla y su cabeza desapareció en la penumbra.

—Me gusta estar aquí contigo. Yo te aprecio mucho.

—Yo también te quiero mucho a ti.

Apenas lo hubo dicho, Anastasio se mordió los labios. Debía haber dicho «te aprecio mucho», pero no «te quiero mucho». Era distinto y no estaba satisfecho de la equivocación. Hubo un largo silencio que Celia rompió.

—Oye...

—¿Qué?

—¿Tú crees que es posible que un hombre y una mujer sean muy amigos?

—Naturalmente —contestó Anastasio, con gran seguridad.

—Pues yo, no.

—¿Por qué? —exclamó Anastasio, ofendidísimo por aquel atentado contra la amistad.

—Porque uno de los dos mete siempre la pata y acaba enamorándose del otro. Y entonces la amistad va y se rompe.

—Eso son tonterías —exclamó Anastasio.

Celia, muy bajito, comenzó a tararear una canción. De pronto se interrumpió.

—¿Por qué has dicho que es una tontería?

Anastasio meditó.

—Tú y yo, por ejemplo, somos muy amigos, y...

Celia protestó riendo.

—Y tú serías incapaz de enamorarte de mí. ¡Dilo de una vez!

—No he querido decir eso. Pero la realidad es que...

—¡Ah! ¿De modo que tú no serías capaz de enamorarte de mí?

Anastasio se echó a reír y comentó:

—¡Qué coqueta eres!

—¿Es pecado ser coqueta?

—No. Pero es una tontería.

Celia replicó, muy rápida:

—Ya te he dicho que me encanta hacer tonterías que no sean pecado. —Y se puso otra vez a tararear su canción.

¡Demonio de chica! ¡Y qué cosas se le ocurría decir!

Anastasio se acordó de Andrés. «¿Sabéis lo que os digo? ¡Que lo estoy pasando *chanchi*!», hubiera dicho el pobre Andrés en una ocasión semejante. Y, en efecto, Anastasio lo estaba pasando en grande. ¡Pobre Andrés, que ya no volvería a gozar de las cosas buenas y bellas de la vida!

Pero, ¿por qué le había venido este pensamiento? Anastasio sonrió para sí al descubrir por qué. Y es que... había momentos que valía la pena vivirlos. Esta conversación, este rato de charla tan..., tan sin importancia, con Celia era una delicia: una pura delicia.

¿Cómo poder comparar la sucia juerga que se estaría corriendo Enrique con aquellas leonas pintarrajeadas, con esta satisfacción interior de charlar y reír y bromear con Celia? ¡Qué estupidez más grande dejar de ser bueno! Porque hay cosas que, además de ser pecado..., son una soberana tontería.

Anastasio se detuvo en este pensamiento con la extraña sensación de estar ahora «repensando» algo ya vivido y meditado por él con anterioridad; pero desistió al comprobar que era la primera vez que se hacía esta consideración. «Pues debo acordarme de esto —pensó con fuerza—, porque es una verdad como un templo.» Y parodiando a Enrique, añadió en su fuero interno: «¡Como un templo sencillamente!»

Celia tarareaba en la oscuridad:

> *Me llamaste veleta*
> *por lo variable-e-e*
> *por lo variable-e-e-e...*
> *Si yo soy la veleta,*
> *tú eres el aire-e-e,*
> *tú eres el aire-e-e-e.*
> *¡Que la ve-le-ta-a-a,*
> *que la ve-le-ta-a-a,*
> *si no la mueve el aire-e-e*
> *se queda quie-ta-a-a...*

Anastasio la escuchaba embobado.

De pronto, Celia se incorporó, varió de música y se puso a bailar lo mismo que cantaba.

—Anda, acércate. Baila esto conmigo.

Anastasio replicó muy firme.

—No.

—¡Qué bobada! No nos ve nadie. ¿Por qué no quieres?

—Porque es una tontería.

—Ya te he dicho que me gustan las tonterías.

—Pero, Celia, es que ésta, a lo mejor, es pecado.

Celia dejó instantáneamente de bailar. Anastasio no la veía los ojos, pero los imaginó furibundos. Y no se equivocó porque el golpe que dio Celia en el suelo con la silla al sentarse, quería indicar clarísimamente lo enfadada que estaba.

—¡Los hombres sois todos sucios! ¡No tenéis más que basura en la cabeza! —dijo Celia, después de un paréntesis de silencio.

Anastasio estaba desolado. «Soy un majadero —se dijo—. Podrá ser pecado bailar con la pelirroja de Enrique, o con la rubia platino... Pero ¡no con Celia, por Dios, no con Celia!»

—Anda, levántate —dijo, compungido— y enséñame a bailar...

—¡Ahora soy yo la que no quiero!

Anastasio guardó silencio. De un tiempo a esta parte se le habían revelado tantos misterios, había descubierto tantas inmundicias, que se había trastornado y no sabía comportarse como se debe con nadie.

—Celia, te lo suplico, no te enfades conmigo...

—Me ha molestado lo que me has dicho. ¿Por quién me has tomado? ¿Crees de verdad que es pecado bailar conmigo?

—Contigo no... Contigo nada puede ser pecado, nunca...

Celia guardó silencio un instante.

—¡Hombre..., eso tampoco...! —dijo al fin, como si protestara.

—No te entiendo, Celia. Bueno... ¡Tampoco me entiendo a mí! ¿Me perdonas?

Celia no replicó.

—Ya sabes que yo no pongo malicia en lo que digo...

—Pues deberías aprender a ser más malicioso, para no decir algunas cosas.

¡Oh, sí, sí! ¡Qué razón tenía Celia! ¡Qué acierto más grande lo que había dicho...! Era necesario conocer la maldad para huir de ella. Pero la vida era muy complicada. Era un lío.

—¿Me perdonas? —insistió Anastasio,

Celia bajó la voz.

—Soy una tonta. Perdóname tú a mí.

Y le tendió la mano para hacer las paces.

Anastasio la tomó entre las suyas.

Y la retuvo un momento.

Celia apretó fuertemente.

—¿Amigos?

—¡Amigos! —contestó Anastasio.

Y cada uno por un lado, para no ser vistos por nadie, dejaron su escondite y subieron por distintas escaleras al Paseo de la Concha.

VII

LA PRIMAVERA HA VENIDO

—LAS PARTES DE LA GRAMÁTICA son cuatro: Analogía, Sintaxis, Prosodia y Ortografía. ¡Ay mi tía, ay mi tía!

El abucheo fue de los mayores que se oyeron en todo el curso. Una formidable explosión de risas estalló en el aula. Los muchachos golpeaban con los puños en los pupitres y con los pies en las baldosas. Algunos se embalaron de tal manera en la pendiente de las carcajadas, que ya no podían detenerse aunque quisieran. El mismo Padre Usoz, después de luchar inútilmente con el hormigueo de la risa propia, renunció a su propósito de imponer la seriedad y se reía ahora a mandíbula batiente.

—¡Huy, qué malo! —dijo alguien en las últimas filas; y un billetito escrito con mano rápida comenzó a circular de banco en banco haciendo redoblar las risas y el alborozo general.

El Padre Usoz recogió el billete, le echó una rápida ojeada y se lo guardó en el bolsillo. Después dio unas fuertes palmadas y amenazó con hacer preguntas que fueran válidas para las notas.

—¿Las partes de la gramática son...? —Y señaló a un alumno de la primera fila.

—Analogía, Sintaxis, Prosodia y Ortografía —contestó éste, muy rápido.

—¡Usted! —dijo, señalando al fondo del aula—, ¡dígame cuáles son!

—Analogía, Sintaxis, Prosodia y Ortografía —contestó el aludido.

—¿Hay alguien en toda la clase que no sepa cuáles son las partes de la gramática?

Nadie respondió.

—Esto significa —dijo el Padre Usoz, rascándose la barba con gesto malicioso— que se lo han aprendido bien... o, dicho de otra forma, que yo he buscado la manera de que se lo aprendieran. Y no me he equivocado... De modo que no creo que pueda llamarse decadente a quien tiene el arte de perforar cerebros de diamante. Y si digo diamante no es por el valor de las entendederas que aquí se usan, sino por la dureza e impenetrabilidad.

Sacó la hojita de su bolsillo y continuó hablando:

—Digo esto porque en este papelito panfletario alguien ha escrito:

¡Jesús, qué versos, qué horror!
Sólo oírlos es demencia...
Y es que nuestro profesor
está en plena decadencia.

Las risas, los pateos, las chuflas volvieron a estallar, incontenibles.

Anastasio fue el único que no se rió. No había prestado atención cuando el Padre Usoz expuso su jocosa división de la ciencia que estudia la palabra hablada o escrita, y no se rió con la lectura de la intencionada estrofa. Estaba ido, apagado, ajeno a todo y a todos.

—Si alguien cree que el profesor está en plena decadencia, que se ponga en pie —dijo el Padre Usoz.

Los muchachos dejaron de reír y todos permanecieron sentados.

Usoz los miraba por encima de sus cristales.

—¡Cuánto honor! —dijo burlón.

—¿Y tú, Adolfo, no opinas que tu profesor está gagá?

Adolfo se levantó un poco molesto.

—No, Padre.

—Y entonces, ¿por qué has escrito este papelito revolucionario?

—Hay muchos en la clase que hacen versos —se disculpó Adolfo.

—Pero ninguno los hace tan malos —respondió, como un eco, el Padre Usoz.

Adolfo se sentó muy corrido, se redoblaron las risas y el Padre, decidido esta vez a imponer silencio, dio unas palmadas llamando al orden a los alborotadores que pescaban motivos de jolgorio en el río revuelto del divertido episodio. La clase continuó por cauces pacíficos. Cuando estaba a punto de concluir —y al igual que otros días en que se aprovechaban los últimos minutos para leer composiciones cortas y originales de los alumnos—, Usoz preguntó:

—¿Quién ha traído hoy un «rollo»?

Adolfo se levantó.

—No nos irás a leer otra diatriba.

—No, Padre. Es un «verso» en serio. Creo que es muy bueno.

—Eso seré yo quien lo diga, que tú no puedes ser tu juez. Empieza...

—Es... que... no sé si a usted le parecerá bien. Son versos de amor.

Los veintidós alumnos que llenaban el aula se movieron inquietos en su asiento. El tema les interesaba.

—No será indecente...

—¡Por Dios, Padre! ¿Cómo van a ser indecentes... siendo versos de amor?

—Pues adelante. Empieza.

Adolfo tosió para aclararse la voz, y comenzó a leer con voz muy clara y perfecta dicción. Recitaba despacio, marcando las pausas y las consonantes. Leía con gran sencillez y, sobre todo, con limpia emoción. Sus compañeros le escucharon conmovidos.

> Quisiera ser estrella para verte.
> Y quisiera ser bosque y ocultarte.
> Y ser nube del valle y abrazarte.
> Y quisiera ser viento y sorprenderte.
>
> Quisiera ser el mar. Adormecerte,
> y al ritmo de mis ondas acunarte.
> Y ser un alto sueño y ensoñarte.
> Y ser llama de amor para quererte.
>
> Quisiera ser la brisa que respiras.
> Quisiera ser la fuente donde bebes.
> Quisiera ser el río en que te miras.
> Quisiera ser el aire en que te mueves.
> Y lo quisiera ser, cuando suspiras,
> el Pensamiento, amor, en que me lleves.

El Padre Usoz, desde el comienzo de la lectura, había dejado resbalar sus lentes sobre la punta de la nariz, y complacido y admirado, miraba a su alumno por encima de los cristales. Los compañeros —acordándose del breve duelo entre el alumno poeta y el profesor poetastro— no se atrevían a pronunciarse sobre la calidad del poema y miraban al Padre para ver qué opinaba.

—Repítelo —dijo éste tan sólo.

Adolfo reanudó la lectura. La cuartilla en que leía temblaba ligeramente en su mano derecha, pero en su voz no se percibían grietas ni quiebros. Leía el endecasílabo de corrido, sin hacer pausa en las comas.

Quisiera ser estrella para verte.

Adolfo marcaba el punto detrás de cada verso, anteponiendo el gusto por la rima y el ritmo a esa innecesaria fidelidad gramatical que emplean los malos actores por lealtad a unas leyes que desconocen, atentando gravemente contra unos poemas que no entienden, abusando de una profesión que no aman.

Y quisiera ser bosque y ocultarte.

Los jóvenes escolares se dejaban sugestionar por la idea de posesión total que el poema encarecía.

Y ser nube del valle y abrazarte.
Y quisiera ser viento y sorprenderte.

Anastasio, que escuchaba con la cabeza oculta entre las manos, se enderezó de pronto, como si un bronco viento interior le hubiera sorprendido.

Quisiera ser el mar. Adormecerte.
Y al ritmo de mis ondas acunarte.
Y ser un alto sueño y ensoñarte.

El poeta quería ser la brisa que ella respiraba, la fuente en que bebía, el aire que la envolvía, el río en que se miraba... y más que todo: Pensamiento.

El Pensamiento, amor, en que me lleves.

—¡Magnífico! —dijo el Padre Usoz, y una cerrada ovación estalló en los bancos de la clase. Muchos de los compañeros se levantaron para golpear a Adolfo en la espalda felicitándole; le arrebataron la cuartilla para copiarla, abrumándole con toda clase de enhorabuenas, que el Padre Usoz permitía con sincero orgullo y Adolfo recibía con falsa modestia. Sólo Anastasio no se levantó. Hundido en su asiento, caídas las manos sobre su pupitre, perdida la mirada en el vacío, atravesaba con los ojos la pizarra que tenía frente a sí, como si sus pensamientos buscaran «algo» más allá de las paredes de la clase. Estaba ausente del aula. Se diría que estaba ausente de sí mismo.

Cuando bajaron a la sala de recreo, los chicos se precipitaron sobre las mesas de ping-pong y de billar. Anastasio salió al patio.

Una mano se posó en su hombro.

—¿Qué te ocurre, Anastasio?

—¡Nada! —contestó, incómodo.

—¡Anda, sube a mi cuarto para que charlemos!

El Padre Usoz se esforzaba en leer sus pensamientos.

—Le he dicho que no me pasa nada... —se defendió Anastasio.

—Bien, bien... me alegro —dijo el Padre, y cruzó el patio camino de la residencia de profesores.

—¡Padre Usoz! ¡Padre Usoz! —gritó Anastasio al verle partir.

Y salió corriendo tras él.

El profesor le esperó.

—¿Qué te ocurre ahora?

—¡Quisiera hablar con usted! Pero..., la verdad, es que no tengo nada que decirle.

—Eso ya lo veremos —dijo—. ¡Anda, sube a mi cuarto! ¡Corre!

El Padre Usoz penetró en el ala del colegio donde estaba la residencia y subió los escalones de tres en tres. El roce enérgico de sus piernas al avanzar hacía crujir la tela de la sotana. Era un ruido parecido al del viento cuando azota de plano las velas de los balandros. Anastasio corría tras él, temiendo que se le escapara.

—Siéntate ahí —le dijo el Padre, cuando Anastasio penetró en el cuarto. Y comenzó a trastear con unos tiestecitos de barro que había en el poyete de su balcón.

El cuarto tenía muchos muebles en poco espacio. Un biombo de tela roja tapaba a medias la cama y el lavabo. En el otro extremo, una mesa de trabajo muy ordenada, con una escribanía de bronce y un Cristo de regular tamaño sobre la peana de madera. Frente a él un mueble, medio vitrina, medio biblioteca, lleno de libros, y encima de su tejadillo más libros sin ordenar. Frente a un reclinatorio adosado a la pared, una tela de damasco rojo, semejante a la del biombo, y sobre ella, otro crucifijo colgado y un marquito con una estampa de la Virgen. El Padre Usoz dejó los tiestos y se volvió hacia Anastasio, riendo. Llevaba en la mano un montón de minúsculos granos parecidos al alpiste que se da a los pájaros, y le lanzó, bromeando, varios puñados sobre el pecho.

—¿Qué es esto? —preguntó Anastasio, sorprendido.

—Semillas de flores —dijo el Padre Usoz. Y le enseñó una maceta llena de tierra negra y esponjosa preparada para recibirlas.

—Me ha puesto usted perdido —dijo Anastasio, sacudiéndose las semillas.

—¡No hagas eso! —gritó el Padre Usoz como si Anastasio fuese a romper un objeto valioso de porcelana.

—¿Por qué? —preguntó Anastasio, que no comprendía nada de aquella extraña ceremonia.

—¿Por qué, por qué?... ¡Menuda tontería preguntar por qué...! —Y sentándose frente a Anastasio, le dijo—: A tu edad se tiene el alma abierta y abonada, lista para la buena siembra. ¡Y para la mala! ¡Aprovecha el buen momento, muchacho! —Y le lanzó un puñado más, que Anastasio no se ocupó en sacudirse. Muy por el contrario, hundió la cabeza en el pecho y se echó a llorar.

El Padre Usoz se alarmó de verle así.

—Pero, muchacho, ¿qué tontería es ésta? ¿Qué

te pasa, hombre, qué te pasa? ¿Te ha molestado mi broma?

Anastasio no podía contenerse y lloraba poseído de una tristeza infinita.

—No sé lo que es —decía entre lágrimas—. Me da mucha vergüenza, no sé lo que me ocurre...

El Padre Usoz clavó en él sus ojillos penetrantes e incisivos. Anastasio se acordó de los versos de Pemán que Adolfo citaba constantemente aplicándolos al profesor de Literatura:

> ...y unos ojos de carbón
> que tanto al mirar afinan
> que más que ver, adivinan
> de penetrantes que son...

—Yo sí sé lo que te pasa. Ya verás como te lo digo.

Anastasio contestó, enfurruñado:

—Si yo no lo sé, ¿cómo lo va usted a saber?

—¿Que no lo sé?, ¿eh? ¡Ya verás tú si lo sé o no! Pero dime primero: la muerte del pobre Andrés te ha conmovido mucho, ¿verdad?

—Sí, Padre. No sé cómo explicarlo. Me ha trastornado. Cada día que pienso en ello me impresiona más. Yo hubiera debido irme con él.

Anastasio no vio cómo el Padre le miraba maliciosamente por encima de las gafas, ni la sonrisa, piadosa y burlona a la vez, que se dibujaba en sus labios.

—Y, además..., ese corazón de azúcar que tú tienes está a punto de derretirse, si no se ha derretido ya, por una mujercita...

Anastasio alzó los ojos hacia él y no dijo nada.

—Dime la verdad.

—Sí, Padre. Me da mucha vergüenza decírselo, pero es horrible: no es por Maribel...

El puntillo de guasa se acentuó en el Padre Usoz.

—Pues más le valdría a esa jovencita meterse en la cocina de su casa y no dedicarse a sorber el seso a quien no lo tiene, como tú.

Anastasio le miró tristemente.

—Y... ¿no será que tienes vocación religiosa? ¿No te gustaría ser misionero?

Anastasio afirmó enérgicamente con la cabeza.

—Sí, Padre; creo que tengo vocación religiosa... Estoy seguro de que sí.

—¡Al cuerno, al cuerno, al mismísimo cuerno! —exclamó el Padre Usoz alzando los brazos—. Está clarísimo. Por las noches te despiertas llorando y no sabes por qué lloras. A la hora de comer tan pronto estás cordial y dicharachero como no despegas los labios ni para hablar ni para comer. Si te preguntan qué te ocurre, te levantas y te vas del comedor cerrando con un portazo, como si te hubieran insultado al ser más querido. Estás en la iglesia y te distraes y no puedes rezar. Y, en cambio, otras veces vas por la calle y sientes un impulso incontenible que te mueve a buscar la penumbra del altar y a hablar con el Santísimo mano a mano, que es tanto como decir de corazón a corazón... Estás estudiando, y te aburres de muerte. De pronto, descubres una frase, una palabra que te atrae, y comienzas a interesarte. Vuelves a leerla, y el libro de texto te entretiene ahora más que la mejor novela. ¿Es así o no es así?

Anastasio miró al Padre muy sorprendido. ¿Qué era aquel hombre? ¿Un santo, un brujo?

—¡Vocación religiosa! ¡Hasta ahí podían llegar las cosas! Ni es por la muerte de Andrés, ni es por sentir que el corazón se te ha derretido por esa criatura que no sé quién es ni me importa, ni es por vocación religiosa, que no has olido ni de lejos, por lo que estás así... Perdona, hijo, esta exclamación. ¡Cuerno! La cosa está clarísima. Lo que tú tienes son quince años...

—Cumplo dieciséis el mes que viene... —protestó Anastasio con íntimo orgullo.

—¡No te he pedido tu partida de nacimiento! —exclamó muy irritado el Padre Usoz. Y aclaró, muy serio—: Te lo decía como diagnóstico.

—¿Qué es diagnóstico, Padre?

—Tienes una bendita enfermedad, hijo mío, una bendita enfermedad... «La primavera ha venido, nadie sabe cómo ha sido...» Todo eso que sientes dentro de ti, hijo mío, es la buena tierra que se mueve porque se sabe en sazón para recibir las semillas. Pero ¡ay de ti si lo que siembras no es bueno! Crecerá igual, ¡demontres!, que eso es lo malo a tu edad. Recibe lo que se le echa y cría igual lo santo que lo perverso. Aprovecha este momento, muchacho. Siembra ahora cosas buenas, propósitos santos, decisiones heroicas. Hazme caso: más adelante ya es tarde. Te aseguro que es tarde. El alma se endurece, el espíritu se petrifica y es muy difícil, casi inútil, sembrar. Entre los riscos no crece el trigo. Acuérdate de la parábola...

El Padre Usoz guardó silencio un momento.

—Ve por la calle, búscame un hombre cualquiera, tráemelo y yo te diré cómo es sin más que averiguar qué clase de semillas le echaron encima cuando tenía tu edad.

Anastasio abrió mucho los ojos y miró de cara al Padre Usoz. Eran unos ojos grandes, asustados, oscuros.

—Padre, siembre usted en mí. Todo lo suyo es bueno...

El Padre Usoz sintió el aguijón de una súbita ternura y se puso en pie para disimularla. Cogió un puñado de semillas y se las lanzó forzando la risa y la broma a la cara y al pecho de Anastasio.

—¡Hala, hala! ¡Vete a estudiar! Y que Dios te lo premie...

Anastasio salió de la habitación.

El Padre Usoz se limpió los cristales de los lentes y se pasó el pañuelo por los ojos.

—¡Demonio de chico! Me ha emocionado este chaval...

Cogió la pala de frontón y salió de su cuarto para bajar al patio. Anastasio estaba en la puerta.

—Pero ¿estás todavía aquí...?

—Padre..., ¿por qué me ha dicho antes «que Dios te lo premie»?

El Padre le pasó un brazo por los hombros, y mientras avanzaban por el corredor, le dijo:

—También los curas necesitamos confortarnos con la presencia de gente buena. Y tú eres un buen muchacho, un gran muchacho...

—No diga eso, Padre. Me da vergüenza oírlo...

—Pues, ¡hala!, no lo digo. Lo retiro. ¡Vete a estudiar! Le empujó cariñosamente.

—¡Hala, hala, vete!

Anastasio bajó la escalera que daba al patio, y el Padre Usoz regresó a su habitación. Dejó la pala de frontón en su sitio y se arrodilló en el reclinatorio para abonar aquellas semillas y dar gracias a Dios.

VIII

LA EDAD PROHIBIDA

ANASTASIO HABÍA PEDIDO permiso para no ir a clase. A las once operaban a tía Enriqueta de amígdalas, y tío Anselmo, desde la víspera, se había fingido enfermo por no tener que acompañarla. «Que vaya el niño, que ya es un hombre», había dicho con voz autoritaria desde el lecho del dolor. Y Anastasio no se hizo de rogar. Se levantó a las siete y media, como todos los días. Y en vez de tomar el tranvía alquilado de los Jesuitas, que recorría por la mañana toda la ciudad recogiendo alumnos, se fue a misa al Buen Pastor. Tenía tiempo sobrado para ir a la iglesia, para desayunarse y hasta para aburrirse antes de la hora de ir al hospital.

«Que vaya el niño, que ya es un hombre», recordaba Anastasio mientras se vestía. Y añadió mentalmente: «La verdad es que ni soy un niño ni soy un hombre, ni soy nada.» El problema del afeitado había adquirido para él caracteres dramáticos. No podía dejar de afeitarse cada mañana, so pena de parecer un presidiario. Pero si se afeitaba, parecía un guillotinado sometido a un verdugo con mala puntería. El de los pantalones tampoco tenía solución. Con los bombachos parecía un hombrón disfrazado de niño. Con los largos, un niño disfrazado de hombrón. ¡Y si no fueran más que éstos sus problemas! Todos sus amigos tenían vocación de algo. Él, en cambio, a pesar de faltarle muy poco para concluir el bachillerato, no sabía qué carrera elegir. Bien es cierto que los estudios, que tanto le costaba seguir al comienzo de su vida donostiarra, no se le daban ahora tan mal como al principio. La sorpresa que se llevó en junio del año pasado al aprobar todas las asignaturas con notables y sobresalientes, le dio un margen de seguridad en sí mismo que antes no tenía. En clase le llamaban empollón, pero en realidad no le molestaba lo más mínimo, pues al revés de lo que acontecía en segundo y en tercero de bachillerato, ahora —ya en el quinto curso— eran muchos, y por lo general los mejores, quienes se tomaban muy en serio «eso» de los estudios. Adolfo, por ejemplo, empollaba como un león, y Enrique preparaba a saltos —accesos de entusiasmo y de decaimiento— la temible reválida, recién creada. Javier era el único que había abandonado el bachillerato, y sus padres se lo habían llevado a una finca, donde, al parecer, se ocupaba con bastante fortuna en las cosas del campo. Anastasio estudiaba, sí. Pero tenía cien dudas sobre el camino que debía seguir. Y esto le torturaba.

Los estudios, la vocación por una carrera, el éxito o el fracaso en los exámenes eran problemas comunes, sociales, públicos, en todos los chicos de su edad; pero había otros ocultos, de los que Anastasio no hablaba nunca con nadie, y que creía propios, exclusivos suyos. Dos fuerzas antípodas tiraban poderosamente de él: Dios y la carne. ¡Cuántas veces, cuando estaba solo, una vez concluido en casa el repaso o el estudio de las lecciones del día siguiente, se iba a la iglesia, se arrodillaba o se sentaba frente al Sagrario y se quedaba horas a solas, dialogando, mano a mano con Dios! En muchas ocasiones no rezaba, sino que iba de visita, como quien va a casa de un amigo, no a charlar, sino a sentir el placer de estar sencillamente en buena compañía.

¡Y cuántas veces, en cambio, sin llamar a la puerta, sin pedir permiso, recibía Anastasio la visita de la tentación! Visiones inmundas y sueños lascivos se le presentaban ante los ojos de la fantasía y le deleitaban, torturándole a la vez. Al principio, la visión que más frecuentemente le asaltaba era la de Maribel, pero no en brazos de Leopoldo, sino en sus propios brazos, entregada, vencida, y con una mano a veces frenética, a veces suave y acariciante, sobre su blusa. Alguna vez vencía esos pensamientos contraponiéndolos con el recuerdo de la horrible mujer que le asaltó tres meses atrás, minutos antes que *Quincepesetas*, pues le causó tanta repugnancia que le parecía un remedio eficacísimo contra la lujuria. Pero, ¡ay!, que este pensamiento horrible dejaba muchas veces de serlo en su imaginación al fundirse con el de otras mujeres también de mediana edad y de cabellos rojos como el fuego o pálidos como el trigo cuando se va a segar.

Como conocía el camino, Anastasio se acercó más de una vez a la calle de Zabaleta. Y si no consumó su propósito no fue tanto por virtud como por el complejo que le producían sus denigrantes granos faciales y sus ridículos pantalones.

«Son cosas de la edad», se decía para consolarse. Pero en seguida añadía, ensañándose consigo mismo, que si la edad consistía en tener granos y cortaduras en la cara, suciedad en el pensamiento, manchas en los pantalones, y el corazón, en cambio, virginal, lleno de amor, sediento de amistad y de ternura..., esta edad debería estar prohibida.

Cuando Anastasio salió de la iglesia, eran las nueve en punto. Y apenas cruzó la línea de sombra y luz que producía el sol en el suelo, vio algo que le obligó instintivamente a retroceder para quedarse escondido en la penumbra. A pocos pasos de él estaba Celia con un militar. No la veía desde la tarde aquella en que estuvieron hablando de tantas fruslerías en la Concha, bajo las arcadas de la playa..., y en esas semanas Celia había cambiado de una manera increíble. Anastasio se escandalizó al descubrir la causa. Celia llevaba sobre los labios una ligera capa de *rouge*. Éste y otros detalles le parecieron absolutamente intolerables. Llevaba zapatos de tacón, medias de seda, bolso y guantes.

¿No tenía acaso Celia la misma edad que él? ¿No eran igualmente niños el uno y el otro cuando se conocieron, meses más, meses menos, teniendo ambos trece años? Pues entonces... ¿por qué oculta, injustísima razón, Celia era ya una mujer, y, en cambio, él, Anastasio, no era todavía un hombre?

No eran sólo los detalles de su atavío los que le irritaron. Había otro, de un metro ochenta de estatura y una estrella de seis puntas en la bocamanga, más poderoso que ninguno. Este «detalle» era un alférez del Ejército, un combatiente, un «hombre mayor», y militar por añadidura, que hablaba con ella; y no como se habla a una niña, sino tratándola de tú a tú, de igual a igual. El oficial lo era de Regulares y llevaba una larga y espectacular capa azul que le llegaba hasta el suelo, como la cola soberbia de un pavo real. No era por Celia, sino por todas las niñas; mejor dicho por todas las mujeres de su misma edad... ¿Cómo iba Anastasio a atreverse ya nunca más a acercarse a ellas? ¿Cómo iba a poder competir —¡esto era imposible, Dios mío!— con los oficiales de Regulares?

El alférez, entretanto, se pavoneaba de lo lindo, con su vistoso *suljan* azul al modo de capa donjuanesca, su gorra colorada y una ristra de cintas multicolores sobre el pecho, símbolos todas de estupendas condecoraciones ganadas en quién sabe qué fastásticas batallas. Y Celia, muy halagada, correspondía a las zalemas con risitas y otros gestos estúpidos. Así estuvieron un buen rato charlando, hasta que el alférez se cuadró, estrechó la mano de Celia, se llevó después la diestra a la visera y, dando un ligero taconazo que hizo vibrar las espuelas, giró en redondo y se fue. Por fin había concluido la endiablada entrevista. Tan irritado estaba Anastasio, que no se cuidó de esconderse. Y Celia le vio.

—¡Anastasio, qué alegría! ¿Dónde te has metido todo este tiempo?

—¿Por qué no has ido al colegio? —preguntó Anastasio secamente.

—Porque es el cumpleaños de mamá. ¿Y tú por qué no has ido?

—Porque a las once operan a mi tía Enriqueta...

Celia miró el reloj.

—Tienes tiempo... Anda, invítame a desayunar... Eres una mala persona... Ya no quieres nada con nosotras. ¿Dónde vamos? Te propongo la «Dulce Alianza»... Hay unos pastelitos de dulce de leche estupendos.

—No. Prefiero Ayestarán...

—De acuerdo. Vamos.

Anastasio se palpó disimuladamente los bolsillos antes de añadir:

—Vamos...

Estaba deseando llegar, y no tanto por tener un mano a mano con ella, sentados ante el tibio tazón de chocolate con nata, como por evitar el grotesco contraste de sus dos figuras juntas por la calle: ella, tan distinguida, tan airosa, tan mujer; él, tan desgarbado, tan niño.

—¿Por qué has escogido Ayestarán? —preguntó Celia apenas estuvieron sentados.

—Porque aquí estuvimos otra vez, hace dos años.

—¿Aquí? No tenía ni idea. ¿Con quién?

—Solos...

Celia hizo un gracioso mohín de incredulidad.

—¿Solos? ¿Tú y yo? —Y añadió maliciosamente—: ¿Y eso no es pecado?

Anastasio sintió el maldito pavo subiéndosele hasta la frente.

—Aquel día —dijo, por cambiar de tema—, ibas peinada con dos trenzas recogidas como dos discos sobre las orejas. Llevabas una falda blanca plisada con dos grandes tirantes de la misma tela sobre la blusa. La blusa también era blanca, pero estaba estampada con barcos, anclas, brújulas y peces que te habían hecho en casa con unos retales comprados en Bayona, en una tienda que se llamaba... que se llamaba «Aux dames de France».

Anastasio dudó un momento y entornó los ojos para recordar mejor.

—Llevabas en la mano un libro de misa —añadió— y un monederito de tela con broche metálico, y dentro tenías una estampa de la Virgen, un billete capicúa de tranvía, una horquilla y un retrato de Enrique, muy arrugado... ¡Ah, y un botón de ámbar!

Celia había escuchado conmovida la asombrosa recopilación.

—Sí, sí, sí. Ahora me acuerdo. Y estuvimos en aquella mesa. Pero te confieso que no tengo ni idea de por qué me invitaste... y por qué me citaste aquí.

Anastasio empezaba a sentirse mejor. Y tuvo un rasgo de audacia, imposible de concebir en él antes de los cinco sobresalientes de junio pasado.

—Fuiste tú quien me citaste...

—¿Yo?

—Y... fuiste tú quien pagó los desayunos.

Celia estaba halagada —no lo podía ocultar— de que alguien recordara tantos detalles de ella misma y de tantos años atrás.

—De eso hace cien años —dijo Celia sin dejar de reír.

Anastasio cogió la frase al vuelo.

—Tienes razón. Hace cien años. Entonces teníamos la misma edad.

—¿Y ahora, no?

—¡Ahora, no!

Celia alzó las cejas interrogadora. Anastasio prosiguió:

—Ahora tenemos una edad prohibida.

Celia se arregló un poco el pelo con las manos. Y se echó hacia atrás en su asiento.

—¿Prohibida? ¿Como «la fruta prohibida»? ¿Tan guapa me encuentras?

—Prohibida. ¡Me encuentro tan feo!...

Celia tragó saliva.

—¡Qué tontería! Lo dices por tus granos. Eso se pasa...

—Claro. Se pasa... con la edad.

Una camarera se acercó a la mesa, Anastasio sin consultar a Celia, encargó:

—Para la señorita, un chocolate a la francesa con nata, tostadas con mantequilla y un *croissant*. ¡Ah! Y agua con azucarillo. Para mí, lo mismo.

Celia no salía de su asombro.

—¿Cómo sabes que yo quería eso?

—¡Ah! Y la mantequilla nos la sirve en esos cacharritos especiales.

—¿Qué cacharritos? —preguntó Celia.

Anastasio explicó:

—Aquel día nos trajeron la mantequilla encerrada en una especie de caja metálica. Se apretaba la parte superior de la tapa y por unos agujeros salía la mantequilla toda rizada. Yo no había visto eso nunca hasta entonces, pero tú la manejabas muy bien. A pesar de estar enamorada, tenías un estupendo apetito, y me dejaste sin mantequilla.

—Pues mira —respondió Celia—: Ahora no estoy enamorada, y, sin embargo, no pienso tomar mantequilla. Engorda muchísimo...

Hubo un silencio.

—¿Ya no estás enamorada... de Enrique?

Celia enrojeció y contestó con excesiva firmeza:

—¡No!

—¿Ya no conservas aquella fotografía?

Celia abrió el bolso.

—Sí, pero por costumbre. Me he olvidado hasta de romperla. Mira, aquí está. Por cierto, ¿qué es de Enrique?

—Pero ¿no me has dicho que ya no te interesa?

—No he dicho que no me interese. He dicho que no estoy enamorada de él. Cuéntame: ¿qué hace?

—¡Qué más te da!

Celia hizo un mohín de enfado.

—No seas tonto. Cuéntame cosas de él.

—Te aseguro que no sé nada. Le veo muy poco.

—¡Pues dicen cada cosa! Tú sabes —prosiguió Celia confidencial— lo maravillosamente que toca la armónica...

A Anastasio le dio un vuelco el corazón. ¿Se habría descubierto, al cabo de tanto tiempo, el robo de aquella armónica en la Casa Erviti de la Plaza del Buen Pastor?

—Sí, la toca muy bien —respondió.

—Pues mira. Me han dicho que un día estaba en una tasca del Barrio Viejo tocando la armónica y cantando con ese grupo de amigos tan raros que se ha echado. Parece ser que había unas turistas de esas que han venido a traer un donativo para los heridos. Una de ellas era australiana, o algo así, casada con un general de coraceros, y estaba encantada de oír cantar y tocar la armónica en un restaurante; porque, por lo visto, en Australia no hay restaurantes, y si los hay, la gente no canta nunca en ellos ni toca la armónica.

—¿Y qué?

—Pues que las extranjeras les pidieron que volvieran a cantar. Y Enrique se sentó a su mesa. Y tocó la armónica para ellas. Y le dieron dinero... y él lo aceptó. Y después se lo gastó con sus amigos invitando a todos...

—Pues no veo nada malo —contestó Anastasio—. Lo tomaron por un cantante profesional. Y él, con la guasa que tiene, siguió la broma y después se estaría riendo con sus amigos a costa de ellas. No tiene nada de particular.

Celia bajó la voz, confidencial.

—Parece ser que desde entonces la australiana (que tiene cuarenta años; veintitrés más que él) ha vuelto a darle dinero.

—¿Por tocar la armónica?

—Ahí está lo malo. No por tocar la armónica precisamente.

Anastasio no dijo nada. Estaba confuso. ¡Ésa era, pues, la explicación de la extraña amistad de Enrique con aquella pelirroja del hotel! Un mundo de sentimientos encontrados surgió en la mente de Anastasio. A la «edad prohibida» era difícil competir con un alférez de Regulares; pero, por lo visto, no era imposible competir con un general de coraceros. Lo que no acababa de entender bien era lo del dinero. ¿Quién daba dinero a quién? ¿Ella a él, o él a ella? La primera impresión —pecaminosa, y que Anastasio rechazó en seguida, escandalizado de sí mismo— fue pensar que hizo mal en huir tan precipitadamente del lado de la rubia platino. Pues ahí era nada, ¡recibir dinero... además! Pero después lo pensó mejor y lo consideró denigrante, pues la acusación de Celia equivalía a decir que Enrique se había lanzado a la prostitución, prostituyéndose él. Su actitud no era ni más ni menos vergonzosa, triste y escandalosa que si Celia se hubiera lanzado a la calle de Zabaleta a imitar a *Quincepesetas*.

—¿No te parece horrible? —preguntó Celia.

Anastasio fue leal a su amigo.

—Lo que me parece es una calumnia sin pies ni cabeza.

Trajeron el desayuno, y, entre protestas de que todo aquello engordaba terriblemente, y de que a partir de «mañana» no comería más que frutas y verduras crudas, Celia engulló el chocolate con nata, el tiernísimo *croissant* y las tostadas con mantequilla.

Anastasio la miraba embobado. Celia se dejaba mirar. Y cuando hubo concluido, preguntó con desfachatez:

—Dime, Anastasio..., ¿no has estado nunca enamorado de mí?

—Confieso que es una vulgaridad. Todos en la pandilla estábamos un poco enamorados de ti. Pero Enrique era mucho Enrique para rival...

—Ya no hay ese rival... —contestó Celia muy rápida.

Anastasio introdujo un grueso trozo de tostada en el chocolate y se lo llevó a la boca para meditar muy bien antes de responder. Hubiera querido hacerlo jovialmente, en ese medio tono de bromas y veras que tanto gustaba a Celia, y buscó una galantería, una frase de ingenio que la halagara a ella sin comprometerle a él, pero no la encontró.

—Yo no tengo posición para interesar, ni aspecto para gustar, ni edad para enamorar.

Celia tardó un momento en responder.

—Pero tienes un corazón así de grande para querer y para ser leal.

Y abrió los brazos todo cuanto pudo, para indicar las dimensiones del corazón.

Ahora fue Anastasio quien tardó en contestar. Pero cuando lo hizo, había firmeza en su voz.

—Eso que has dicho te juro que es verdad.

Después se llevó una mano a la frente, una mano torturada.

—No me cabe en la cabeza que nadie pueda dejarte a ti, ¡a ti!, por una vieja... A ti, que eres tan... no sé cómo decirlo...

—¿Tan qué?

—Tan maravillosa... Tan bonita... Tan femenina.

Lo dijo despacio, buscando las palabras, pero después se embaló como quien coge carrerilla y ya no puede o no sabe parar.

—Tan ideal, tan dulce, tan mona, tan inteligente, tan buena, tan seria...

Celia le tomó una mano y se la apretó amistosamente.

—Tú sí que eres bueno y mono...

Anastasio respiró muy hondo.

—Yo no sé si triunfaré o no. Ahora tengo que estudiar, hacer una carrera, ganar dinero, hacerme un hombre y hacerme un nombre.

Lo decía sin mirarla, como si hablara consigo mismo.

—Si lo consigo —añadió—, buscaré una mujer que sea como tú, lo más parecido a ti, y le diré: Celia...

Un ruido de voces agitadas los interrumpió. Un hombre y una mujer, llorosos y temblorosos, habían penetrado en el establecimiento, seguidos de un grupo de gente.

—¡Dios mío, Dios mío...! ¡Os juro a todos que es verdad...!

—Pero eso significa el fin...

Alguien, en la mesa próxima a la de los jóvenes amigos, se levantó.

—¿Qué pasa?

—Pero ¿no lo saben ustedes? —gritó la mujer desde la puerta—. ¡Ha caído Madrid!

Anastasio se puso pálido como el papel. Y una congoja le apretó el pecho dejándole sin habla.

La mujer gritaba, sin contestar, a las preguntas que todos le hacían.

—¡Ha caído Madrid! Las tropas están entrando por la Ciudad Universitaria. Esto es el fin de la guerra.

Un muchacho echó a correr por la calle.

—¡Salid a las ventanas! ¡¡¡Hemos tomado Madrid!!!

En un segundo, todo el mundo comenzó a abrazarse y a llorar. La dueña del establecimiento salió corriendo del interior, a los gritos, y se subió en una silla.

—¡Los pasteles son gratis! ¡Que todo el mundo coma lo que quiera!

Un señor anciano se arrodilló en el suelo y comenzó a rezar en voz alta. El caballero que acompañaba a la señora que dio la noticia explicó:

—Todavía nuestra Radio no ha dicho nada. Pero lo hemos oído por la Radio de Madrid. ¿Se dan ustedes cuenta? ¡¡¡Por la Radio de Madrid!!!

Un anciano militar penetró en el establecimiento, guiado por varios chiquillos.

—Esta señora lo ha dicho.

El militar se abrió paso a codazos hasta ella.

—¿Cómo lo sabe? ¿Está segura? ¡Señora, por Dios, mire lo que dice!

—La radio... La radio...

El militar se echó en sus brazos y abrazó a la señora besándola en la mejillas. El marido de la señora apartó al militar y le dijo riendo:

—Abráceme usted a mí, si no le importa el cambio; soy su marido y también he oído la Radio de Madrid.

—¡Viva España! ¡Viva España! —gritó el militar.

Celia y Anastasio no sabían cómo ni desde qué momento estaban abrazados. Éste se disculpó por las lágrimas que no podía contener.

—¡Celia, Celia...! Madrid es mi madre, ¿comprendes? ¡Madrid es mi madre...!

Celia tenía ambos brazos en torno al cuello de Anastasio. Éste, de pronto, se desprendió de ella y se acercó a un caballero que pasaba junto a él.

—¿Qué ha dicho usted? Me ha parecido oír...

—Que me voy ahora mismo a Madrid.

Anastasio le cerró el paso.

—Por lo que más quiera. Por su madre, por sus hijos, se lo suplico, ¡lléveme con usted!

—Pero...

—Mi madre está en Madrid. No la veo hace tres años. A mi padre lo mataron. ¡Por favor..., lléveme con usted!

—Llévelo —intervino Celia—. ¡Por favor!

—Mi coche está en la puerta. Vamos...

Anastasio estrechó a Celia contra sí, la besó en las manos y en la cara y salió corriendo hacia el coche.

Celia corrió tras él.

—¿Llevas dinero?

—¿Dinero? No creo, no sé...

—Toma.

Celia vació su bolso por la ventanilla del coche, Cayeron unos billetes al suelo.

—Después los recogeré. Te lo devolveré todo. Gracias. Ahora déjame que diga que en este tiempo no he conocido más que a tres personas a quienes he querido: el Padre Usoz, Andrés y tú.

—¿A todos igual?

—No. A todos igual, no.

El motor del coche se puso en marcha. Celia se apartó, se besó la mano y sopló sobre ella hacia Anastasio. El coche se deslizó lentamente sobre el empedrado.

Anastasio murmuró:

—Adiós, mi amor.

Después respiró hondo. Ya las ventanas de las casas comenzaron a engalanarse y una inmensa multitud se apiñaba por las calles. Era difícil avanzar entre la gente, pues iban ciegas, gritando enloquecidas. Atrás quedaron los tamarindos plateados, el mar redondo encerrado en su concha de montes verdes y casas blancas, el colegio, los amigos, las amígdalas de tía Enriqueta, los últimos pantalones cortos, la primera navaja de afeitar, el primer pecado, el primer amor...

—Perdóname si voy muy de prisa —dijo el caballero—. ¿Sabe usted? ¡Yo también tengo a mi madre en Madrid!

Anastasio se inclinó para recoger los billetes de Celia.

«Tampoco hoy le he pagado el desayuno», pensó.

En el suelo del vehículo, junto a los billetes de banco, había caído del bolso, vieja y arrugada, la fotografía de Enrique: un Enrique de quince años.

LIBRO TERCERO

RECOLECCIÓN

Que no siempre en balanzas de fortuna
lo afortunado con lo audaz se aúna.

LUCANO: LA FARSALIA

I

1945

LAS OPOSICIONES DE ANASTASIO

—Pero, madre, ¡si te dije que me plancharas la camisa blanca!

—La camisa blanca está zurcida; y ésta es nueva.

—La blanca está zurcida por la espalda, y no se nota. En cambio, ésta es rayada, y no se puede llevar con un traje azul. Anda, dame la blanca.

Anastasio se encerró en su cuarto y se sentó. Apoyó los codos en las rodillas y la cara entre las manos. No sabía qué hacer. No le apetecía asistir a la fiesta de la boda. Le azoraba. Le violentaba. No conocía a nadie. No sabría qué hablar con nadie. Sus amigos de ahora eran otros. Los de Celia y sus hermanas, también. Sólo Adolfo había mantenido con él una relación de amistad no enturbiada por los años. Los últimos de la carrera de Anastasio habían coincidido con los primeros éxitos del escritor. Cuando Anastasio se encerró para preparar sus oposiciones, Adolfo ya comenzaba a ser popular. ¡Las oposiciones! Nadie en su casa, ni en la vecindad, entendía lo que esta palabra mágica y terrible representaba. ¡Cuántas veces se había sorprendido al descubrir la primera luz del sol dorado y flameando entre los visillos de su ventana! «Voy a repasar un poco los temas antes de dormir», le había dicho a su madre. Y el amanecer le cogía de sorpresa, cuando apenas comenzaba a sacar fruto de su repaso. Era una lucha tremenda contra el tiempo y contra la salud. Había que alcanzar una meta terrible. No era suficiente dominar las materias, como en el colegio y la universidad. No era bastante hacer un examen brillante. De nada servía «saber mucho». Era necesario «saber más»: más que los otros opositores, que sabían mucho. Y si se ganaban las oposiciones, la vida estaba resuelta. Y si se perdían, quedaban irremisiblemente perdidos con ellas los años de preparación. Y a empezar. Otra vez a empezar. A esperar de nuevo dos, tres años, los que fueran necesarios. Esperar, esperar siempre; éste era el destino del opositor: esperar a que murieran o se jubilaran los veteranos del Cuerpo para que hubiera vacantes; esperar a que se convocaran oposiciones: esperar a conocer los temas, esperar a estudiarlos; esperar ganarlas. Y si esto no se conseguía, esperar... esperar...

—¡A ver cuándo te decides a trabajar, so gandul, que no tienes edad de vivir a la sopa boba de tu madre! —le dijo un día la portera.

Y su propia madre, al verle tan delgado, tan pálido, vencido por el insomnio, por la inapetencia y los nervios, le amenazó con quemarle los libros cualquier día.

—Sólo faltan unos meses, madre. Hay que esperar...

Desde que la guerra terminó, Anastasio no tuvo otro horizonte que el de los libros ni otra meta que la de concluir cada año las asignaturas con la calificación máxima y obtener matrícula gratuita en el curso siguiente. Obtuvo dispensa de escolaridad como hijo único de viuda para cursar dos años en uno, y gracias a esto pudo aprobar quinto en junio y sexto en septiembre del año en que acabó la guerra. El esfuerzo que realizó Anastasio fue ingente. Los jesuitas de Valladolid le ayudaron mucho y por recomendación del colegio de San Sebastián le alojaron en su internado los días necesarios para presentarse en esta ciudad a los exámenes de séptimo y reválida, convocados en enero de 1940, fuera del tiempo escolar, para ex combatientes y casos especiales derivados de la guerra.

Anastasio se encerró entre las cuatro paredes de su dormitorio y se encerró también dentro de sí mismo. No podía seguir el ritmo de gastos de sus antiguos amigos. No podía vestirse como ellos. Su madre consideraba como despilfarros los gastos que le ocasionó su ingreso en la Universidad, la compra de los libros de texto, la transformación de su ropa de escolar en ropa de universitario. Hubo que acudir una vez más a la humillante ayuda de los tíos de San Sebastián.

Anastasio supo que Celia salía de nuevo con Enrique, que eran novios, que iban a casarse, y una extraña desazón le turbó. No había razón alguna para ello. ¿Qué motivos podía tener él para oponerse? ¿Qué mayor alegría podía sentir que la nacida de la unión de dos buenos amigos suyos a los que quería bien? Y, sin embargo, una absurda tristeza, una arbitraria e inexplicable amargura le acompañó mientras duraron estas relaciones. Y sólo ganó la paz cuando supo que una vez más Celia y Enrique habían dejado de verse.

Cuando Anastasio concluyó la carrera, todos cuantos le querían bien le aconsejaron que no pusiera límite a sus aspiraciones, que iniciara la preparación de notarías, abogacía del Estado o cualquiera de las oposiciones consideradas en los medios universitarios como más ambiciosas, sólo aptas para los mejor dotados o los mejor dispuestos para el estudio. Esto representaría para él no ya salir del paso, sino conquistar una seguridad económica, subir peldaños en su posición social.

Una semana o poco más, salió a diario con Celia. ¿Por qué lo hizo? Meses, años, le duraría el arrepentimiento. Fueron sus vacaciones, sus únicas vacaciones entre la meta ganada del fin de carrera y la iniciación de la etapa más dura de todas: las oposiciones.

Fueron días inolvidables. Anastasio se preguntaba

si no se estaría enamorando. Pero nunca habló con ella de esto. Le hablaba de su gran problema, le elección de una carrera, la preparación de unas oposiciones... Ella le animaba, le daba fe en el éxito final. Notarías era la oposición con más porvenir económico. Diplomacia, la de más brillo social. Abogacía del Estado, cátedra y judicatura, las de más prestigio profesional.

—¿Por cuál te decides? —le preguntó Celia un día.

—Judicatura —contestó Anastasio—. Lo he pensado muy bien. ¿No es ésa la que a ti te gusta más?

Cuando los estudios se reanudaron, Celia le llamaba por teléfono todas las noches.

—¿Cómo está hoy mi opositor? Cuéntame qué has estudiado hoy.

—Muy poco. Sigo arreglando papeles..., haciéndome un plan de trabajo.

—Pues no te entretengo. Que aproveches bien el sueño. Tienes que ahorrar fuerzas.

—¡Qué buena eres, Celia! Eres un ángel. Si no me hubieras llamado no podría estudiar.

¡Ah, qué fácil era para sus amigos, para sus mismos profesores, para Celia incluso, el aconsejarle que se encerrara cinco, siete, ocho años en preparar unas oposiciones de lujo! Pero, entretanto, ¿quién liberaría a su madre de trabajar? ¿Quién llevaría a casa el dinero necesario para comer?

—Hijo mío —le dijo un día su madre—, ¿cuándo vas a empezar a ganar dinero? Si viviera tu padre sería distinto, pero yo no puedo más. Tus tíos me echan en cara lo que ya les debemos. La pensión de tu padre no nos da ni para comer.

¿Tenía Anastasio derecho a seguir estudiando? ¿Le bastaba a su egoísta tranquilidad saber que sus estudios no costaban dinero a su madre? ¿No estaba obligado en conciencia a sacrificar el brillo de un porvenir incierto a cambio de una solución inmediata a los problemas actuales de su casa?

Su madre le dejó iniciar la carrera sin oponerse. A

los dos años ya le preguntó que cuándo la concluiría. Cuando la carrera estuvo terminada, ¿qué obstáculos había ya para que empezara a trabajar en serio, a ganar dinero como un hombre, liberándola a ella del peso y el castigo de tener que mantener la casa?

Una noche, Anastasio entregó a su madre unas pocas pesetas.

—¿Qué es esto?

—Me he colocado, madre. Hace un mes que estoy trabajando. Media jornada, nada más. Por las mañanas tengo que estudiar. Si algún día quiero ser alguien no puedo dejar de estudiar...

La madre le miró, perpleja. Contó despacio los billetes. Una sombra fue endureciendo sus facciones. Sin decir nada tomó el dinero y se encerró en su cuarto. A la hora de cenar se notaba que había llorado.

—Cualquiera de tus vecinos —le dijo después de un largo, angustioso silencio— gana más. Cecilio, sin ir más lejos, es tapicero y gana mucho más que tú como abogado. ¡Tanto aguantar, tanto esperar a que terminaras tu carrera, y ahora me traes esto!

Era muy difícil explicar a su madre que aquel dinero no había sido ganado en el ejercicio de su profesión, sino como auxiliar de archivo en media jornada de trabajo en una hemeroteca, y que para ganar más necesitaba primero triunfar en unas oposiciones, las que fueran, las más rápidas. Pero para eso debía seguir estudiando. Era difícil decir esto a su madre.

—El mes que viene te traeré algo más —dijo con voz muy baja. Y aquella noche decidió Anastasio colocarse la jornada completa y renunciar a la judicatura.

Celia se opuso a lo que ella consideraba una deserción. Anastasio replicaba que sus circunstancias personales le forzaban a hacer unas oposiciones sencillas, rápidas, que le resolvieran los problemas inmediatos. Y más tarde, quizá, ya con una base económica, podría preparar otras más ambiciosas.

Celia replicaba con calor, llegó a irritarse con él. Un día, Anastasio dijo a Celia que era mejor no volver a hablar de este tema. Ni de ningún otro. Sus llamadas telefónicas diarias le distraían. Tardaba más en reconcentrarse para el estudio. Él la llamaría los domingos... Algún domingo...

Celia le colgó bruscamente el teléfono. Y Anastasio sintió como una puerta que se le cerraba dentro del pecho haciéndole daño. Se mordió los puños para acallar el dolor interno. Y aquella noche no pudo estudiar.

—Sólo faltan unos meses, madre; hay que esperar...

Y los meses habían pasado. Y los dos primeros ejercicios, vencidos. Y el tercero... Anastasio no sabía nada de los resultados del tercer ejercicio. Cuando extrajo las siete bolas y leyó en voz alta los números que le habían caído en suerte, y comprobó los temas a que correspondían, una voz interior le gritó: «¡Te los sabes!» Le concedieron entonces cinco minutos para que los preparara mentalmente, para que serenara los nervios, para que trazase el camino que había de seguir en su exposición. No hizo nada de esto. Cerró los ojos, se recluyó dentro de sí y rezó. Después, se quitó de la muñeca el reloj, le dio cuerda, se lo puso delante, sobre una mesilla en la que había un vaso de agua, y comenzó a hablar lentamente, ganando velocidad a medida que las ideas se le agrupaban y se engarzaban solas, como las piezas de un ajedrez movidas por un *robot*. Clavó sus ojos en el presidente del tribunal, y mirándole sin verle, anudaba su mirada con la del hombre de quien dependía su porvenir, habló, habló hasta que el presidente agitó una campanilla, setenta y cinco minutos después, cuando ya no le quedaba a Anastasio nada que decir. Este sonido le sobresaltó como un despertador después de un largo sueño. Vaciló unos segundos, inclinó levemente la cabeza saludando al tribunal y giró sobre sí mismo. Las piernas se doblaban y al salir tuvo que apoyarse en los pupitres donde los tres últimos opositores esperaban su turno. Se fue a los lavabos, bebió del grifo, dejando resbalar el agua sobre la mano, y después se refrescó la cara, la nuca y las sienes. Se peinó y salió a la calle. Anduvo unos minutos como un sonámbulo. De pronto, se encontró en su habitación, tendido en la cama, las manos cruzadas bajo la nuca, intentando reconstruir cómo había llegado hasta allí. Le divirtió comprobar que no sabía hacerlo. Había perdido la memoria de los minutos precedentes. No recordaba si su madre le había abierto la puerta o, por el contrario, la había abierto él con su llavín. No se acordaba ni de si había venido en «metro», en tranvía o a pie.

—¡Madre! —gritó—. ¡Madre!

Ésta entró con gesto malhumorado.

—Muchos gritos, muchos gritos; pero ni siquiera me has saludado al entrar. ¿Qué quieres?

—Siéntate aquí conmigo.

—Estoy lavando, ahora no puedo.

Se le quedó mirando extrañada.

—¿No estudias?

—Siéntate aquí conmigo —insistió Anastasio. Y cerró los ojos.

La madre se colocó al borde de la cama.

—A ti te pasa algo —dijo tocándole el cuello y la frente con ambas manos.

—Me duele un poco la cabeza.

—¡Claro! Y un día reventarás.

Introdujo los dedos por el nacimiento del pelo de su hijo y comenzó a frotar suavemente. Anastasio, sin abrir los ojos, aclaró sonriendo:

—No me duele la cabeza. Es que me gusta que me hagas esto.

Hizo una pausa.

—Hoy no voy a estudiar. Haré novillos —añadió.

La madre le acariciaba ahora las sienes y la cabeza, haciendo presión suavemente con los dedos, para que la sangre circulara mejor.

—¡Qué pena —dijo— que los hijos se hagan grandes!

Anastasio sonrió de nuevo. Estaba muy cansado.

Como una gran sombra apretada y lenta, el sueño se le acercaba y le cercaba.

Se quedó dormido.

Adolfo le despertó a media tarde.

—Pero ¿estás en la cama a estas horas? ¿No vas a la boda?

—¿A la boda? ¡Se me había olvidado!

—No llegas a tiempo de ir a la iglesia, pero a la fiesta, sí. Allí nos veremos.

Anastasio había recibido la invitación, aprobado ya el segundo ejercicio, en plena preparación del tercero. La leyó por encima, como quien lee la noticia de un suceso lejano. No tuvo nunca intención de ir; o mejor, no tuvo nunca intención de perder ni un minuto de tiempo en considerar si iría o no. Ahora era distinto. Los libros ya no le detenían.

Adolfo iba a salir, pero se detuvo en la puerta.

—Por cierto, ¿cuándo terminas el último ejercicio?

—Ya te contaré.

—No me asustes. ¿Malas noticias?

—Todavía no sé. Ya te contaré.

Hora y media después, Anastasio, con su camisa blanca recién planchada a la que no se veía el zurcido, con su traje azul y con el ánimo inquieto, como si llevara mil zurcidos a la vista de todos, penetraba en casa de Celia. Y se sentía solo entre la masa apretada, enjoyada y perfumada de cientos de invitados desconocidos.

II

ENRIQUE Y SU MUNDO

ENRIQUE DEJÓ A UN LADO la máquina eléctrica de afeitar. Era éste un artefacto casi desconocido en España. Giselle se lo había traído de Suiza como regalo curiosísimo. Era el primer modelo europeo que se lanzaba al mercado. Pero para el bigote Enrique necesitaba una hoja más fina que pudiera manejarse con la mayor precisión. Introdujo una *Gillette* en su vieja maquinilla y, acercándose al espejo de aumento, inició la delicada operación.

—¿Vas a salir otra vez, vida mía?

—¡Te he dicho cien veces que no me hables mientras me afeito! —gritó.

—Está bien, mi amor.

—¡No se puede uno afeitar el bigote y estar al mismo tiempo de charloteo! —Lo había dicho con la maquinilla levantada, y esperó unos segundos a comprobar que no había réplica, antes de pasarla de nuevo entre el labio y la nariz. Cuando concluyó, puso los ojos en blanco con gesto desesperado. «Apuesto —se dijo— a que está llorando.»

A continuación se mojó las manos con la loción facial y se la aplicó a la cara, dando un resoplido de dolorosa fruición. «Apuesto —pensó— que ahora me dice que le gusta esta loción porque huele a menta, a cuero y a tabaco de Virginia...»

Se apartó del espejo pequeño y penetró en el cuarto.

Giselle, tumbada en la cama, envuelta en una nube de tules vaporosos, lloraba.

—¡No llores, por Dios! —exclamó con tono de infinito aburrimiento—, que se te corre el rímel!

Giselle hacía esfuerzos ímprobos por no llorar. Al fin logró dibujar en sus labios la caricatura de una sonrisa. Tendió los brazos hacia él. Enrique la miró compasivo. Estaba un poquito ridícula con aquella bata de tul rosa, superpuesta al camisón de tul celeste, y con las uñas de los pies y las manos pintadas de oro como los cascos de los caballos de la guardia mora. Se acercó a ella y se sentó al borde de la cama.

—No deberías tumbarte sobre las sábanas, te vas a resfriar.

—¿No te gusta verme? Me he arreglado para ti, y ahora te vas.

—Volveré pronto; ya te dije que tenía una boda.

Giselle lo estrechó contra sí.

—¡Qué bien hueles!

Enrique se mantuvo quedo, sin rechistar, y esperó, cruel, a que continuara.

—Es como menta, cuero...

—¡Y tabaco de Virginia! —concluyó Enrique sonriendo.

Giselle alzó de nuevo los brazos hacia él.

—Juan Luis, no te vayas...

Un año atrás, Enrique hubiera dado un salto al oírse llamar Juan Luis. Ahora ya estaba acostumbrado. Conoció a Giselle recién concluida la guerra, en un cafetucho del barrio chino de Barcelona. Ella le confesó que había llegado pocos días antes; que era uruguaya, viuda de un gobernador inglés en Hong Kong, y que venía a olvidar un gran amor. Enrique intuyó —sin hacer uso de mucha perspicacia— que Giselle era carne propicia para las mayores locuras, y dedicó la noche a enamorarla. No volvió a verla en varios años, y cuando se encontraron de nuevo, ella —confundiendo su nombre, sin duda, con el de otra aventura fugaz— se empeñó en llamarle Juan Luis. Le invitó a revivir en Barcelona las horas inolvidables —según ella— en que se conocieron. Enrique aceptó, encontrando comodísima la suplantación de nombre, que después completaría colgándose un apellido extraordinario: Díaz de Vivar, y una profesión «excelsa, romántica, sugestiva», como ella misma dijo poniendo en blanco los ojos y apretándole las manos: la de compositor. Si Enrique hubiera sospechado que la aventura iba a durar tanto, no se habría embarcado en tales mentiras, no siempre fáciles de mantener —máxime después de establecerse definitivamente en Madrid—, pero también es cierto que en la duración del episodio amoroso colaboraron no poco, aun por encima de las gracias personales de Enrique, el ser éste un noble de rancio abolengo, descendiente del Cid Campeador, artista y arruinado, por añadidura. En este matiz de la ruina, Enrique insistió con suma delicadeza desde el comienzo de las turbulentas relaciones. Él era pobre, paupérrimo, miserable. Su infancia había transcurrido en una fortaleza almenada, que fue destruida, como toda su fabulosa fortuna, durante la guerra civil. Giselle se extasiaba ante las fantásticas evocaciones que hacía Enrique de su niñez. Todas falsas, por supuesto.

—Juan Luis, no te marches...

Enrique cerró tras sí la puerta de la casa, cruzó los dos metros de jardín que mediaban hasta la verja, salió a la calle y puso en marcha el automóvil de Giselle.

¡Cómo iba a faltar a una fiesta así! Seguro que estarían todos sus viejos amigos, y no le extrañaría nada encontrarse incluso con alguno de sus hermanos. Esta idea le divertía. ¿No le habían acusado de vago, de inútil, de incapaz? Pues aquí estaba él, vestido como un señorito, con camisa de la mejor seda y coche propio. «Los negocios, querido, los negocios.» Y Enrique se entusiasmó al pensar que los dejaría asombrados e incluso arrepentidos de su falta de fe. «Supongo que ahora devolverás a mamá el Goya que le robaste», imaginó que le dirían. Pero tampoco esta pregunta le asustaba. «Yo no he robado nada, puesto que el Goya era tan mío como vuestro. Lo único que hice fue llevármelo prestado sin pedir permiso, que no es lo mismo. Pero lo devolveré todo.» Si le preguntaban que cuándo, respondería: «En cuanto redondee mi posición.» ¡Qué frase más estupenda esta de «redondear una posición»!

Y Enrique disminuyó la velocidad del coche para mejor saborear el diálogo imaginado.

Una idea, súbitamente, le turbó. ¿Y si sus hermanos no iban a la fiesta? Que no estuvieran invitados era imposible, pero era muy probable que se limitaran a asistir a la ceremonia religiosa y dieran, en cambio, esquinazo a la reunión social. «Mis hermanos son unos merluzos de tomo y lomo —pensó Enrique— y son muy capaces de haberse rajado.» Esto sí que sería una lata.

Quería que le vieran, que comentaran después con su madre cómo iba vestido, cómo había charlado con esta o aquella niña *bien*. Todo esto contribuiría sin duda a la recuperación del prestigio perdido en el ámbito familiar.

Enrique se estuvo riendo un buen rato mientras conducía su coche, al pensar en la importancia que daban en su casa al nivel social de las amistades que frecuentaba. Tenía muchos y buenos amigos entre los empresarios de salas de fiestas, representantes de artistas del género ínfimo, patrones de las chicas del descorche, muchachos estupendos todos, que hacían negocios colosales, pero a quienes su madre y sus hermanos no podían tragar por no considerarles de suficiente «clase». ¡Qué majadería! ¿No eran acaso los cabarets el centro donde coincidían las niñas *bien* de familias *mal* con los niños *mal* de familias *bien*? ¡Pues entonces...!

En cualquier caso, a Enrique le interesaba que sus hermanos supieran que había sido invitado y por si no los veía allá, decidió pasarse unos minutos por casa de su madre, para que le vieran.

Conrada pegó un grito de júbilo al verle entrar.

—¡Señorito Enrique!

Enrique le dio una palmadita cariñosa en la cara y se precipitó hacia el salón.

—¿Dónde está mi vieja? —gritó.

Su madre estaba sentada, las gafas puestas, leyendo. Al oírle dejó la lectura, se quitó las gafas y alzó la cabeza llena de ilusión hacia él. Enrique se quedó un momento en el marco de la puerta para que su madre le viera bien, para que se fijara en lo bien que iba vestido, para que de una vez se convenciera de que sabía abrirse camino en la vida, por sí solo, como cada quisque. Después extendió los brazos y se acercó a abrazarla. La madre, después de la primera mirada ilusionada, se llevó las manos a la cara y se echó a llorar.

—Vamos..., vamos..., ¡qué lágrimas son éstas!, ¿es así como me recibes? —le dijo Enrique mientras le retiraba las manos de la cara y la besaba.

Ella se colgó de su cuello, le apretó contra sí hasta casi hacerle daño y después, mirándole desolada, siguió llorando mansamente. Enrique se sentó en la alfombra, a sus pies, esperando que el temporal amainara. Le irritaban los sermones en general y los de su madre muy en particular, pero al verla tan callada, tan silenciosa, se sintió invadido de una súbita ternura.

—¿No me dices nada? —le preguntó temeroso.

—¡Ya para qué! —respondió. Y guardó silencio, pues no quería sermonearle, ni aburrirle, por temor a que se fuera.

Enrique le sonrió agradecido.

«¡Cuántas veces —pensó—, hubiera querido estar así, con ella, mirándola!» Pero no podía ser. No bien se acercaba a su madre, comenzaban las protestas, los lamentos, las recomendaciones. ¡Al diablo, al diablo con todo! Eso no era vivir.

¡Qué distinto era todo ahora! Su madre no le sermoneaba. «¡Ya para qué! —le había dicho—. ¡Ya para qué!»

Enrique la miró enternecido.

—¿Por qué lloras..., eh? ¿Por qué? Algo malo te habrán contado de mí... Y tú, como tienes vocación de mártir... y lo que te gusta es sufrir..., te lo habrás creído...

La madre le miraba ahora, sin cesar de llorar, a los labios. ¿Qué sarta de barbaridades, qué colección de originalidades no saldrían de su boca para convencerla de que llevaba una vida ejemplar?

—Además..., si yo lo paso bien, como bien, duermo bien, vivo bien..., me parece fatal que llores por mí. La gente va a pensar que me tienes manía. Y que lloras porque te da rabia que al fin haya sentado la cabeza y me haya dedicado a hacer negocios y a trabajar.

—Pero ¿en qué trabajas? Dime: ¿en qué?

—No lo entenderás, mamá. Pero trabajo, y los negocios me van colosal. ¡Mira este traje, mira! Y la camisa...; ¡tócala! ¿Me la has comprado tú? ¿Crees que la he robado? ¡Pues entonces!...

Si alguien, ajeno a la conversación, los hubiera estado observando, pensaría que Enrique se estaba burlando de aquella pobre mujer vencida. Nada más lejos de la verdad. Enrique se había empeñado en hacerla reír. Ya era cuestión de amor propio. ¿Y no iba él a conseguirlo? ¡Y de su madre! De su madre, de quien querían separarle —¡si serán imbéciles!— sus hermanos. Le dijeron: «Te ha robado, nos ha robado, y te atreves a reír porque nos ha engañado "con gracia". ¿Sabes lo que te digo, mamá? ¡Que Enrique te está pervirtiendo!»

¡Qué deliciosa venganza representaba para Enrique, no ya reconquistar el corazón de su madre, sino confirmar que nunca lo había perdido!

La madre sacó un pañuelo y se secó las lágrimas.

—Colosal. Se acabaron las lágrimas. Así estás mucho más guapa.

La madre movió la cabeza y sonrió. Enrique palmoteó halagado...

—Genial. Esto sí que es bueno. Mi madre ha sonreído. Mira, viejita. Sé buena. Y escúchame. Yo no te he mezclado nunca en mis negocios, en mis pequeñas aventuras, en mi manera de ver las cosas. Lo que a ti te tiene que preocupar es si yo te quiero o no. Si decides que sí..., ¡a sonreír! Si decides que no, pues ¡hala, a llorar a caño suelto! Pero no es éste tu caso, viejita. ¿Verdad que no es éste tu caso?

La madre le miraba embelesada, y a medida que Enrique disparaba más, más crecía su sonrisa.

—Ya ves —comentó—. Y tus hermanos se enfadan porque te quiero.

—Lo que a ti te pasa es que estás enchulada conmigo. Confiésalo.

Ella rió y lloró al propio tiempo, pues sus lágrimas y su risa nacieron juntas, y movió afirmativamente, categóricamente, la cabeza.

—Sí. Eso es lo que me pasa. Y no te lo mereces. Pero a las personas no se las quiere porque lo merezcan o no...

—Vamos, vamos... Confiesa que no has tenido suerte

conmigo. ¡La verdad es que las mujeres os quejáis por vicio!

La madre se le quedó mirando e hizo un esfuerzo por calmarse y dejar de llorar.

—Cuéntame algo de ti, hijo mío. ¿Cuándo has llegado a Madrid?

—Estoy de paso —mintió—. Mis negocios están en Barcelona, pero tendré que venir aquí con mucha frecuencia.

Enrique estaba sentado a los pies de su madre, en el suelo, y ella sentada en su sillón preferido, el cuerpo echado hacia adelante y los antebrazos apoyados en las piernas. Enrique oyó la puerta de la calle que se abría y se cerraba, y los pasos de su hermano Claudio que se acercaban. No se movió.

—¡Vaya, vaya! —dijo el recién llegado con sorna—. Reunión familiar.

La madre levantó la mirada aterrada, como si la hubiesen sorprendido cometiendo una mala acción.

—¡Hola, Claudio! —dijo Enrique sin levantarse—. Me alegro de verte...

Claudio tardó mucho en contestar...

—Ya has hecho llorar a mamá...

Enrique se salió por peteneras.

—Y no te preocupes, madre, por lo que me has dicho. Yo te compensaré de la desgracia de haber echado al mundo a ese desabrido. Pero no llores más. Es un calamar con tinta y todo, pero no tiene remedio...

La madre miraba a Enrique riendo y reconviniéndole a la vez, como pensando: «¡Qué cosas se te ocurren!», pero no miraba a Claudio porque le tenía miedo.

Claudio, de pie, dijo muy lentamente:

—Escoge, madre, entre él o yo. ¡O se marcha ahora mismo, o me marcho yo de esta casa!...

Enrique se echó a reír.

—Adiós, viejita; volveré otro rato, cuando estemos solos, ¿eh? Y lo dicho: acepta esa cruz con paciencia.

Y señaló a su hermano mientras se incorporaba. Cuando pasó ante él, todavía lo seguía señalando.

Abrió la puerta para salir y ya iba a hacerlo cuando guiñando un ojo a Claudio, le advirtió con suficiencia:

—Eres un temerario, hermanito. No le plantees muchas veces ese dilema a mamá, porque te veo durmiendo en un banco a cielo raso...

Lanzó desde la puerta un beso a su madre, y salió.

Alicia y Ramón no se cruzaron con él por pocos minutos de diferencia. Cuando llegaron a la casa los gritos de su hermano mayor estaban en su apogeo.

—¿Sabes lo que te digo, mamá? ¡Que te estás haciendo cómplice de todas sus fechorías, que le estás incitando con tu complacencia a la vida desastrosa que lleva, y que si algún día Enrique acaba en la cárcel, y ése es el camino que lleva..., tú serás la responsable!

La madre miró a su hijo mayor con angustia. Los labios le temblaban, pero no dijo nada.

—Déjalo ya, Claudio, déjalo ya —intervino Ramón, que acababa de entrar. Y volviéndose a su madre—: ¿Qué nueva fechoría te ha hecho Enrique? Dinos la verdad, mamá...

—Ninguna, ninguna. Enrique ha estado adorable conmigo. Es Claudio, que ha perdido el dominio de sí mismo.

Claudio se puso en pie como un energúmeno.

—¡Eso es lo último que nos quedaba por oír! Yo, en tu caso, la primera vez que se llevó los abanicos de la vitrina para malvenderlos a un chamarilero, le hubiera dado tal sarta de bofetadas que no se le habría ocurrido robar el Goya, como hizo tres semanas después. Y el día que durmió aquí, en esta casa, al lado de tu cuarto, con esa corista, le hubiera cerrado las puertas para siempre. ¿Y tú qué hiciste, mamá..., qué hiciste cuando te enteraste?...

—No lo creí...

—Ramón te lo dijo y te lo demostró.

—Pero yo no lo creí.

—No lo creíste; pero te fuiste con tu criada a primera fila del «Martín» para ver qué tal era la chica...

Hubo un silencio muy largo.

Alicia, con gestos suplicantes, pedía a Claudio que no siguiera.

La madre quiso decir algo y no estuvo demasiado afortunada.

—Una madre tiene derecho a saber con quiénes salen sus hijos. Además, a Enrique nadie le ha echado una mano nunca.

—¿Cómo puedes decir eso, mamá? —intervino Ramón—. ¿Sabes la cantidad de veces que Claudio y yo le hemos ayudado?...

—Dinero, y no consejos, era lo que él necesitaba. Que no hay peor consejero que los bolsillos vacíos.

—¡Dinero..., dinero! —clamó Claudio golpeando con los dos puños en sus bolsillos—. ¡Le hemos dado dinero! Yo se lo he dado a espuertas, para comprar libros, para matricularse, para que pagara la pensión y pudiera estudiar sin preocuparse de ganarlo. Y aquel viaje a Barcelona, para un puesto tan importante, se lo pagó Ramón, que ignoraba que se lo había pagado yo la víspera. Y después, Alicia nos confesó que ella también le había dado la misma cantidad...

La madre sonrió beatíficamente.

—¡Yo también le di dinero para aquel viaje a Barcelona!...

—Pues se pasó una semana en el Ritz, viviendo con una vieja. Y el puesto a que aspiraba era el de colocarse como chulo a cuenta de ella. ¡Y se colocó! ¿Te enteras? Y lleva dos años viviendo con ella, a costa de ella. ¡Ése es tu hijo..., un chulo de p...!

—¡Eso no es verdad!... ¡Os prohíbo que habléis así!...

Se llevó las manos a la cara y comenzó a sollozar.

—¡Y no quiero saberlo! ¡No quiero saber nada, nunca de esas porquerías que os inventáis!

Alicia se acercó a ella. Se llevó de nuevo las manos a los labios, pidiendo silencio a sus hermanos.

—Tenéis razón..., pero dejadla ya. Está descompuesta. ¡Pobre mamá!

Se inclinó sobre ella, queriendo abrazarla, acariciarle

el pelo; pero ella reaccionó violentamente, como si le repugnara que la tocasen. Alicia insistió:

—Vamos, mamá. Ya no se hablará más de esto. No llores... No me hagas llorar a mí también.

—¡No quiero saber nada!... ¡No quiero!

De pronto se incorporó, dio un manotazo a su hija en las manos y la empujó apartándola de sí.

—¡Y tú, déjame en paz! —gritó en el colmo de la injusticia—. ¡No me toques, estoy harta de ti!...

Alicia, toda pálida, se echó hacia atrás.

—¡Sí, sí, estoy harta de ti!

Alicia estaba inmóvil, como si hubieran disparado sobre ella una ráfaga de metralla y fuera a caer fulminada. Claudio, ante tamaña injusticia, había enrojecido de ira, y a Ramón se le saltaron las lágrimas. Alicia, deseando que su madre rectificara, se atrevió a balbucir:

—Pero..., madre, ¿quién en el mundo te quiere más que yo?

La anciana no contestó.

—Yo no puedo resistir esto —dijo Ramón poniéndose en pie.

Alicia se acercó a él, inclinó la cabeza sobre el pecho de su hermano y se puso a sollozar, rotos los nervios, con hipidos.

—¿Que quién me quiere más que tú, que quién me quiere más que nadie? —exclamó la madre alzando la voz—. Él me quiere mucho más que todos vosotros juntos. Él es el único que me ha querido siempre. El que me dice cosas bonitas, el que me mima. Nunca... ninguno habéis sido capaces de decirme las cosas que Enrique me ha dicho a mí hoy. ¡Ninguno..., ninguno!...

Claudio la interrumpió:

—Escúchame, mamá, y es lo último que voy a decirte, porque me voy. Todo lo que él te ha dicho se lo sabía de memoria, porque ya se lo había dicho antes a la vieja del Ritz. —Y concluyó con estas palabras tremendas—: Su especialidad es camelar corazones seniles.

Se levantó, cruzó el comedor y el salón, dio un portazo y se fue.

Ramón acarició a su hermana en la mejilla, la besó en la cara y, sin dejar de abrazarla, se la llevó hacia las habitaciones interiores.

La madre se quedó sola, en el cuarto de estar.

«¡Camelar corazones seniles!... ¡Puede que sea verdad! Lo hace muy bien... Mi niño querido...»

No lloraba. De vez en cuando un suspiro le subía del pecho a la garganta, como una congoja que no alcanzaba a deshacerse en lágrimas.

Estaba sola y no lloraba.

—Enrique..., mi niño querido. Él sólo me quiere... ¡Él sólo! Mi niño chico...

«¡Qué familia, muchacho!», se decía Enrique mientras conducía su automóvil, e hizo un gesto como si apartara las moscas o los recuerdos. Giró lentamente el volante y se encaminó a casa de Celia. La idea de volver a verla le turbaba un poco. Había salido mucho con ella, seis años atrás, recién concluida la guerra, cuando todos se empeñaron en que estudiase arquitectura. Pero la verdad es que le aburría soberanamente enterrarse en vida entre libros. La vida se vivía una vez, y era un crimen desperdiciar lo mejor de la juventud, quemándose las cejas entre libracos. Él era perfectamente capaz de diseñar una casa sin necesidad de estudiar. Todo era cuestión de talento y de gusto, y ni una cosa ni otra le faltaban. Pero Celia no lo entendía así y amenazó con dejarle si colgaba los estudios. Un día, Enrique decidió no llamarla más, y desde entonces no habían vuelto a verse. Nunca la había echado de menos. Celia se había vuelto estúpidamente formal, y no había manera de intimar lo más mínimo con ella.

Enrique estacionó el automóvil donde pudo, pues todos los lugares vecinos a la casa estaban ocupados. Extrajo de la guantera un frasco de colonia, la dejó gotear sobre las manos, se peinó las cejas y el bigote, se ajustó la corbata y salió.

III

LA BODA

ANASTASIO, plantado ante un Vicente López, soberbio retrato de un bisabuelo de Celia, lo estudiaba detenidamente con falsa atención de entendido. El cuadro no le interesaba lo más mínimo, pero era un pretexto para hacerse el abstraído y que nadie notara que no sabía a quién dirigirse ni a quién saludar. Eran muchos años ya los que habían pasado sin tener contacto alguno con sus antiguos compañeros. Salvo aquella semana, al concluir la carrera, en que salió con Celia, no había vuelto a ver a ninguno, con la sola excepción de Adolfo. A unos metros del Vicente López había un Madrazo. Representaba a una mujer de cuerpo entero, vestida de verde, los hombros desnudos y en una de las manos un abanico de plumas de avestruz, negras y moradas. Anastasio encendió un cigarrillo rubio y se lo colgó de los labios. El humo le subía por el rostro hasta invadir, sin molestarle, las cuencas de los ojos. Con las manos cruzadas a la espalda, se situó ante el lienzo y lo estudió, lentamente, como el primero.

—¡Hola, tú! Se saluda...

Anastasio reconoció la voz. Se volvió. Unos metros más allá estaba Javier, a quien no veía desde San Sebastián. La presencia de una cara conocida le tranquilizó, y a duras penas consiguió llegar hasta él, atravesando un agitado mar de elegancias.

—Salgamos de aquí, tú, o nos ahogan —dijo Javier apenas se hubieron saludado.

Anastasio le siguió y alcanzaron a codazos la escalera

que unía el *hall* con las habitaciones superiores. Javier se sentó en uno de los peldaños, a media altura.

—Oye, ¿no estará feo hacer eso? —preguntó Anastasio alarmado.

—Me importa un pito. Aquí se está bárbaro. Y se ve mejor a la gente. ¿Qué es de tu vida?

No le dio tiempo a responder.

—Yo me voy a América, ¿no sabías?

—¿A América? ¿A qué?

—A Venezuela. He metido allí todo mi dinero...

—Me dejas helado. Explícate.

Javier le expuso su plan. En Venezuela, el Gobierno vendía a precios irrisorios inmensas propiedades en la jungla, y daba tantas facilidades de pago que era casi un regalo. Pero había que transformar el terreno. Había que robarlo a la selva, convertirlo en algo productivo, catear minas, talar bosques, desbrozar caminos, sembrar. Era peligroso, pues había tribus insumisas que no hacían fácil esta labor, ni mucho menos. Pero a él le encantaba la idea, le gustaba este género de vida.

—¿Y te vas solo?

—¡Hombre! ¡Si encontrara a alguien!... Anímate tú.

—Yo no sirvo para eso. ¡Qué locura!

Javier se quedó mirando un punto fijo entre la gente.

—Mira quién está ahí... La novia.

Anastasio no pudo reprimir un aletazo de nostalgia.

—¿Te acuerdas de cuando Enrique la echó del cuarto para jugar al escondite a oscuras?

Javier sonrió, mientras afirmaba con la cabeza.

—Se ha puesto muy guapa. ¿No encuentras que se parece a Celia?

—¡Vamos —protestó Anastasio—, ya quisieran sus hermanas parecerse a Celia!

—¡Que me lleven los mismísimos demonios! —le interrumpió Javier—. ¿A que no sabes a quién estoy viendo?

Abriéndose paso entre unos y otros, avanzaban hacia la escalera Leopoldo y Enrique saludándolos desde lejos.

A Anastasio le molestaba profundamente llamar la atención; y Enrique, en cambio, no era feliz sin percibir cien ojos pendientes de sus actos. Las miradas ajenas le hacían el mismo efecto que las banderillas a los toros de casta: le animaban, le embravecían.

Anastasio se sintió profundamente incómodo cuando Enrique, a medida que avanzaba hacia la escalera, como un divo entre muchedumbres que le abrían paso, comenzó a entonar, a todo pulmón, acompañando el ritmo con las manos alzadas sobre la cabeza:

> *Riau, riau, riau,*
> *los de la panda, los de la panda,*
> *riau, riau, riau,*
> *los de la panda estamos aquí.*

Javier se doblaba de risa al verle llegar. El mismo Leopoldo estaba un tanto corrido, y le seguía a prudente distancia, dispuesto en cualquier momento a negarle —como Pedro negó a Cristo— si alguna persona le preguntaba que quién era aquel demente. Y Anastasio se ocultaba detrás de Javier, haciéndose el distraído. Pero era tanta la alegría que experimentó al verle tan igual, tan como siempre, que su bochorno desapareció apenas se dieron el abrazo de salutación.

No tardó en circular el rumor de que Enrique estaba en la fiesta, y muchos amigos y amigas se acercaron a la escalera para saludarle y asaetearle a preguntas indiscretas. Leopoldo dio en el clavo al comentar:

—¡Hay que ver el éxito que da en España tener fama de golfo!

Javier agarró a Enrique por un brazo.

—Oye, tú... ¿Sabes que me voy a América?

Enrique se interesó muchísimo.

—¿De verdad? ¿Cuándo?

—Dentro de dos meses. El dos de junio embarco en Vigo para Venezuela. Ya tengo el pasaje. ¡Vente conmigo y en pocos años seremos dos tipos importantes!

En pocas palabras, Javier le expuso su plan, y mientras lo hacía, la imaginación de Enrique se desbordaba. En unos segundos desfilaron por su fantasía los peligros y las bellezas de la selva; el descubrimiento de los esqueletos de unos misioneros devorados por las hormigas; Javier y él talando bosques, agotados por las fiebres, y, al fin, condecorados y poderosos, firmando contratos y hasta tratados comerciales con varios gobiernos americanos.

Anastasio interrumpió su ensoñación.

—¡Qué bonita es!

—¿Quién?

Señaló con la cabeza hacia un lugar del *hall*. Entre la resaca humana que se movía ante la pequeña atalaya de la escalera; entre un mundo de calvas, sombreros y joyas, Anastasio veía a Celia, que salía del comedor, rodeada de una nube de admiradores.

Enrique se incorporó para poder verla bien. Y, apenas la hubo descubierto, lanzó un prolongado silbido de admiración en tono menor.

—¡Qué barbaridad! ¡Cómo está de guapa esa chica!

Anastasio se quedó embobado mirándola. Celia parecía un cisne entre patos, un hada entre caricaturas, una porcelana entre ridículas figuras de barro cocido. Estaba divina.

Celia estaba de medio perfil, y no había manera de atraer su mirada. Sonreía a unos y a otros muy en ama de casa, poseída de su importante papel de hermana de la novia. Enrique sacó el pañuelo y comenzó a agitarlo para llamar su atención. Como no lo conseguía, pidió con gesto a un invitado próximo a ella que la avisara; pero éste era torpe y no acertaba a comprender lo que querían de él.

Celia no miraba.

—No hagas el ganso —suplicó Anastasio—. No insistas...

—Dale un vozarrón a lo Tarzán, como hacías en Ondarreta —sugirió Javier.

—Tengo una idea —afirmó Enrique.

Anastasio, ante el solo anuncio de que Enrique «tenía una idea», estuvo a punto de marcharse. Pero ya era tarde. Enrique había sacado la armónica, y, muy bajito, sin armar ruido, tarareó las notas finales de

los de la panda, estamos aquí...

—No ha podido oírlo —comentó Javier—. Dale más alto.

Celia, sin embargo, giró lentamente sobre sus talones y comenzó a buscar muy extrañada, de un lado a otro, incluso por encima de su cabeza, como si el ala de un pájaro invisible hubiera rozado sus cabellos. Al fin dirigió sus ojos hacia la escalera, y una sombra levísima como un chispazo negro, los cruzó. Miró uno a uno a sus cuatro amigos, que de lejos le sonreían, y olvidando a los que estaban con ella, avanzó hacia la escalera.

Enrique, Leopoldo y Javier bajaron hasta el último peldaño para tenderle una mano que le ayudara a desprenderse de la apretada masa de gente que entorpecía su liberación.

Se dejó piropear sin decir nada.

—La reina de la fiesta.

—La más bonita...

Y se acercó a Anastasio, que, más tímido, esperaba rezagado su turno. Celia le tendió las dos manos. Estaba radiante.

—¿Cómo van tus oposiciones? —le preguntó. Y añadió burlona—: ¡Nadie te habrá turbado durante tus estudios, supongo!

Enrique, que esperaba recibir las primicias de los halagos de Celia, exclamó entre bromas y veras:

—¡Huy, huy, huy! No tenía ni idea de estas preferencias; yo vivía en la luna.

Celia se sentó en uno de los peldaños, entre ellos.

—Enrique..., ¡cómo me divierte que seas celoso! —dijo riendo.

Después bajó los ojos, vaciló unos segundos, y no

abandonando nunca su tono jovial, añadió, con un leve dejo de melancolía:

—Eso de los celos se pasa. De pronto se dejan de tener y no concibe una cómo ha podido sufrir tanto por una persona a quien ya no se quiere.

Hubo un silencio incómodo.

—O son las menos veinte, o ha pasado un ángel —dijo Celia rompiendo el silencio.

—No ha pasado un ángel —corrigió galante Anastasio—; lo tenemos con nosotros.

Celia se volvió agradecida hacia él, y se lo quedó mirando sorprendida.

Adolfo, en aquel momento, llegó hasta ellos. Estaba muy excitado. No saludó a nadie. Ni a Celia siquiera. Se puso en cuclillas en el escalón inferior, frente a frente de Anastasio, y le agarró por los hombros.

—Vengo de las Salesas...

Todos comprendieron que algo ocurría; pero no acertaban a entender la actitud de Adolfo, ni mucho menos la de Anastasio, que se había puesto pálido como si temiera recibir un bofetón. Con la mano crispada se agarraba la corbata como si quisiera arrancársela.

Adolfo, siempre en cuclillas, le apretaba por los hombros, sonriendo.

—Dame un abrazo, hombre. Dame un abrazo.

No hubo necesidad de más aclaración.

Se pusieron ambos en pie y se abrazaron estrechamente, ante el estupor de todos.

—¿Estás seguro, estás seguro? —repetía una y otra vez, con los ojos húmedos, Anastasio, a cuyo rostro afluyó ahora la sangre como en sus mejores tiempos de ruborizado colegial.

—Todavía no lo he dicho todo —añadió Adolfo separándose de él.

Javier soltó un taco.

—Pero... (y aquí soltó otro). ¡Si todavía no has dicho nada! ¿Quién demonios son las Salesas? Si se le ha muerto alguien a ese pobre chico, ¿por qué te ríes tú? Y si le ha tocado el gordo de la Lotería al opositor, ¿por qué llora él? ¿Quieres de una pijotera vez decirnos qué pasa?

—¡Pero si no me dais tiempo a decíroslo! Además, ni Anastasio ha sido nunca «pobre chico» ni ya es «opositor».

—¡Anastasio! —exclamó Celia.

—¡Dejadme acabar! ¡Caramba! —gritó Adolfo. Y añadió con énfasis—: Fernández Cuenca es el número uno de su promoción. —Y dicho esto se sentó, dando por concluida su intervención, mientras los demás intentaban abrazar a Anastasio, que se sentó de nuevo, y no se dejaba.

—Dejadme, dejadme; ¡si no puede ser! ¡Si no puede ser!...

—Mira —le dijo Adolfo a Anastasio, haciendo callar a los demás—. Cuando estuve en tu casa y me dijiste: «No sé..., ya te contaré...» y otras vaguedades por el estilo, me dejaste preocupado. Y me fui a las Salesas. Me dijeron que hoy mismo se sabrían los resultados. Faltaban cinco por examinar. Y tres se retiraron. He estado allí hasta ahora. Sólo han cubierto seis plazas...

—¿Sabes algo de uno que se llama Celso Otero?

—Sí. El número tres.

—Ése creía yo que sería el primero...

Se volvió bruscamente hacia Celia.

—Dime..., ¿dónde hay un teléfono? Quisiera hablar con mi madre para decírselo.

Celia se llevó el dorso de la mano a los ojos.

—Pero, Celia —exclamó Anastasio conmovido—, ¿qué significa eso?

Celia se echó a reír y se sacudió la cabeza con energía, como un perrillo se sacude el agua cuando sale del mar.

—Soy una estúpida. Me he emocionado con tu exitazo. Ven, te acompaño al teléfono...

Le tendió las dos manos para ayudarle a levantarse. Anastasio las aceptó y, al incorporarse, la tuvo tan cerca que sintió deseos de besarla. Pero no lo hizo. Subieron al piso inmediato. En el de abajo no sería posible hacerse oír. Celia quiso retirarse mientras Anastasio hablaba con su madre, pero éste le suplicó que se quedara.

—Ya no soy opositor, madre. Ya puedes quemar los libros si quieres...

Como era el número uno, tenía derecho a escoger destino. Volvería pronto a casa. Estaba deseando verla por fin contenta. Quería comprobar que su madre no se había olvidado de sonreír...

Cuando colgó el teléfono, Celia, sentada frente a él, le tomó las dos manos.

—Siempre he tenido fe en ti. Esto hay que celebrarlo. Voy a organizar una comida en honor del juez más joven de España. Dime tú mismo a quién quieres que invite.

Anastasio tardó en reaccionar. Tuvo la extraña sensación de que el piso había cedido bajo sus pies y que se encontraba de pronto colgado en el vacío.

—Celia..., estás en un error... ¡Yo no soy juez!

Celia le miró sorprendida.

—Entonces, ¿qué clase de broma es ésta?

Nunca Anastasio había visto a Celia con tanta seriedad en el gesto y en el rostro. Trató de explicarle que su madre no podía esperar tanto; que él necesitaba trabajar antes que nada..., ganar dinero... Las oposiciones a la judicatura le hubieran exigido demasiado tiempo; tres o cuatro años más en la preparación. Había tenido que cambiar de parecer. Las circunstancias le habían obligado a ello...

Celia le escuchaba atenta, le sonreía cortés, esforzándose en no demostrar, por no herirle, la decepción que sufría. Y Anastasio insistía en demostrarle las excelencias de su nueva profesión. Había escogido la misma que su padre. Había una gran labor que desarrollar. Y posibilidades rápidas de ascender. Por de pronto, ocuparía un destino rápidamente. Y quizá una vez instalado, ganando ya dinero, comenzaría a preparar oposiciones a la judicatura.

A medida que Anastasio hablaba, la sonrisa se fue

borrando del rostro de Celia. Cerró los ojos y preguntó con temor:

—Entonces... ¿qué eres ahora?

Anastasio desvió la respuesta. Se agarraba desesperadamente a un puntillo de felicidad.

—¡Nunca pensé que pudiera triunfar así! ¡Nunca creí llegar a ser el número uno!

—Pero ¿qué eres, qué eres ahora? —insistió Celia—. Todavía no me lo has dicho.

—Funcionario del Cuerpo de Prisiones...

Celia le miró de hito en hito. Anastasio la tenía frente a sí, junto a sí y la sentía lejana. Celia le felicitó sin calor. Y como no sabía qué más decir, le invitó a reunirse con los demás.

Enrique y Javier estaban enfrascados en el tema de América. Leopoldo pidió a Celia que le presentara «a esa monada que va por ahí». Celia se separó del grupo. Los invitados la reclamaban. Su condición de hermana de la novia le exigía atender a unos y a otros. Anastasio se retiró pronto a su casa. Era un día importante para él. Había salido triunfador, con el número uno, de sus oposiciones. Y estaba triste como si las hubiese perdido.

IV

EL SEÑUELO DE AMÉRICA

ENRIQUE SALIÓ MUY TARDE de casa de Celia. A todos cuantos pudo les había dicho: «¿Sabéis? ¡Me marcho a América!» Y ahora Enrique se preguntaba por qué lo había dicho.

Abrió lentamente la portezuela del coche de Giselle y se arrellanó frente al volante, sin decidirse a poner en marcha el motor. En realidad, le había molestado la displicencia de Celia, y dijo lo de América como pudo haber dicho cualquier otra cosa extraordinaria, para apabullarla, para despertar su admiración.

«No me creen capaz de realizar nada que represente un esfuerzo, un sacrificio: de hacer lo que ha hecho Anastasio o lo que Javier está dispuesto a hacer», se dijo en voz baja.

Pero al punto otra voz surgió impetuosa, irritada, dentro de sí: «¡Sé sincero, Enrique! Aunque te fastidie oírlo, ¡tienen razón! ¿O acaso te crees realmente capaz de hacer algo que valga la pena?»

«¡Sí soy! ¡Claro que soy capaz!», se dijo. (Y como si hubiese abierto el conmutador de una máquina de proyección, se vio de pronto luchando a brazo partido en la selva con veinte caníbales.)

«No es eso..., no es eso...», pensó, corrigiéndose a sí mismo.

Hizo un gesto de hastío, como si estuviera harto de soportar a su lado a su propio «yo», dio la vuelta a la llave de la puesta en marcha, y salió disparado, calle adelante, a toda velocidad. Tomó una curva casi sobre dos ruedas y después tuvo que poner a prueba toda su pericia de conductor para, a duras penas, enderezar el vehículo. Apretó con rabia el pie sobre el acelerador. «De cada una de estas bocacalles —pensaba— puede salir un carro, un coche, un ciclista, y sería el fin.» La idea no le inmutó lo más mínimo y siguió apretando a medida que el coche, como un bólido imposible de dominar, se lanzaba en línea recta sorbiendo la estrecha lengua de la calzada. La sensación de riesgo le embriagaba. Los árboles, los cubos de la basura alineados junto a las aceras, los coches estacionados que pasaban la noche a la intemperie, se desplazaban a sus dos lados como cintas de cinematógrafo tiradas desde atrás a velocidades abismales. De pronto pegó un frenazo brutal. Clavó el pie sobre el pedal del freno, apretó los dientes, tensó los brazos sobre el volante y el coche se arrastró sobre las ruedas quietas, movido por la inercia, y bamboleándose a un lado y otro como si fuera a volcar.

—Vamos a ver si hablamos claro —se dijo—. ¿Estoy borracho? ¡No, padre! ¿Tengo claridad de juicio? ¡Sí, padre! Pues adelante y a ver si nos entendemos de una pejiguera vez.

Apenas lo hubo dicho, se sorprendió de haber hablado en voz alta estando solo. Se pasó una mano por la frente y se echó a reír. Pero la risa se retiró pronto de sus labios. Sentía una sensación de angustia difícil de definir dentro de sí. Angustia de nada y angustia de todo. Algo había acontecido que le desasosegaba. No sabía bien qué era: si la frialdad y el desprecio de su hermano mayor, las lágrimas de su madre, el triunfo de Anastasio, a quien siempre había considerado un pobre diablo, la decisión de Javier, la popularidad de Adolfo, la indiferencia de Celia, o todo eso junto y barajado. ¡América! ¡Qué estupendo sería romper las amarras con esta vida vacía de sentido que llevaba y llenarla con las emociones de la aventura americana! «Trabajaría como un jabato, fíjate lo que te digo», exclamó como si quisiera convencer a la parte más escéptica de sí mismo de lo que era capaz. «Y os convenceré a todos, y a ti el primero —añadió dirigiéndose a sí propio—, si soy o no soy un tío bueno.» Algo debió de responderle su más íntima sinceridad cuando Enrique replicó en voz alta: «¡Claro que soy un tío bueno! ¡Soy sensacional, como quien no quiere la cosa! ¡Sensacional, sencillamente!»

Enrique comenzó a desflecar una a una las borlas multicolores de su hipotética y fantástica aventura americana. Era un trabajo durísimo que exigía tenacidad, resistencia física, ambición, desprecio al peligro, capacidad organizadora y dinero..., mucho dinero. Esto era lo malo. ¿De dónde iba él a poder sacar todo el capital que se necesitaba? Porque a lo que no estaba en modo alguno dispuesto era a aceptar la posibilidad brindada por Javier de aportar su trabajo a la empresa común e irlo capitalizando hasta equilibrar las aportaciones. Él no había nacido para ser criado de nadie.

Javier le había informado con todo detalle. Necesitaban cinco tractores, dos *jeeps*, una grúa, dos remolques, un helicóptero, depósitos para combustibles, silos, herramientas, armas y municiones. Y como se calculaba que durante los tres primeros años nada de esto rentaría, había que tener reservas de dinero para pagar los plazos de los tres primeros años del terreno, para vivir todo este tiempo y para mantener y pagar entretanto el equipo de obreros especializados. Los braceros se contrataban sobre el terreno. Un terreno cuya extensión era casi como media provincia de Guipúzcoa.

Enrique estuvo largo rato sin descender del coche. Tenía la vista clavada frente a él, mirando, sin ver, hacia un punto fijo de su horizonte interior. Los carros de los traperos hacían un ruido infernal sobre el empedrado. Pero él no los oía. Eran el anuncio del alba: los gallos rondantes de la gran ciudad. Sobre el coche de Enrique, sobre la calle en que estaba estacionado, sobre la casita alquilada por Giselle en las afueras de la capital, sobre toda la ciudad, el cielo se fue aclarando, y el lucero del alba —canto del cisne de la noche— iba perdiendo brillo, lentamente, antes de morir. Mas para Enrique la noche crecía y se extendía en su interior.

Descendió del coche y penetró en casa de Giselle. No fue necesario mover el conmutador de la luz. La que penetraba a través de las contraventanas era suficiente para avanzar por el pasillo y alcanzar la manivela de la puerta del dormitorio.

Giselle no le oyó entrar. Dormía profundamente. Su respiración era honda y acompasada. Enrique se derrumbó y se deslizó entre las sábanas. Una mano de Giselle se extendió hacia él, le palpó el rostro y le presionó el brazo con muda salutación. Después todo el cuerpo de Giselle se acurrucó junto al suyo. Enrique no se movió. Sus ojos abiertos seguían, sobre el techo, los extraños juegos de luz y sombras que proyectaban los primeros rayos del sol filtrándose por los inverosímiles intersticios de las persianas. De pronto una idea luminosa le asaltó, su rostro cambió súbitamente de expresión, se llevó una mano a la boca y se mordió los dedos para que su júbilo no despertara a su protectora.

—Eres un tipo fenomenal, Enrique, eres un tipo imponente..., ¡palabra! —dijo entre dientes.

Y después se volvió hacia Giselle. La besó repetidamente en la cara y se apretó contra ella dispuesto a dormir.

V

LA DESPEDIDA

Leopoldo golpeó repetidamente el vaso de sangría con la cucharilla de café, pidiendo silencio. Al llegar a los postres, el tono medio de las voces había alcanzado la categoría de un puro grito continuado, y no era posible hacerse oír.

—¿Queréis callaros de una vez, que empiezan los discursos?

Las voces no se aquietaban, y Adolfo no estaba dispuesto a levantarse mientras no se hiciera el silencio.

—Dale otra vez, Leopoldo, a ver si se deciden.

Al fin las voces se remansaron, y Adolfo se puso en pie. Sus primeras palabras fueron interrumpidas varias veces por Javier, a quien le daba risa ver a un amigo suyo pronunciando un discurso.

—No seas incivil, que aún no estamos en la jungla —le dijo Enrique varias veces.

Las palabras de Adolfo fueron perfectas. Habló sin pedantería, a media voz, como correspondía hacerlo para dirigirse a un número tan reducido de comensales. Se apoyó en el humor como medio de hacerse con la atención de sus amigos, recordó anécdotas de los lejanos días de la adolescencia, medio olvidadas por todos, y fue trazando la línea seguida por cada uno de ellos desde los tiempos del colegio hasta el presente, en que todos habían definido su posición frente a la sociedad y a su propio sentido de la responsabilidad. Se metió deliciosamente consigo mismo para hacerse perdonar las pullas que lanzaría después —con buen sentido— contra sus amigos, con más pretensiones de reír que de herir, y al fin se refirió a Enrique y a Javier: los dos homenajeados. Afirmó que la decisión tomada por Javier de quemar todas sus naves para ganarse a pulso la riqueza de las selvas venezolanas le llenaba de admiración. Recordó la rotunda negativa de éste a oírle jamás una sola poesía y a asistir a los estrenos de sus comedias. Javier tenía la intuición de que algún día sería autor y protagonista de una acción importante y real, y a esto se debía, sin duda, su desprecio hacia las acciones imaginadas por los poetas y los autores. Después se centró en Enrique. Aludió a la subordinación de sus actos, de su memoria y hasta de su pensamiento a la más desbordada de las fantasías. Recordó, a título de ejemplo, la reencarnación del judío errante en aquella cabeza de arena que moldeó en la playa. Y las risas de todos ante el recuerdo de aquella peregrina aventura subieron de tono cuando Enrique interrumpió el discurso de Adolfo para afirmar que aquello fue absolutamente cierto y que no toleraba bromas sobre el particular. Aludió también a la incapacidad de Enrique para valorar el pasado o apuntar hacia el futuro. Enrique era como un cazador que ni sabe seguir desde lejos el recorrido de una pieza que se acerca ni consigue imaginar la dirección hacia donde se dirige. Por eso cada acto de Enrique, como cada disparo de ese cazador, es un puro presente, desligado de toda observación del minuto anterior y de toda intuición respecto al que ha de venir. De aquí que, al apretar el gatillo, más que disparar no haga sino disparatar. Su desprecio hacia el «ayer» y el «mañana» le ha llevado a supervalorar de tal forma el presente, que pocas personas sacan tanto jugo al «ahora» como él. Adolfo recordó el negrísimo cuadro que les pintó a todos antes de salir para Lecároz —pura fantasía— y la demostración de alegría y felicidad de que hizo gala en el tren, cuando salía hacia el internado, calificado por él hasta pocos minutos antes como el más cruel de los infiernos. El prurito de exhibirse, el frenético deseo de agradar, su simpatía personal no eran sino consecuencia de su amor desmedido hacia lo presente. Y su fatalismo: «esto tenía que ocurrir»; «hoy te ha tocado a ti, mañana será a mí»; «estaba escrito», ¿qué era sino un reconocimiento de incapacidad, por su parte, de influir en la trayectoria de su mañana con el esfuerzo personal?

Pero he aquí que la fantasía y el presente se habían aliado al fin en la condimentación, en la preparación de algo realmente importante y positivo. La decisión del viaje a América debía Enrique agradecerla a su fantasía, que le había hecho imaginar las más sabrosas aventuras, a las que había subordinado toda indecisión posible. Y su éxito allá estaba asegurado porque el afán de cada momento, el esfuerzo de cada minuto, no se vería entorpecido por la nostalgia (amor al pasado) ni por la duda (inquietud del porvenir).

Adolfo fue muy aplaudido. Enrique se rió de muy buena gana con sus observaciones, y los hermanos de éste, Claudio y Ramón, se levantaron para felicitar a Adolfo. Había hecho —dijeron— una perfecta disección de la personalidad del «chaval»: le había troceado y analizado cada una de sus partes como no lo haría mejor un anatomista con un animal enfermo.

—Oye, oye, eso de animal no os honra mucho —protestó Enrique—. Que al fin y al cabo, somos hijos de la misma madre...

—Ni lo de enfermo tampoco —puntualizó Adolfo—. Que eso no lo he dicho yo...

El más sorprendido de todos era Javier. Para él eso de la poesía y de la literatura era cosa de gentes afeminadas o enfermas: «pijadas» de niños «litris». Pero ¡caray! con el Adolfo este del demonio. ¡Qué cosas sabía decir el tío!

—¡Que hable Javier, que hable Javier! —gritó de pronto Leopoldo.

—Oye, tú, que te parto la cara —dijo éste como amable disculpa. Y añadió—: Que hablen los intelectuales.

—¡Eso es, los intelectuales! —confirmó Enrique—. ¡Anastasio, te llaman!

Anastasio se disculpó.

—¡Como no os recite la Ley de Enjuiciamiento Civil!

Los hermanos de Enrique le sacaron del apuro. Ya era tarde y tenían quehacer. Abrazaron a Enrique, felices de verle encarrilado hacia una empresa digna y útil, y se marcharon. Los hermanos de Javier y un primo carnal de éste se despidieron también. Quedaron solos, los íntimos.

Leopoldo intervino:

—Yo tengo algo que decir.

Dejó un margen de tiempo para la intriga y añadió confidencial:

—Tengo cinco chavalas que son cinco fenómenos.

—¿Para «ligar plan» o para hacer el idiota? —preguntó Javier.

Leopoldo se ofendió.

—¡Cuando yo te digo que tengo cinco chavalas, no va a ser para recitar versos! ¡Dicho sea sin ánimo de ofender a Adolfo! Son cinco señoritas por todo lo alto: dos modelos, una enfermera, una manicura y una corista. Pero una corista «bien». Finísima —aclaró Leopoldo—. Sólo hay una pega: una de ellas está entera y no quiere bromas pesadas.

—¡Ésa para Anastasio! —gritó Javier, doblándose de risa.

Anastasio enrojeció, como en sus mejores tiempos.

—Yo no puedo ir. Tengo quehacer.

—¡No me fastidies, hombre! —exclamó Leopoldo—. Lo divertido es ir todos juntos. En el último día de Enrique y Javier...

—He dicho que no.

—Cuando te pones así, no hay quien te aguante —añadió Leopoldo irritado—. No pretenderás darnos a todos una lección.

—¡Haya paz! —intervino Adolfo.

—¡Tú eres bobo! —le dijo Enrique a Leopoldo—. ¡Que cada uno haga lo que le salga de las narices!

Anastasio llenó de sangría su vaso vacío y lo apuró lentamente. Leopoldo estaba sentado frente a él y le miraba con cara de pocos amigos. Anastasio volvió a llenar su vaso.

—Acláranos las cosas, tú —dijo Javier—. ¿Dónde va a ser eso?

—En mi casa —contestó Leopoldo—. Bueno, en un piso que he tomado a medias con otro, para estas ocasiones. ¡Lo tenía tan bien organizado y ahora viene este aguafiestas y nos lo estropea todo! ¿Cómo vamos a decirle a una de las chicas que se vaya? ¿Por qué no quieres venir, di?

Anastasio estaba muy violento. Si no hubiera sido por no hacer un feo a Enrique y a Javier la antevíspera de su marcha en su comida de despedida, hacía rato que hubiera tomado el portante.

—No pienso darte explicaciones ni de lo que hago ni de lo que dejo de hacer —concluyó Anastasio.

—Pero vamos a ver... —intervino Enrique—. ¿Tienes realmente un compromiso para esta tarde? Tú todavía no has empezado a trabajar... Hasta dentro de dos semanas no ocupas tu destino...

—Te diré la verdad: no tengo ningún compromiso.

—Pero ¿a ti te gustan las mujeres o no te gustan las mujeres?

—No tolero esa broma, Javier.

—Te lo pregunto en serio.

—Me gustan como al que más.

—¿Por qué no le dejáis en paz? —intervino Adolfo, saliendo en su defensa.

Anastasio se volvió hacia él, y como quien quiere asirse a un clavo ardiendo, le preguntó:

—¿Tú... piensas ir?

A Adolfo le molestó la pregunta.

—Claro...

Se inclinó hacia él.

—Anímate, hombre, y ven. Negarse así resulta un poco ridículo.

Anastasio le miró tristemente. No esperaba que Adolfo le dijera esto. Bebió un sorbo de sangría, forzándose en aparentar naturalidad, y se puso en pie.

—Me voy —dijo.

—Que conste que es una cabritada que me haces —dijo Leopoldo.

—¡Anastasio! —gritó Javier—. ¡No te marches así, tú! Si te ha molestado lo que dije antes de que la inexperta debía ser para ti, que conste que era una broma.

—Es exactamente la que me correspondía. Soy tan inexperto como ella.

Adolfo, Leopoldo, Javier y Enrique le miraron asombrados. A Javier le entró una risa nerviosa.

—¿Qué has querido decir?

—Nada.

Adolfo se tapó la cara con las manos, del mal rato que estaba pasando. Sentía vergüenza ajena.

Leopoldo le preguntó con sorna:

—No pretenderás hacernos creer que no has estado nunca con una mujer.

—Yo no pretendo haceros creer nada.

—Pero... ¿has estado o no has estado?

—No —contestó Anastasio secamente.

Enrique, en el colmo de la admiración, le miraba con los ojos muy abiertos, como si estuviese ante la mujer barbuda, el caballo que sabe multiplicar o el hombre de las dos cabezas.

Anastasio, rojo como un horno de pan, hacía esfuerzos indecibles por mantenerles la mirada.

—No lo creo. ¡Júralo! —exclamó Javier.

—No tengo por qué jurar una majadería así —replicó Anastasio.

—Pues una de dos —añadió Leopoldo riendo—: o el «carcelero» es impotente o es marica.

Anastasio no sabía qué le había herido más: si las alusiones sexuales o la palabra despectiva hacia su profesión. Su mano temblorosa agarró el vaso de sangría que tenía ante él y lanzó su contenido con fuerza por encima de la mesa, sobre la cara de Leopoldo.

A todos les cogió de sorpresa. Leopoldo se echó hacia atrás y escupió con rabia el líquido que le caía como lágrimas violetas por las mejillas.

—Eres un hi...

Javier tapó con la mano la boca de Leopoldo para que no dijera lo irremediable, y Enrique y Adolfo, repuestos de su estupor, contuvieron a Anastasio, que pretendía lanzarse, siguiendo la trayectoria del líquido, sobre Leopoldo.

—No hace falta que me agarréis —dijo tras el forcejeo, serenándose—. Ya me voy.

Les volvió la espalda, y disimulando su turbación salió a la calle.

«Hace siete años —pensó— que debí hacer eso.»

Y un lejano recuerdo —¡Maribel, Maribel!— resucitó, como una brasa, entre cenizas que parecían apagadas.

Las piernas le temblaban al andar, como al salir semanas atrás de la sala de oposiciones. Pero estaba satisfecho de sí mismo. ¿Por qué iba a agachar la cabeza ante las impertinencias de los demás? ¿Por qué no iba a exigir para sí propio el respeto que él demostraba hacia los otros?

Hacía mucho calor. Las mujeres vestían ya sus primeros trajes de verano. Era imposible andar por la acera del sol. Cruzó la calle. ¿Adónde iría? ¿Debía continuar las visitas, cada vez más frecuentes, a casa de Celia? ¿No estarían todos un poco hartos de él en aquella casa? ¿No se aburriría la misma Celia? Un día la invitó a salir, y ella le respondió: «¿Para qué vas a gastar dinero por mi culpa? Vente a casa y aquí charlamos.» Desde entonces había repetido la visita muchas veces.

Anastasio bajó la escalerilla del «metro». Un aire fresco, con un olorcillo inconfundible a subterráneo, a raíles, a túnel, le dio en el rostro. Allí al menos se podía respirar. Tomó un billete y se situó en el andén.

Unos niños correteaban por la estación, vacía. Le molestaban los niños solos por el «metro». Cualquier día iba a verlos resbalar bajo las ruedas. Una mujer encinta, con un hatillo en la mano, esperaba algo más lejos. Y dos soldados. ¡Qué calor pasarían con aquellas botas! Llegó el tren y entró. Estaba casi vacío. En la estación siguiente entró mucha gente y los asientos se llenaron. Anastasio, agarrado a la barra central, se quedó en pie. Una mujer joven, frescachona, que miraba a todo el mundo a los ojos con ademán retador, como diciendo: «¡Aquí estoy yo!», subió más tarde y se agarró a la misma barra que él. Era guapota, ordinaria y limpia. Olía a agua de colonia barata y a enaguas recién planchadas. Con el traqueteo del «metro» le rozó la mano. Anastasio se apartó cuanto pudo. Se volvió de espaldas. No quería mirarla. Pero la sentía junto a él. Al empezar el verano, las mujeres se volvían imposibles. Aquélla llevaba los brazos desnudos y el escote generoso. Nueva estación. Una masa de gente penetró en tromba.

—Discúlpeme —dijo la mujer aplastándose contra él—. Es que esta gente que empuja no tiene educación.

«¡No puedo resistirlo, no puedo, no puedo!», se dijo Anastasio, y empujando a unos y a otros, se acercó a la puerta al tiempo que el primer vagón penetraba en los andenes.

Salió muy sofocado y entró en otro vagón.

VI

LA TAZA DE TÉ

Minutos más tarde, Anastasio cruzaba la verja de casa de Celia. El criado le acompañó hasta el cuarto de estar. Los salones estaban en penumbra. Todas las ventanas tenían las persianas corridas, para evitar el calor, y habían retirado las alfombras. Siempre que entraba en aquella casa, Anastasio sentía una sedante sensación de bienestar. Era silenciosa, majestuosa y triste. En invierno, no se notaban, como ahora, los pasos al andar sobre el *parquet*. Había que cruzar un vestíbulo, el *hall* del Madrazo y del Vicente López, y dos salones más antes de llegar a la salita donde Celia le recibía. Los primeros eran imponentes y grandes. Esta otra habitación era acogedora, audazmente moderna, cómoda y alegre. Celia estaba haciendo punto.

—Te vas a quedar ciega de trabajar con tan poca luz.

Celia le enseñó su obra.

—¿Te gusta?

—Admirable.

—Es para Carmina. Un chal. Para cuando tenga el niño.

Anastasio se sentó frente a ella.

—¡Qué elegante vienes hoy!

—Es que hemos tenido una comida para despedir a Javier y a Enrique.

Celia bajó los ojos y siguió haciendo punto, sin decir nada. ¡Qué bonita estaba! A Anastasio también le gustaba más Celia cuando llegaba el verano. Vestía un traje muy sencillo, casero, de escote cuadrado. No llevaba medias. Si Anastasio supiera pintar, le haría un retrato así en penumbra, la cabeza inclinada y el cuello desnudo, perfecto, los hombros un poco bronceados, tersos...

—Javier me telefoneó ayer para despedirse. Con todo lo bruto que parece, es de lo más correcto —comentó Celia.

Anastasio era incapaz de mancharla con un mal pensamiento. Si alguna vez una idea torpe, sin él consentirlo, se le venía a las mientes, acto seguido la miraba a los ojos, y el mal pensamiento se esfumaba. Los ojos de Celia eran un antídoto contra el pecado. Irradiaban tanta dulzura, tanta serenidad...

—En cambio, Enrique, no se ha despedido.

¿Por qué Celia no se habría casado? Carmina fue la

primera de las hermanas, hacía ocho meses. Y Amalia hacía dos. Ninguna podía compararse con su hermana mayor. Pretendientes los había tenido y los seguía teniendo a montones. A Anastasio le molestaba pensar en los pretendientes de Celia, y le molestaba también que ninguno la hubiera llevado al altar.

—¿Irás a la estación a despedir a Enrique y a Javier?

—Sí.

—¿No te importa acompañarme?

—Sí me importa, pero lo haré.

—¿Por qué te importa? —dijo Celia, adivinando la respuesta. Y levantó los ojos de su labor, sonriendo.

—Porque estoy celoso de Enrique —comentó Anastasio bromeando.

—¡Qué mala persona eres! ¡Tú nunca me has querido!

Anastasio no dijo nada. Se arrellanó en su sillón y encendió un pitillo. Se encontraba bien allí. Siempre se encontraba bien junto a Celia. Le divertía ese medio juego de indeciso floreo y agradecía a Celia su generosidad al permitírselo: al permitírselo y al provocarlo muchas veces. Cuando lo provocaba, ya no le parecían tan dulces sus ojos, sino cargados con toda la malicia del mundo. En cualquier caso, ¿cómo se podía comparar la sucia juerga que se estarían corriendo sus amigos, con esta sensación tan grata, tan pacífica, tan llena de encanto de sentirse junto a Celia?

Y apenas lo hubo pensado, cuando un recuerdo lejano —lejano y entrañable— se posó junto a él.

Fue en San Sebastián, bajo las arcadas del Paseo de la Concha. Celia iba entonces vestida de colegiala. Se había refugiado él en aquel escondite para que no le encontrara Enrique, que pretendía arrastrarle a una increíble aventura con dos extranjeras mucho mayores que ellos.

Celia cantó unas canciones. ¿Cómo eran? ¡Ya no las recordaba! Pero estaba seguro de que aquel día se hizo esta misma consideración. ¿Cómo podía compararse aquella sucia juerga que se estaría corriendo Enrique con esa sensación tan grata, tan amable, de estar junto a Celia, y charlar y reír y bromear con ella?

—Celia —dijo de pronto Anastasio—, ¿cómo era aquella canción que me cantaste un día, a la salida del colegio? ¿No te acuerdas? Era de noche, junto a la playa, bajo las arcadas de la Concha...

Celia entornó los ojos para recordar.

—¿No te acuerdas, mujer, no te acuerdas?

Celia sonrió como ella sólo sabía hacerlo.

—Ahora caigo. Era cuando tú me querías...

Y se le quedó mirando y riendo, feliz al observar la turbación que sus palabras producían en Anastasio.

—Eso no es verdad. Yo no te quería. Dime: ¿cómo era esa canción?

Celia no estaba dispuesta a dejar de torturarle.

—¿No me querías, eh? ¿A que hoy no serías capaz de buscar un pretexto para llevarme de noche bajo las arcadas de la Concha?

—Eres terrible, Celia. ¡Qué cosas se te ocurren! Dime: ¿cómo era esa canción?

Celia tarareó muy bajo:

> *El confesor me ha dicho*
> *que no te quiera.*
> *Y yo le dije: ¡Padre...*
> *si usted la viera...!*
>
> *Es tan bonita...*
> *es tan bonita,*
> *que sólo con mirarla*
> *las penas quita...*

Anastasio se puso en pie con gesto desolado. Alzó los brazos y los dejó caer a lo largo del cuerpo. «No lo puedo remediar, Celia; no lo puedo remediar. Perdóname por decírtelo, pero... te quiero. Es algo más fuerte que yo. Sé que estás jugando conmigo. Y te quiero a pesar de todo. Tú sí que eres bonita. Tú sí que sólo con mirarte quitas las penas.» Anastasio pensaba eso, y no lo decía. Era incapaz de decirlo.

—No era ésa la canción, Celia, no era ésa.

—¿Sabes lo que te digo? Me acabas de mirar de una manera, que me has sorprendido.

Anastasio volvió a sentarse.

—No he querido molestarte. ¿Te he molestado, Celia?

Celia movió negativamente la cabeza.

—Al revés... Me has mirado muy monamente... Como si... —Y Celia dejó vagar en su expresión unos puntos suspensivos. Después añadió—: Escucha. A ver si era ésa la canción de aquel día.

Y la tarareó muy despacio para no perderse en los juegos de palabras:

> No me mires, pues miran
> que nos miramos.
> Miremos la manera
> de no mirarnos.
>
> No nos miremos,
> y cuando no nos miren
> nos miraremos...

Celia y Anastasio se miraron en silencio.

—Tú no tendrías ningún plan esta tarde, ¿verdad? —preguntó de pronto Anastasio.

—Había quedado en salir con Carlos, pero voy a telefonearle que me duele la cabeza.

—¿Quién es Carlos? —preguntó alarmado.

Celia no respondió, se encogió de hombros y tocó un timbre.

—¿Te duele la cabeza, Celia? —preguntó Anastasio.

—¡En absoluto! —contestó riendo.

Entró el criado, y Celia le encargó que telefoneara al señorito Carlos, que no podría salir; que la disculpara.

—¿Por qué has hecho eso? No me gusta que lo hayas hecho.

Celia, sin levantar los ojos de su labor, replicó:

—No pienso regalarte el oído.

—Pero, Celia... —protestó Anastasio—, ¡si tú no me quieres!

Celia guardó silencio unos segundos. Después, dejando la labor, añadió con firmeza:

—¡Si vieras cómo me aburre oír siempre las mismas galanterías de muchachos que tienen los mismos problemas, que visten igual y que hablan de las mismas cosas. Prefiero mil veces tu compañía, ¡mil veces...! Además, tú respiras tranquilidad. Me das paz...

—Vamos, vamos. ¿Cómo puedes decir eso si toda tú eres paz?

Celia se puso muy seria.

—¡Qué sabes tú de eso!

—¿Qué te pasa? ¿Tienes algún problema?

Los ojos de Celia se llenaron de lágrimas.

—Mamá se va a casar...

Anastasio se quedó como de piedra. Después reaccionó y se puso violentamente en pie.

—¡Te lo suplico, Celia! ¡Te lo he pedido varias veces! ¡No llores delante de mí! ¡No lo puedo resistir!

Celia, entre las lágrimas, sonrió.

—No te pongas así...

—Me dan ganas de abrazarte, de besarte, de tomarte en mis brazos y de llorar yo también. No lo puedo evitar.

Celia reía ahora de buena gana. No era la primera vez que Anastasio la veía reír mientras sus ojos se ahogaban en lágrimas.

Celia las secó sin dejar de reír y echando la cabeza hacia atrás retó a Anastasio con audacia.

—¿Qué has dicho que te gustaría hacer?

—No me tientes, Celia; no me tientes: abrazarte, besarte...

—¿Por qué no lo haces...?

Anastasio se irritó.

—Eres una coqueta, una chiquilla estúpida; eso es lo que eres. —Y se sentó muy enfadado. Apagó el pitillo, aplastándolo contra el cenicero, y encendió otro—. A ver si hablamos en serio, Celia. Si tu madre se casa, ¿viviría aquí?

—¡Claro! La casa es de ella. Y aunque no me lo haya dicho, está deseando que me case yo. Pero ¿qué voy a hacer? ¿Casarme con el primero que llegue, aunque no me guste, aunque no me interese, aunque no le quiera? ¿Poner un anuncio en los periódicos buscando novio? Me pasa como a sor Juana Inés de la Cruz. A los que me quieren, no los quiero yo; a los que podría llegar a querer, ésos nunca me dicen nada.

—Hay cosas que no necesitan decirse... —murmuró muy bajo Anastasio. Y no lo había acabado de decir cuando ya estaba arrepentido.

—¡Qué disparate! —exclamó Celia—. Todo necesita decirse.

Y le miró a los ojos retadora. Dejó a un lado su labor, juntó las manos sobre las rodillas y se reclinó sobre el respaldo del sillón, sin dejar de mirarle.

—¿No crees que todo necesita decirse? —añadió.

Anastasio sacó un pañuelo y se secó la frente.

—¡Parecía que no hacía calor, pero hace un calor brutal...!

Celia se llevó las manos a la cintura para contener la risa. Su cuerpo se inclinaba de atrás adelante al compás de sus carcajadas. Anastasio no sabía qué hacer: si abofetearla o cogerla por los hombros y besarla.

—Eres de lo más bobo que he visto —exclamó muy corrido—. ¿De qué te ríes?

—¡Te adoro, te adoro...!

—Pero, Celia, no seas cruel. ¿En qué sentido lo dices?

Celia dejó a medias de reír.

—Siéntate aquí, a mi lado, y cuéntame cómo te declararías tú sin necesidad de decir nada de lo que hay que decir...

—No me gustan esas bromas. Mi caso es muy especial.

—¿Qué más?

243

—¡Nada más!

—Pues te aseguro que, dicho así, ella no se enteraría nunca.

—Mi caso es muy especial, Celia. Mira..., yo soy de una familia muy modesta. Mi madre, la pobre, no sabría cómo comportarse en estos salones. Y yo no aguantaría nunca que nadie se avergonzase de mi madre. Yo mismo no tengo ningún dinero. Mi mujer tendría que arreglarse con lo que yo ganara...

—Eso es una tontería —interrumpió Celia—. Si no eres un gandul, si trabajas como Dios manda en cualquier cosa que no sea esa carrera horrible que has escogido y aportas a tu casa todo el dinero que ganes, ¿por qué te vas a avergonzar de que ella aporte también el suyo?

—Ya te dije que mi caso es especial. Por culpa de la guerra me metí en vuestro grupo..., pero yo soy de otra clase. Tengo otras costumbres, otros modos; siempre temo estar estorbando. Hoy mismo... Has dejado de salir con ese Carlos, que no sé quién es ni me importa; pero seguramente sería un buen partido, un hombre que te conviene.

Hizo una pausa.

—¿Ves tú? —concluyó—. Mi declaración sería muy torpe...

—¡Torpísima! —exclamó Celia riendo. Y añadió—: ¿Recuerdas aquel día, bajo las arcadas de la Concha, que no quisiste bailar conmigo?

Anastasio rió.

—¡Aquel día sí que estuviste torpe! —prosiguió Celia, recordando—. ¡Cómo me dolió aquello! No te lo puedes imaginar. Estuve tres días llorando...

Anastasio, con audacia inusitada en él, tendió sus dos manos hacia ella.

—Celia, absuélveme. ¿Quieres bailar conmigo?

Celia se puso en pie. Presionó sobre el botón del *pick-up*, esperó a que el disco se deslizara sobre su eje y cuando se iniciaron los primeros compases se ciñó a Anastasio, que, un poco pálido, con los brazos abiertos, la esperaba.

Anastasio había aprendido a bailar en casa de unos compañeros de Universidad, con las hermanas de éstos y con las amigas de las hermanas. Aquellas chicas se reían constantemente al bailar y charlaban por los codos.

Celia, en cambio, bailaba en silencio. De pronto se separó de Anastasio y se quitó las sandalias.

—¿No tienes miedo de que te pise? —dijo Anastasio muy bajo.

Ella no contestó. Se ofreció de nuevo a él, y al ceñirla esta vez para reanudar las lentas evoluciones, sus rostros quedaron unidos. Celia hizo un ligero movimiento retirándose, pero él no lo consintió.

Se llegó a sentir absolutamente transportado por el lento balanceo de la música, y el roce de la mejilla de Celia sobre su mejilla, y el olor tan fresco, tan grato de su piel. El tiempo se había detenido, no existía ya. Sólo existían ellos dos, unidos, en silencio. Celia no hablaba, no reía, no le torturaba ya con sus bromas.

—Celia, te quiero...

Lo dijo muy bajo, pero esta vez no con el pensamiento, sino con la voz. Él mismo se sorprendió oyendo sus propias palabras.

Celia giró suavemente su rostro de modo que sus labios rozaron las mejillas de Anastasio. Pero Anastasio se apartó bruscamente. En la puerta de la sala, acababa de aparecer Amalia, la madre de Celia. Hizo un breve gesto de sorpresa, que en seguida reprimió, trocándolo por una sonrisa que quiso ser cordial, al ver que los chicos ya habían advertido su presencia.

—¡Hola, mamá!

La pareja se separó.

—¿Te duele la cabeza, hija mía?

—¡Psh! No es nada —respondió Celia.

—¡Hola, Anastasio! Me alegro de verte.

—¿Qué tal, Amalia?

Anastasio le besó la mano y ella le miró observadora. Se volvió hacia su hija.

—Le has dicho a Carlos que no podías salir hoy..., ¿verdad?

—Sí.

La madre meditó un momento sin poder ocultar su desagrado. Después se volvió hacia Anastasio, muy sonriente.

—¿Quieres una taza de té?

—Muchas gracias, Amalia, yo...

—Me quedo a tomar una taza con vosotros. Celia, sé simpática y ocúpate.

Celia se acercó al timbre.

—No, no. Ve tú misma a prepararlo, hazme el favor...

Celia no replicó y salió de la habitación.

Su madre esperó a que saliera para decir, clavando sus ojos en los del muchacho:

—Celia me tiene preocupada. Tú eres muy amigo de ella, ¿verdad?

—Sí...

—No quiere salir con nadie. Se pasa las tardes en casa, haciendo labores... Figúrate que ese muchacho, Carlos, que la pretende, no puede ser más encantador con ella. Es buenísimo, tiene una gran fortuna, es trabajador, de una gran familia... y es guapo. ¿Qué más quiere?

«Igual que yo...», pensó Anastasio burlándose de sí mismo, pero sus labios permanecieron mudos. Estaba deseando que Celia apareciera de nuevo y se acabara tan incómoda conversación.

La madre movió tristemente la cabeza.

—¿Tú conoces a Enrique?

A Anastasio le dio un vuelco el corazón.

—¿Enrique? Sí... ¿Por qué?

—Estoy deseando que se marche de una vez a América ese desastre de hombre, ese golfo...

Anastasio se movió incómodo en su asiento, muy agitado. No quería oír lo que sabía, lo que temía que iba a oír.

—Pero ¿qué tiene Enrique que ver...?

La madre le miró desolada...

—Celia está loca por él, no piensa más que en él...

Anastasio no oyó más. Ella siguió hablando, pero él no la oyó. No sabía que la tristeza pudiera producir dolor físico; que el estupor pudiera secar la garganta, dejándola sin habla. No sabía, en fin, que se pudiera sufrir tanto, tan hondo, tan desde lejos, tan desde adentro de uno mismo. Perdió la sensación del sitio en que estaba, de la persona que le hablaba, hasta que oyó los pasos de Celia que se acercaban por el salón.

Entró muy sonriente, empujando un carrito con el juego de té.

—¿Cuándo has tenido tú —le dijo a Anastasio— una camarera mejor?

—Celia —le dijo su madre—, le estoy consultando unas cosas a Anastasio. ¿No te importa dejarnos solos un momento?

Celia frunció el ceño.

—No te enfadas, ¿verdad? —añadió su madre.

Celia disimuló su enfado y salió del cuarto.

—¡Qué mona es y qué buena facha tiene! —comentó la madre, apenas Celia cerró la puerta al salir. Y se volvió hacia Anastasio, penetrándole con la mirada, leyendo en sus ojos incapaces de fingir mientras el muchacho exclamaba:

—Pero si Enrique no la quiere, si no la ha querido nunca..., si no ha querido nunca a nadie..., ¿cómo puede ser eso?

Apenas lo hubo dicho, se acordó de las palabras de Celia —«A los que me quieren, no los quiero y a los que yo quiero...»—. ¡Cómo había podido estar tan ciego! ¡Cómo había podido negarse a la evidencia! Por un momento había pensado que Celia, con aquellas palabras, se refería a él. Que era una invitación, un reto, animándole a proseguir. ¡Qué ridículo error!

—Y tú, mi querido Anastasio —continuó la madre—, le estás haciendo el juego a Enrique.

Anastasio negó con la cabeza. ¡Eso era lo último que le quedaba por oír!

—Sí, sí —corroboró la madre con firmeza—. Eres muy joven..., eres muy bueno (¡«muy bueno» otra vez!) y no te das cuenta. ¡Cuántas veces no he venido por aquí, y os he encontrado a los dos solos, mano a mano!

Ella haciendo punto y tú sentado a tres metros de ella haciendo solitarios, con las cartas, en esa mesa. Ella se entretiene contigo porque te quiere bien, se siente acompañada; ¡y entretanto... no sale con quienes podrían hacerle olvidar a esa calamidad de Enrique...!

Anastasio la escuchaba ahora con recelo.

—No te enfades, Anastasio, si te digo esto. Además, doy por descontado que eres muy inteligente y sabes muy bien que tú no eres un pretendiente (quiero decir un pretendiente que se pueda tomar en serio) para mi hija... Ya sé, ya sé que nunca la has mirado de esa manera; que sólo sois, buenos amigos...

Una losa fría cayó sobre Anastasio. Eran dos golpes bajos los que recibía por sorpresa. Como un gran mar que lo inundara todo, creyó percibir un viento oscuro y frío, un agua negra, que desde lo más hondo de sí, le ahogaba irremediablemente.

—Si Celia, por despecho hacia Enrique, se acercara a ti, yo me opondría siempre, siempre. Primero, porque sé que no te quiere; y después, porque su posición la obliga a mucho. Ella, al fin y al cabo, es la heredera del título... ¡Por Dios, tanto hablar y me he olvidado del té!

Sirvió una taza, que Anastasio tomó mecánicamente, y al punto la dejó sobre la mesa, por miedo a derramarla.

—No sé por qué te he dicho esto... Estoy segura de que era innecesario... Perdóname, Anastasio; no quisiera haberte herido inútilmente... Voy a llamar a Celia.

Anastasio se puso en pie. Y no supo si Celia tardó poco o mucho en entrar. Toda la tristeza del mundo cabía en su pecho. Había voces dentro de él que murmuraban, que gemían. Pero no las escuchaba. No las sentía siquiera. Se sabía vencido sin lucha, porque carecía de aliento y de deseo para luchar.

Celia llegó corriendo.

—Me encanta que te consideren una persona importante —dijo.

Y se sentó en el suelo, a sus pies.

—No te has tomado el té...

Apoyó sus brazos en las rodillas de él.

—Cuéntame de qué habéis hablado...

Anastasio posó sus manos en torno de la cabeza de Celia y la estuvo mirando largo rato en silencio. Sus ojos, tan claros, levantados hacia él, queriendo leer en los suyos; su frente, con tanta luz; sus labios húmedos, entreabiertos y extrañados; su cuello... ¡Su cuello, Dios, tan esbelto, tan frágil...!

—¿Qué te pasa? ¿De qué habéis hablado? ¿Qué te ha dicho mamá?

Nunca más volvería a verla ni a escucharla. Nunca más la tendría cerca, sentada junto a él. Nunca volvería a preguntarse si la quería o no. Ahora que lo sabía, Anastasio renunciaba a ella. Renunciaba firmemente. Era la primera vez que se atrevía a poner sus manos sobre el rostro de ella, y no volvería a hacerlo más.

Anastasio acarició sus sienes lentamente —como su madre hacía con él—, con sus dedos medio crispados peinó su pelo revuelto, y unos gruesos lagrimones se deslizaron por sus mejillas de hombre.

—¿Qué te ha dicho mamá? ¿Qué te ha dicho mamá?

Había angustia y recelo en su voz.

Celia se incorporó y salió corriendo del cuarto de estar. Anastasio le oyó subir la escalera.

—¡Mamá, mamá!

Él también se puso precipitadamente en pie, cruzó por última vez aquellos salones y salió a la calle.

Una bocanada de aire caliente le dio en el rostro. Hacía un calor intensísimo. «Que nadie me vea llorar, que nadie me vea», se decía, mientras se tragaba las lágrimas y respiraba fuerte para deshacer aquella congoja que le ceñía el pecho como un puño de hierro apretado entre la garganta y el corazón.

Subió lentamente los peldaños de su casa. Un tufillo a frituras de aceite y a lejía invadía toda la escalera, desde el portal hasta el ático. La madera curvada crujía bajo sus pies. Abrió la puerta del piso con su llavín. Las baldosas daban sensación de frescor. No encontró a la madre en su habitación. En la cabecera de la cama había una ampliación de un retrato que se hizo el padre el mismo año en que murió; y en la mesilla, otro de boda; él de *smoking*; ella, de negro, con un gran ramo de flores. A ambos lados, los abuelos...

—Estoy aquí, hijo... —oyó decir.

Y salió al pasillo.

—¡Qué pronto has venido hoy...!

La besó y se encerró en su cuarto. En seguida volvió a salir.

—Escúchame, madre. Quiero que me ayudes a empaquetar las cosas, y que tú también prepares tu equipaje. Debemos irnos mañana mismo.

—Pero ¡si hasta dentro de dos semanas no tienes que ocupar tu puesto!

—Han adelantado la fecha...

En seguida se rectificó:

—Aunque creo que es mejor que yo salga solo por delante. Tú vendrás cuando haya encontrado en el pueblo un buen alojamiento. Sí, eso es lo mejor. Prepara sólo mis cosas.

Entró en su habitación.

—¿Dónde has guardado mis libros? Aquí no están.

—¿Para qué quieres tus libros?

—Anda, tráemelos.

Se sentó ante su mesa. Sacó unas cuartillas y un lápiz. La congoja que le atenazaba, amenazaba ahogarle. Pero fue él quien la ahogó.

—No empezarás a estudiar otra vez...

—Sí, madre. Para ascender pronto. Además, le he cogido el gusto. Con los libros lo paso bien. En el pueblo tendré tiempo libre para estudiar.

Fue acallando una a una sus voces interiores; se negó a escucharlas, a darles beligerancia.

Tomaba notas con lápiz, ordenadamente. Una lágrima le cayó por sorpresa sobre los apuntes, manchándolos. Rompió la hoja y volvió a comenzar.

VII

ALA DE LIBÉLULA

ENRIQUE, EN EL SALÓN, sentado ante el piano, improvisaba una melodía. Estaba intensamente pálido. Sus dedos tan pronto corrían sobre el teclado como se deslizaban suaves y se alzaban crispados para atacar los compases más duros.

«¡Yo hubiera sido un gran músico si hubiera querido!», pensó. Y esta vez pensó bien.

Interrumpió su labor para humedecer los labios en una taza de café puro que tenía junto a él en una mesita auxiliar.

«¿Estás nervioso, Enrique? —se preguntó a sí mismo—. ¡Dime la verdad!» «No lo estoy —se respondió—. ¡Además, todavía hay tiempo!»

Y miró la hora en su reloj de pulsera.

Enrique se había acostado muy tarde. La juerga organizada por Leopoldo se había prolongado hasta muy avanzada la madrugada. Hubiera podido retirarse mucho antes, pero una inercia insufrible, el temor de regresar a casa, le retenía, moviéndole a buscar un pretexto para tomar otra copa —que siempre sería la última— y sacar un nuevo tema de conversación procaz que prolongara la reunión y retrasara el encerrarse entre las paredes que ahora le cercaban.

El tema de Anastasio —azuzado por Leopoldo— hacía desternillarse de risa a las chicas, y la más inexperta de ellas confesó que con un hombre así estaría dispuesta a dejar de serlo.

Pero fue el propio Enrique quien se encargó de este menester. La chica, más ambiciosa que la casada infiel de García Lorca, estaba encaprichada con tener no ya un costurero, sino una máquina de coser eléctrica y Enrique tuvo la humorada de encargar una y hacer que se la trajeran, por no pecar de moroso en el pago.

Enrique durmió poco y mal. No llevaba siquiera tres horas de sueño cuando la sensación de que algo urgente e inaplazable le quedaba aún por hacer en ese día, víspera de su viaje, le desveló. Estuvo un largo rato bajo la ducha helada, gozando con el choque de la breve cascada sobre su cuerpo.

Después se vistió y se sentó ante el piano. «¿Estás nervioso, Enrique?» «Hay tiempo, todavía hay tiempo.»

En realidad, no tenía motivo alguno para estar inquieto. Hasta ahora todo había salido tal como estaba previsto. Giselle había introducido en España ilegalmente una suma considerable, para invertirla, siguiendo los consejos de Enrique, en la compra de unos terrenos que se revalorizarían increíblemente en pocos años, y el dinero se guardaba en casa, en el doble fondo de una maleta, hábilmente reformada por Giselle bajo la dirección artística de Enrique: la misma maleta en que los billetes cruzaron la frontera por Irún. ¿Qué más podía pedir él?

La operación se reduciría a trasladar los billetes a otro sitio. Cuando Giselle se diera cuenta, Juan Luis sería un fantasma inexistente... ¡Y Enrique estaría tan lejos...!

«Éste es mi crimen —pensó Enrique—, mi verdadero crimen: prescindir de Juan Luis, asesinarle, hacerle desaparecer para siempre. ¡Era un tipo colosal!»

Y miró el reloj.

Las once de la mañana. Veinte horas más tarde, a las siete treinta del día siguiente, saldría el tren para Vigo, donde embarcarían rumbo a Venezuela. A las siete menos cuarto convenía estar en la estación. A las cinco y veinte era necesario salir de casa, camino de su domicilio oficial, donde guardaba el equipaje. Le quedaba, pues, mucho tiempo por delante.

Giselle tenía cita en la peluquería. Enrique contaba con este margen de dos horas para realizar el traslado de los billetes. Después iría a recogerla a la peluquería y haría vida normal con ella el resto del día y de la noche hasta la hora del viaje, viaje que muchos días antes había anunciado a Giselle, diciéndole que tenía que salir para Toledo a primerísima hora de la mañana para acompañar a unos músicos extranjeros a quienes le convenía extraordinariamente cultivar.

Enrique encendió un cigarrillo y miró en dirección al cuarto de vestir, donde estaba Giselle. Ésta, tumbada sobre el toallón de baño extendido a guisa de segunda alfombra sobre la moqueta, con las puntas de los pies estiradas hacia adelante, y los músculos de las piernas en tensión, presionó el suelo con las palmas de las manos y alzó, rígidas y paralelas, ambas extremidades, hasta conseguir la perfecta verticalidad. Dobló acto seguido una rodilla, después la otra, y con movimientos rítmicos y lentos comenzó a pedalear sobre una invisible invertida, imaginaria bicicleta.

—Un, dos...; un, dos..., dos; un, dos..., tres; un, dos..., cuatro; un, dos..., cinco; un, dos..., seis.

Mientras pedaleaba, se miraba en un espejo lateral de tres cuerpos. «No están mal mis piernas, para mi edad.»

—Un, dos..., veinticuatro, un, dos..., veinticinco...

Las juntó para hacer la tijereta. Después, muy lentamente, gozándose en el tiempo que invertían en llegar al suelo, las fue bajando hasta alcanzar la horizontal. Sin incorporarse, respiró hondo y descansó.

—¿Por qué no tocas más, querido Juan Luis? ¡Era sublime! ¿No me oyes?

Enrique no se molestó en contestar.

—¿No quieres que te hable? —insistió Giselle.

—¡Do! —respondió el piano en su lugar, sobre cuya tecla correspondiente descargó Enrique el índice con violencia.

Giselle se incorporó y se sentó, a la usanza mora, frente al espejo.

«¡Jesús, qué indecente soy!», pensó. Y añadió en voz alta:

—¡No te acerques sin avisar, querido mío, que estoy haciendo gimnasia y no quiero que me veas así!

—¡*Dooo!* —aseguró el piano, con impaciente vibración.

Giselle estiró el cuello como un gallo en trance de cacarear y comenzó a girar la cabeza rápidamente de un lado a otro.

—Izquierda, uno; derecha, uno; izquierda, dos..., derecha, dos; izquierda, tres..., derecha, tres... ¡Qué ridículo es esto! ¡Cuatro! ¡Cochura por hermosura! ¡Cinco! Izquierda, seis..., derecha, seis. —Al llegar a diez, descansó. Y con las yemas de los dedos, a palmaditas cortas y nerviosas, se hizo un masaje en el cuello, la barbilla y la nuca.

«Los hombres no merecen todo lo que hacemos por ellos.»

—¡Querido!

El piano tardó en contestar.

—¡*Re!* —dijo al fin.

—¿Quieres que te sirva otra taza de café? ¡Tocas tan bien cuando te excitas!

—¡*Mi!* —contestó ahora rápido.

Giselle, de un salto, se puso en pie.

—¡Ahora mismo te lo sirvo!

Se echó la bata de gasa, de color rosa viejo; que tanto daba no ponerse nada, de puro transparente que era. Tenía forma de campana: ceñida y estrecha por los hombros y amplia y desahogada a la altura de los pies. Anudó cuidadosa y púdicamente el grueso lazo de raso que remataba los dos bordes bajo el cuello y, descalza como estaba, corrió a preparar la taza. Apenas la hubo entregado, se retiró dos metros para que Enrique la viera mejor.

—No me gusta que te pasees desnuda por la casa. Ese tul es indecente.

Giselle suspiró, conmovida por tanta ignorancia.

—Este «tul» no es tul, cielo mío. Es gasa. Y se llama «ala de libélula».

Con paso de vals, Giselle, sobre las puntas de los pies, dio dos vueltas en redondo para que el «ala de libélula» se agitara con el breve viento de su giro.

«Es tonta del bote —comentó Enrique para sí—. No tiene remedio.»

—Si mi hombre va a trabajar, me marcho; si va a descansar, me quedo.

—Quédate —le dijo Enrique—. Hoy no puedo trabajar. Le estoy dando vueltas a lo del negocio. ¡Creo que vamos a dar en la diana!

—¡Yo también estoy segura, querido! Y por eso no me preocupa lo más mínimo. Sólo me agobia tener tanto dinero en casa... ¡Ah!, ¿no te lo he dicho? Ayer estuve con el alcalde...

Enrique la miró con expresión glacial.

—No sabía...

—No me mires así, querido. Siempre piensas que voy a cometer una tontería. La prolongación se unirá con la carretera de Francia. Desde los nuevos ministerios hasta allá habrá una inmensa avenida rodeada de rascacielos... todos nuestros...

—Ya te lo dije...

—Sí. Ya me lo dijiste. Pero ¡tú eres un músico, un pintor, un artista, un ser superior! Y él, en cambio, sabe las cosas: es el alcalde...

—¿De qué más hablasteis?

Giselle le miraba ahora con gesto inocente. Pero Enrique creyó advertir un deseo de penetrar en su mirada, de leer sus pensamientos.

—¿Ves tú? No te fías de mí. ¡Qué equivocado estás! ¡Si supieras las medidas que he tomado para que todo salga bien! —Lo dijo sin recalcar las palabras, sin subrayarlas con el tono de voz.

—¿Qué medidas? —preguntó Enrique indolentemente, mientras se llevaba la taza a los labios. Pero percibió que ella buscaba en sus ojos un punto de turbación y prefirió dejar de estudiarla a cambio de no ser estudiado.

—No le habrás dicho al alcalde que has entrado el dinero en España ilegalmente...

—¡Ni lo pienses! ¿Me crees zonza?

Enrique miró la hora en su reloj de pulsera y bebió dos sorbos más.

—Anda. Vete para dentro y vístete. Que tienes cita en la peluquería.

Giselle giró de nuevo sobre sí misma, agitando suavemente los brazos como en un paso de *ballet*, hasta que el «ala de libélula» se alzó desde el suelo, flotando en un gran círculo vaporoso a la altura de los hombros. El cuerpo de Giselle era blanco como el de un calamar.

—¡Estás indecente, Giselle; vístete! —gritó Enrique antes de que ella, girando como una peonza alada, cerrara la puerta tras sí.

«¿Qué habrá querido decir con eso de que ha tomado las medidas necesarias para que todo salga bien? —pensó Enrique—. ¡Si será boba! ¿Le he dado algún motivo para que sospeche de mí? ¡No, padre! ¿No la he dejado en libertad para que ella misma se entienda con los vendedores de los terrenos? ¡Sí, padre! ¡Pues entonces...!»

Los vendedores estaban de acuerdo en percibir el total de la cantidad en billetes de bancos suizos. Y sólo habían exigido —no sin poco disgusto por parte de Enrique— la entrega de una cantidad a cuenta.

«Pero ¿quiénes se habrán creído estos mercaderes —decía Enrique, indignado— que somos nosotros?»

Todas las operaciones previstas eran reales: la compra de los terrenos; la escritura sin más falsificación que la del precio (pero esto sólo a efectos de ahorrar en el impuesto de derechos reales); la constitución de la sociedad compradora, en la que Enrique ni siquiera tenía una pequeña participación... ¿A qué medidas se refería ahora la tonta esta «para que todo salga bien»? Enrique se puso en pie. Estiró los brazos, bostezó y se dirigió a su habitación.

En el suelo del cuarto de vestir, las manos en la nuca, la faldilla de la combinación recogida por los muslos, Giselle, las piernas en alto, hacía la tijereta.

—Veo que te has puesto la combinación. Pero no me parece bastante para la peluquería. ¿No te vistes?

Giselle, de un brusco movimiento, bajó las piernas y se estiró la combinación.

—¡No me gusta que me mires así!

—No te miro. Te veo. ¿Por qué no te vistes? Es tardísimo. No vas a llegar...

—Lo he pensado mejor. Iré mañana...

Enrique estaba apoyado en el marco de la puerta. Muy sosegadamente, insistió:

—Si te das prisa, aún llegas a tiempo. Yo te llevo... Y después nos vamos a comer juntos por ahí. ¿De acuerdo?

—No, querido. Deberías agradecérmelo... No quiero separarme de ti ni para ir a la peluquería.

—Pero ¡si yo, de todas maneras, tengo que salir...!

—Y si tú sales —dijo Giselle, muy lentamente—, ¿quién se queda guardando el dinero?

—No había pensado en eso —dijo Enrique—. Creo que tienes razón...

Y se retiró del marco de la puerta.

«No cometas la menor torpeza —se dijo Enrique—. Insistir sería imprudente.» «¿No has dicho que tenías que salir?» «¡Pues sal!» «Fuera estudiaremos lo que conviene hacer.» «En cualquier caso te sobra tiempo.»

Desde la puerta de la calle, Enrique gritó:

—¡Estaré fuera una hora o así! ¡Hasta luego!

Enrique aprovechó la mañana para hacer una visita a su madre. No quiso utilizar el coche de Giselle. Y se fue a pie, paseando y meditando hasta encontrar un taxi que le llevara.

No había detalle que no estuviera pensado, medido. Dos semanas antes, y para justificar ante su familia su presencia en Madrid, Enrique había tomado una habitación a su verdadero nombre, en una pensión poco recomendable, donde nadie se extrañaría ni se ocuparía en saber si pasaba las noches dentro o fuera de casa.

En esa habitación guardaba Enrique en los armarios las compras necesarias para el viaje a América y una maleta, también de doble fondo, construido por él, de acuerdo con las experiencias obtenidas del que utilizó Giselle para pasar el dinero desde Francia. A una hora determinada, Enrique pasaría por la pensión y llenaría con su fortuna tan hábilmente ganada la falsa bodeguilla de su maleta. Más tarde, inmediatamente antes de la salida del tren para Vigo, pasaría a recoger tan estupendo equipaje.

A Enrique le parecía imprudente dejar transcurrir demasiado tiempo entre la obligada denuncia de Giselle, con la que contaba de antemano, y el instante solemne en que el buque zarpaba del puerto.

En casa de su madre hubo lagrimitas, protestas, promesas de cartas y la felicitación calurosa, sincera, de sus hermanos. A pesar de lo intempestivo de la hora, todos irían a despedirle a la estación.

Al regreso, durante el almuerzo, mano a mano con Giselle, Enrique apenas pronunció palabra. No podía alejar una idea obsesiva, torturante, que se le había incrustado en el cerebro.

«Giselle sospecha algo.» «Pero ¿qué más te da a ti —se replicaba— que sospeche o no? Hasta puedes llevarte el dinero delante de sus narices, si quieres, con tal que no sepa tu nombre.»

—Escucha, Giselle —le dijo, a los postres—. Comprendo que peco de desconfiado; pero ¿no te da miedo guardar tanto dinero en casa?

—Un miedo horroroso, querido Juan Luis; pero si metemos en el Banco las divisas, habrá que justificar su entrada en España, y si hacen la vista gorda, nos entregarán la contrapartida en pesetas, al cambio oficial. ¿Te das cuenta de la pérdida tan horrible que esto representa? ¡Tú mismo me abriste los ojos en esto!

—¿Y cómo no se nos ha ocurrido meterlo, no en una cuenta corriente, sino en una caja de alquiler en el Banco?

Giselle vaciló.

—¡Cómo no me has dicho antes que en España existe eso!

—Porque soy un artista, como tú dices. Y los artistas vivimos en la luna. En una caja así puedes guardar joyas, plata o un paquete de divisas. ¡Lo que quieras!

—De acuerdo, mi amor. Haz lo que juzgues más prudente.

—Pues mete el dinero en un maletín y me lo llevo ahora mismo en el coche.

Giselle miró el reloj, y dijo muy lentamente, clavados sus ojos en los de Enrique:

—Los Bancos están cerrados al público por las tardes, ¿no?

Enrique sintió un cosquilleo molesto en el estómago. Encendió un pitillo riendo.

—Una cantidad así... ¡aunque sean las doce de la noche! ¡Pues no saben poco los Bancos! Anda. Prepárame un maletín con los billetes.

Giselle hacía esfuerzos ingentes para dominarse.

—No quiero que seas tú quien lleve ese dinero —dijo al fin.

—Pero, ¡Giselle...!

—¡He dicho que no quiero!

Le miraba, muy engallada, con gesto retador.

Enrique miró el reloj. «Hay tiempo —se dijo—. No te precipites. Cálmate y cálmala.»

—No quiero que tú lleves el dinero —volvió a repetir Giselle, dando una patadita en el suelo.

—Dejémoslo ya... —dijo Enrique con voz muy sosegada—. No vale la pena llevarse un disgusto por eso. Total, de aquí a mañana no va a pasar nada. Anda, dame un beso... y échate a dormir, si quieres. Yo voy a trabajar un rato. Mañana por la mañana, mientras yo esté en Toledo, tú misma lo llevas a una caja fuerte o haces con él lo que quieras...

Enrique regresó al salón y cambió la palanca del teléfono, para tener la seguridad de que Giselle no lo utilizaría desde el dormitorio.

Se sentó ante el piano, dejó discurrir los dedos sobre el teclado, tocando unos compases, y en seguida lo dejó. Se llevó ambas manos a la cara. ¿No sería prudente renunciar a todo, al viaje a América en primer término, y esperar otra oportunidad, otra ocasión? «¡No! ¡Eso nunca! —se dijo, reaccionando con rabia—.

América es mi gran oportunidad. Vete entonces sin el dinero. ¡No! ¡Eso, menos! Sería tanto como ir de criado de Javier.»

Enrique agitó la cabeza de un lado a otro, como para quitarse una idea descabellada de entre las cejas.

«El único riesgo —se repetía una y otra vez— es que Giselle descubra mi verdadera personalidad.» «Y lo descubrirá, no lo dudes —le decía su segunda voz—. En cuanto la pobre denuncie a la policía a Juan Luis Díaz de Vivar, descendiente del Cid y propietario de un castillo en Arenas de San Pedro, las carcajadas de los agentes se van a oír en Lima. Comprenderá entonces que te conocía por un nombre fingido. Por eso, se dirá, no cruzaste la frontera con ella, cuando el contrabando de las divisas, para no arriesgarte a usar tu pasaporte con tu nombre verdadero. Por eso renunciaste tan generosamente a participar en la sociedad compradora de terrenos, pues hubieras tenido que justificar ante el notario tu personalidad. Lo comprenderá todo y hará lo indecible para descubrir tu verdadero nombre. Y no sólo por recuperar su dinero, sino para vengarse de quien la ha humillado, de quien se ha burlado de ella..., de quien...» «¡Bien, bien; de acuerdo! —cortó Enrique en seco—. Pero ¿cómo va a averiguar quién soy yo? ¿Cómo va a unir a su Juan Luis con Enrique, cómo va a...?

«Tiene mil medios. ¿No sabe ella acaso que estuviste en una boda en casa de Celia Guzmán, una boda (tú mismo se lo dijiste) servida por Chicote? ¿Crees que sería difícil averiguar el nombre de *uno* de los invitados, de tu edad, de tus características, y compositor y dibujante, por añadidura?»

Enrique no replicó esta vez a su voz interior. Un sudor frío comenzó a perlar su frente.

«De haber realizado esta mañana la operación, como tenías pensado, quizá ahora mismo —Enrique miró su reloj— todo estaría ya descubierto.»

«Eso quiere decir que tienes que renunciar a tu plan o completarlo. Giselle no debe sobrevivir al robo. Te descubriría.»

Enrique posó las manos en el teclado y comenzó a tocar.

«Si vive, te descubrirá... Si vive, te descubrirá...»

Los dedos despertaban unos compases monótonos, repetidos, angustiosos.

«Si vive, te descubrirá... Si vive, te descubrirá...»

La música comenzó a crecer como un gran mar encrespado que ascendiera invadiéndolo todo.

«Si vive, te descubrirá..., te descubrirá...»

Al fin, cesó de tocar. Apartó sus manos, conteniéndolas, pues ellas solas hubieran querido seguir sobre el piano. Se le dispararon, tensos los dedos, hacia el teclado.

Se puso en pie. Miró de nuevo su reloj. Respiró hondo. Encendió un cigarrillo y, alzando el índice de su derecha, golpeó en el piano la tecla convenida para llamar a Giselle...

—¡*Mi, mi, mi!*

—¡Ya voy, querido! —oyó que le decía desde lejos—. ¡No seas impaciente! ¡Ya voy!

Giselle, al entrar, protestó:

—No me gusta que me trates así —dijo—. Ni que tengas malos modos conmigo. A la primera vez que me llamaste, ya te oí... No tenías por qué insistir...

—Pero, Giselle... ¿Estás todavía sin vestir?

—¿No te gusta esta combinación, amor mío?

—Giselle, querida, ya te la vi esta mañana; y sigo opinando que las combinaciones, las batas y los camisones deben servir para cubrir algo. Lamento que la opinión de tus modistos no coincida con la mía.

Giselle se arrodilló a los pies de Enrique.

—Mi adorado puritano... Tan noble, tan artista, tan puro, tan español... ¿Qué quiere mi Calderón de la Barca?

Enrique la besó en la cara.

—¿Qué te pasa, amor mío? ¡Estás helada!

—No me pasa nada —dijo Giselle, disimulando su turbación—. Esa música tuya me ha impresionado. Eso es todo. Es lo mejor que has hecho en toda tu vida.

Y se puso en pie, apartándose unos metros de Enrique.

—Giselle... —dijo éste—. No pretendas engañarme. Háblame claro. Veo que recelas algo..., que temes algo. Si puedo ayudarte, si puedo tranquilizarte, ¿qué esperas para decírmelo?

Hizo una pausa. Y añadió con melancolía:

—A no ser, Giselle... que receles precisamente de mí.

La mujer se torturaba las manos y le miraba con angustia.

—No sé de qué voy a recelar. Ya te dije que he tomado las medidas necesarias para que todo salga bien...

—Y me lo dices recalcando tus palabras. Para que yo me entere bien, como si con eso quisieras que cambiara mis planes...

—¿Qué planes? —preguntó Giselle sin disimular su angustia.

—No sé, Giselle, no sé... —añadió Enrique, desolado—. Esos que tú imaginas, esos que tú recelas, como si yo te hubiera dado motivo para...

De pronto Giselle pegó un grito horrible llevándose las manos a la boca.

—¡Aaaaay!

El corazón de Enrique se disparó, como si le hubiesen inyectado diez gramos de cocaína.

—¡Mírame ahí, en el espejo! ¡Tenías razón! Estoy como desnuda con esta combinación. ¡No me mires, por Dios! ¡Vuélvete de espaldas! Estoy desnuda...

Mientras Giselle corría, pegando saltitos por el pasillo, camino de su habitación, Enrique cerró los ojos como si un gran peso se le quitara de encima. Después, intentando serenarse, miró de nuevo el reloj y se fue lentamente en busca de Giselle.

Antes de seguir al dormitorio, penetró en la cocina, abrió la nevera y llenó un vaso con varios cubitos de hielo. Cogió la botella de ginebra, la destapó y la inclinó sobre el vaso para servirse. Después lo pensó mejor y no lo hizo. Miró hacia la puerta de servicio. Estaba cerrada con llave, desde dentro. Miró de nuevo la hora en su muñeca. Volvió sobre sus pasos y se encaminó a la habitación, lentamente.

«Ha querido ganar tiempo con esa majadería del grito, para decidir si me dice o no qué medidas ha tomado... contra mí.»

Giselle, tumbada en la cama, fingía llorar. Sobre la combinación se había puesto su bata rosa de gasa.

—He sido muy mala contigo... Perdóname, corazón mío..., perdóname. —Lo decía entre sollozos, con grandes hipidos—. No sé lo que ha ocurrido. He tenido miedo. Me he puesto muy nerviosa... y tengo que confesarte algo... y... ¡no sé cómo decírtelo!

—Vamos, vamos —la tranquilizó Enrique—. Si esto te agita, no me lo digas hoy...

Pero Giselle se lo dijo, y Enrique percibió muy bien un dejo de amenaza, entre las lágrimas de disculpa.

—Te he denunciado. Sí, sí, no te rías. Te he denunciado. Si algo le pasa al dinero, si algo me pasara a mí, la policía te buscaría antes que a nadie.

«Mira, mira la viejecita esta del demonio —pensó Enrique— qué bien me ha advertido que sea bueno con ella.» Y añadió en voz alta:

—Tú has hecho eso, Giselle..., ¡conmigo!

Giselle lloraba con falso desconsuelo.

—Soy una perversa. No merezco que me perdones siquiera... Tú, que eres tan bueno conmigo...

Giselle se incorporó para añadir:

—Le di tu nombre a la policía.

El pensamiento de Enrique fue rápido: «¡Giselle no sabe mi nombre! Está clarísimo. Quiere asustarme. Al saber yo que me ha denunciado, no podré cometer con ella ninguna fechoría. Eso es lo que piensa. Si hubiera descubierto mi verdadera personalidad, me lo diría ahora; me lo habría dicho ya, para atemorizarme más. Si no lo ha hecho, no lo sabe...»

—Se quedaron muy impresionados con tu apellido. Me dijeron que serías un duque, por lo menos, o un conde. Que les sonaba mucho ese nombre: Díaz de Vivar...

Enrique se puso en pie.

«¡Pobre tonta! —dijo para sí—. Te acabas de sentenciar...»

—¿Por qué estás tan callado...? ¿Por qué no hablas?

—Estoy triste, Giselle. Estoy triste por lo que me has dicho.

Enrique creyó percibir en ella una oculta satisfacción. Como si pensara: «Ahora ya no se atreverá a hacerme nada.» Y se sintió dolorido, herido en su amor propio.

—¿Qué he podido hacerte, Giselle; qué mal te he hecho nunca para que pienses así de mí?

Y Enrique se asombró de sí mismo, pues al decirlo había sido sincero. «Enrique, no hay quién te entienda», pensó. Y dijo en voz alta:

—No hay quién te entienda, Giselle...

Giselle estaba ahora triunfante; se sentía ganadora de la partida. Alzó los brazos hacia Enrique con mimo.

—Acércate, pichón.

Enrique se sentó al borde de la cama.

—Estoy pensando —dijo— cuánta maldad, cuánta desconfianza cabe en la cabeza de una mujer. —Y al decirlo la besó en los párpados.

—No me avergüences, Juan Luis; ya te he pedido perdón...

—Sí; pero más que pedirme perdón, parecía una advertencia. Más aún: una amenaza. «Te advierto que si me pasa algo... la policía sabrá que has sido tú. Te he denunciado...»

Y volvió a besarla en la cara.

Giselle se estuvo queda, con los ojos cerrados, mientras Enrique la besaba.

—¡Qué bien lo haces, cielo mío!

Enrique enlazó su cara en las manos y le acariciaba suavemente con los dedos —en la nuca y en las sienes— el nacimiento del pelo. Y bordeando su boca en una cadena de besos, deslizaba sus labios por la comisura de los de ella.

—¡No seas cruel conmigo! —suspiró Giselle.

Y después añadió, sonriendo:

—¡Qué bien conoces tus armas!

—Genial. Esto sí que es bueno... —bromeó Enrique—. Mi Giselle ha sonreído... ¿Sabes lo que te digo? ¡Estás divina! Más guapa que nunca... ¿Será la gimnasia? ¡No, señor! ¿Será el andar todo el día en cueros vivos por la casa? ¡No, señor!

Giselle seguía echada en la cama y Enrique sentado junto a ella.

—Yo te lo voy a decir —continuó Enrique—. A ti lo que te sienta bien... a la cara es la desconfianza, el recelo, la ingratitud...

—¡Cállate, mi amor! —dijo Giselle, tapándole la boca con la mano—. ¡No me recuerdes eso! ¡No seas cruel!

Y una lágrima se deslizó por sus mejillas.

—¡¡¡El rímel!!! —gritó Enrique, como quien llama a los bomberos.

Giselle sonrió.

—Lo que a ti te pasa es que estás enchulada conmigo. ¡Confiésalo!

Giselle —llorando y riendo— movió afirmativamente la cabeza. Enrique la besó en la frente. Y deshizo lentamente el lazo de cinta rosa que ceñía su cuello.

—Pero, vida mía —río Giselle—. ¡Si es la hora de cenar!

—No vale defenderse —protestó Enrique.

Cogió las manos de Giselle y las bajó a lo largo de su cuerpo.

—¿Ves tú? Así, como un soldado, en posición de firme...

Giselle cerró los ojos dejándose hacer. Enrique se puso a horcajadas sobre ella, sosteniendo con sus rodillas los brazos de Giselle, y tiró fuertemente de los extremos de la cinta. Giselle abrió los ojos espantada, y Enrique cerró los suyos para no verla. Se agitaba bajo él, como una yegua encabritada, se escurría como una anguila, y Enrique estuvo a punto de caer. Inclinó todo su cuerpo sobre el de ella y apretó con todas sus fuerzas, hasta sentir dolor en los músculos de los brazos y en las manos. Apretó hasta que Giselle dejó de bailar bajo él. Y cuando percibió que no se movía, sin abrir los ojos siguió apretando.

Al fin descabalgó, y, sin mirar al lecho, tambaleándose, penetró en el cuarto de vestir y desde allí fue al cuarto de baño. No quiso verse en el espejo. Se desnudó, y se duchó con agua fría. Alzó el rostro para que la lluvia le diera en la cara. Dio un resoplido con fruición.

—¡Qué rica está el agua; qué rica!

VIII

MANOLITO PÉREZ

EXTENDIÓ EL TOALLÓN DE BAÑO sobre el cuerpo de Giselle para no verla. «Tonta del bote; eso es lo que eres tú. Mira a lo que me has obligado. ¡Tanto no querer ir a la peluquería, tanto no querer separarte de mí! ¿Tú crees que me divierte haber hecho esto, pedazo de boba?»

Cerró todas las contraventanas, y con un paño de cocina fue limpiando las manillas de las puertas, los grifos de los lavabos, los espejos, los vasos de cristal, las botellas, las teclas del piano, los cristales de las mesillas de noche; todo cuanto pudiera conservar, aunque fuera lejana, alguna huella.

«Le estoy haciendo el trabajo a la asistenta —pensó—. Esto la compensará del susto que se va a llevar mañana.»

Acto seguido, Enrique introdujo sus manos en unos guantes de cabritilla, abrió la maleta, descerrajó el doble fondo, extrajo los fajos de billetes y llenó con ellos un maletín de respetable tamaño. Algunos no cabían y los guardó en los bolsillos. Después salió al exterior y guardó el maletín en el coche.

Se sentó frente al volante y antes de arrancar meditó. En la casa no había cartas; fotografías, tampoco. De jaba mucha ropa, eso sí; pero todo ella encargada a nombre de Juan Luis Díaz. Su verdadero nombre no aparecía más que en su pasaporte y en los billetes del barco, y el tren, todo lo cual estaba en sus bolsillos. No se dejaba olvidado nada que pudiera comprometerle: la armónica, los dibujos...

Salió de nuevo al exterior, dio una propina al sereno, se metió en el coche y abandonó para siempre la casa de Giselle.

«¿Estás nervioso, Enrique? —se preguntó—. Ni pizca. Esto va que chuta.» Bajó por la plaza de la República Argentina hacia la Castellana. A su derecha quedaban los terrenos que ya no serían nunca propiedad de Giselle. «¡Pobre chica! —se dijo con pena—; si no hubiera sido tan mema...» E hizo un esfuerzo para no volver a pensar en ella. Por Ríos Rosas enfiló hacia Cuatro Caminos. El coche debía de estar lleno de huellas. Convenía limpiarlo. Lo guardó en un garaje y encargó que lo fregaran de arriba abajo y le sacaran el máximo brillo por dentro y por fuera. Dio una propina anticipada, sacó el maletín y abandonó para siempre el automóvil. Bajó la escalerilla del metro de Cuatro Caminos y se fue a la Puerta del Sol, donde tomó un taxi que le llevó a la pensión.

—Señorito Enrique, su hermana le ha estado telefoneando toda la tarde. Que no dejara usted de ir a cenar a casa. Que era la última noche.

—Ya es muy tarde para ir a cenar —contestó Enrique—. Si llama otra vez, diga usted que no he regresado. ¡Y me voy a dormir, que mañana hay que madrugar!

Entró en su cuarto. Taponó el ojo de la cerradura, colgando su chaqueta de la manivela de la puerta, y vació sus bolsillos y el maletín, trasladando su contenido al falso fondo de la maleta. «Esto no hay quien lo descubra.» Enrique se metió en la cama sin cenar. El recuerdo de Giselle le molestaba. Los saltos bajo su cuerpo y el largo, angustioso gruñido que dio cuando comenzó a apretar, se le representaba una y otra vez retrasando su sueño. Menos mal que no la había mirado, que cerró los ojos para no verla. Hizo un esfuerzo para alejar estos pensamientos y buscó otros que los sustituyeran. ¡¡América, América!! En cuanto le cogiera el tranquillo a eso del toma y daca, se independizaría de Javier. Cada uno sus tierras propias. Nada de sociedades en común. Pero al principio se ayudarían mutuamente, y el trabajar juntos les sería a los dos de gran utilidad. Tenía que hablar con Javier de esto desde el principio. Javier le estaría esperando en la estación por la mañana. Lo primero que harían al llegar era ir juntos al puerto a ver el barco iluminado. ¿Dónde dormirían? En un hotel, o en el barco mismo? ¿Estaría abierta la aduana por la noche? Esto de la aduana sería un mal trago, el último mal trago. Estaba deseando verse a bordo. Se quedaría en cubierta, mirando cómo la tierra se alejaba, hasta perderse de vista. Esto sería bonito, sin duda. ¿Cuánto tardaría la tierra en desaparecer totalmente? ¿A qué distancia dejaría de verse? Durmió poco y mal.

Se vistió lentamente; bajó su equipaje al portal y buscó un taxi. A esas horas, abierta ya la mañana luminosa, regresaban algunos coches de las juergas nocturnas de los cabarets de las afueras. Los madrugadores —mujeres de la limpieza, con su breve paquete con el desayuno; gentes devotas, camino de las primeras misas— se cruzaban con los trasnochadores, los serenos, los periodistas, que regresaban de sus faenas. En las churrerías servían chocolate caliente y el aire estaba turbio de aceite. Allí se encontraban los que amanecían y los que se negaban a descansar. El taxista, el escritor, el bohemio y la fulanita barata; el opositor que buscaba distraerse antes de dormir y el viajero, como Enrique, que tenía tiempo por delante antes de bajar a la estación. Enrique se acercó a la churrería buscando un coche. Ocupó un asiento en la misma mesa de un mecánico y lo invitó a chocolate. Toda cortesía era poca; pues a aquellas horas, muchos de ellos, necesitados de sueño, se negaban, no sin razón, a prestar servicio.

Y éste, a pesar de la invitación, también se negó.

—¡Si será fresco! ¡Eso debía decirlo antes de tomarse el chocolate!

—Eso de fresco se lo va usted a tragar —exclamó el taxista, amoscado— y su dinero también, que yo no se lo he pedido.

Y sacando el importe del chocolate se lo tiró a la cara.

Enrique no tenía ganas de broncas —no le convenían las broncas— y el incidente no pasó a mayores.

—¿Dónde va usted? —le preguntó un tercero.

—A la estación del Norte. A las siete y media sale el tren.

—Yo también voy para allá. Pero nos sobra tiempo... Si quiere usted, nos turnamos con sus bultos.

Enrique le miró con desconfianza. ¡Mira que si el tipo éste se me escapa con la maleta! Pero comprobó que no tenía media bofetada, y aceptó la compañía. ¡Buen tipo el gachó! Le contó que nunca se iba a dormir antes de las diez o las once de la mañana y que se aburría a muerte por las noches. Que se llamaba Manolito Pérez y que buscaba un trabajo que no exigiera mucho esfuerzo, pero que se pagara como si lo exigiese.

Era el clásico truhán simpático, y Enrique —mientras bajaban Gran Vía adelante buscando un taxi— hizo buenas migas con él. Llevaba el flexible muy ladeado y el traje ni era bueno ni era malo. Manolito Pérez le ofreció pitillos.

—De los caros —dijo—. Yo no tengo una «gorda», pero vivo como un señorito.

La Plaza de España, vacía de gentes, era un puro hervidero de pájaros. El aire era claro, fresco y sutil. Por encima de las copas de los árboles, trenzaban y destrenzaban su vuelo las golondrinas. Entre las ramas toda una joven población alada hinchaba las plumas, se perseguía y cantaba a la nueva mañana, gloriosa de luz, soberbia de azules.

—Yo soy un romántico —comentó Manolito Pérez

extasiándose ante los pájaros—, y así no hay quien prospere...

Pasaron junto a una mole de Palacio, blanca y soñolienta, recién lavada por el amanecer. Algo más lejos, unos camiones cargaban paquetes de periódicos frente a Rivadeneyra. Y un olorcillo a tinta todavía húmeda salía de los talleres a la calle.

Enrique comprobó la hora en su reloj de pulsera.

—Todavía hay tiempo —dijo.

—¡Qué pedazo de mañana! —contestó el otro—. Esto es gloria pura.

Cruzaron las rejas que separan la cuesta, ya vencida, del jardincillo de la estación. Hinchó los pulmones con satisfacción saboreando el aire matinal como lo haría un buen catador de vinos con un licor desconocido. Y el aire se detuvo en su garganta. Una pareja de guardias de Seguridad estaba frente a él, mirándole. «No seas pijo, Enrique, y tengamos la fiesta en paz. Aquello fue ayer, ¿no? Pues hoy es hoy, y aquí no ha pasado nada.» Llamó a un maletero, le entregó los bultos y se despidió de su acompañante.

—¿Usted adónde va?

—¿Yo? A ninguna parte. Me he dado este paseo por matar el tiempo.

—Pues váyase a dormir, que le hará falta.

—¡Quia! Ésta es la mejor hora del día. De aquí me iré a un café.

—Pues mucho gusto, Pérez. Y hasta la próxima.

—Adiós, hombre, y que tenga buen viaje.

En un banco, frente al quiosco cerrado de los periódicos Enrique divisó a su madre, sentada junto a Ramón y Alicia. Su hermano Claudio estaba de pie con los billetes de andén en la mano, y fue el primero que le vio. «Capítulo de sermones y lagrimitas. ¡Seamos valientes, y adelante!» Claudio se acercó a él, le pasó un brazo por los hombros y le llevó hasta su madre, que lloraba silenciosamente. Alicia también lloraba. Esto sí que era el colmo. Su hermana Alicia llorando. «¡Si será tonta!» Enrique ignoraba en la práctica la existencia de su hermana; y únicamente al verla se acordaba de que era un ser que había nacido de sus propios padres, que vivía y que tenía un nombre puesto por el cura en la pila bautismal. Si no hubiera acudido a la estación, ni se le habría ocurrido siquiera preguntar por ella. No lo habría notado. Pero he aquí que Alicia, al despedirle, lloraba. Lloraba porque se iba a América. Podía ella haberse ido y Enrique no se acordaría al día siguiente. «¡Qué raras son las mujeres!» Ramón lo estrechó fuertemente. Le dijo que estaba orgulloso de él y que daba por descontado que triunfaría.

—De eso puedes estar seguro —exclamó Enrique—. Voy a partirme los dientes. Voy a trabajar como un negro. Ya veréis de lo que soy capaz... ¡Un jabato; eso es lo que seré...!

Iban bajando la escalera que da a los andenes.

Su madre se inclinó hacia él y le dijo al oído:

—Te prefiero cabeza loca y a mi lado, que no un jabato, como tú dices..., pero tan lejos.

«Estas madres son terribles —sentenció Enrique para sí—. Mucho sermón, y cuando uno al fin se decide a sentar la cabeza, se quejan.»

Llegaron a los andenes. El tren despedía bajo las ruedas chorros de vapor. Fuera de la boca de la estación, la locomotora se destacaba sobre el cielo clarísimo de la mañana como la cabeza de un rinoceronte, negro y descomunal, dispuesto a cornear el horizonte.

La máquina dio un tironazo que hizo crujir los vagones. Después comenzó a deslizarse lentamente.

Apoyado en la barandilla de su departamento, Enrique, muy emocionado, sonreía a cuantos habían ido a despedirle. Miró a Adolfo, Leopoldo, Ramón, Claudio y Alicia. Anastasio no estaba. Después miró a Celia. Y a su madre. Ésta le miraba con los ojos arrasados y no le decía nada. «¡Pobre vieja —pensó—, no ha tenido suerte conmigo!» Celia le sonreía.

—Que te portes bien, que seas formal.

«Tampoco ésta ha tenido suerte.»

Levantaron todos la mano para decirle adiós, incluso Manolito Pérez, que con tal de no dormir se había quedado curioseando, ofreciéndose a unos y a otros por los andenes.

La madre y los hermanos de Enrique no iniciaron el regreso hasta que el tren se perdió de vista. En cuanto el vagón de Enrique se apartó unos metros, Celia volvió de nuevo la cabeza a un lado y a otro, visiblemente preocupada.

—¿Y Anastasio...? ¿No ha venido?

—Llegará tarde, seguro —comentó Adolfo.

Salieron de la estación.

Celia comentó tristemente:

—¡No ha venido Anastasio!

Manolito Pérez abrió la boca en un imponente bostezo. Se diría que quería tragarse la estación. Anotó la hora en un cuadernillo y salió a pasos lentos del andén; fuera, tomó un taxi. Estiró las piernas y dio un cabezazo. «Creí que no me llegaría nunca la hora de dormir —pensó—. Yo no sirvo para trasnochar.» Sacó de nuevo su cuaderno. Releyó las notas.

«A las diez, toma el coche frente a la casa de la viuda.»

«A las diez y doce deja el coche en el garaje, manda que le cambien el aceite y lo limpien. A las diez y dieciocho toma el metro hasta la Puerta del Sol. Allí, cambia de parecer y coge un taxi. A las doce menos siete sube a la pensión Pascual, donde al parecer tiene una amiguita.»

«A las seis y diez entra en la churrería.»

«El tren de las siete treinta sale con dos minutos de retraso.»

Pérez volvió a bostezar.

«¡Cómo se va a poner la viuda cuando se entere de que su amante se ha fugado! ¡Para un primer informe no está mal! ¡Me subirá la asignación! ¡Seguro!»

Bostezó de nuevo aparatosamente. Cuando llegó a

la puerta de la casa, el taxista, zarandeándole, le tuvo
que despertar.

IX

1959

EL SOTILLO DE LOS PINOS

ANASTASIO FERNÁNDEZ CUENCA, en el Sotillo de los Pinos,
se levantó del añoso tronco derribado que le había servido de asiento. Se había dejado dominar por la fuerza
de la evocación sin pensar que los recuerdos provoca-
dos por la armónica de Enrique (de Enrique, a quien
no había vuelto a ver desde el día de su despedida) le
habían de llevar de la mano por muchos caminos que
creía olvidados.

Anastasio había olvidado durante muchos años todo
lo referente al espantoso crimen y a la captura y condena de Enrique. Alejado de Madrid, inmerso en los
quehaceres de su profesión, en la preparación de las
oposiciones que le habían permitido ascender, no volvió a saber nada, no quiso saber nada de todos aquellos que un día le dieron la espalda, o a quien él se vio
forzado a volver la espalda.

Apenas incorporado al Penal descubrió el nombre
de Enrique en la lista de reclusos. «Enrique Fernández
Suárez», leyó al pasar, y sus ojos siguieron adelante
hasta rebasar cinco o seis más de los que le seguían por
orden alfabético. De pronto volvió la vista atrás y lo releyó. ¡Qué coincidencia!, pensó y siguió leyendo, sin en-
terarse bien de lo que leía. Enrique era Fernández Cobos y Suárez del Valle... Suspendió la lectura. ¡No, no!
¡No era así! Fernández Cobos era su padre y Suárez
del Valle su madre, Enrique, el Enrique que él conocía
era en realidad Fernández Suárez a secas, como este

273

otro que estaba en la lista. Poseído de una emoción particular, pidió el expediente de este recluso, buscó el sumario y comenzó a leerlo excitadísimo, sin poder contener su emoción. Todo coincidía: las fechas, el billete del barco para Venezuela. Anastasio siempre creyó que Enrique había embarcado en el puerto de Vigo, donde fue detenido. Leyó el sumario varias veces. Se horrorizó del crimen cometido y comprendió incluso muchos puntos a los que el sumario ni siquiera aludía. El móvil del crimen fue el robo, sí. Pero Anastasio comprendió muy bien para qué quería Enrique aquel dinero. Lo necesitaba para unirse con Javier en el negocio de Venezuela. Anastasio no se explicaba cómo el abogado defensor había conseguido salvarle del garrote con la tesis aquella de que se trataba de un delito preterintencional cuyo móvil era el robo, y el homicidio sólo una consecuencia surgida al paso. No se lo explicaba, pero lo celebraba profundamente. En cualquier caso todo esto era agua pasada. Lo importante era que Enrique, su amigo Enrique, estaba allí, dependía de él y había que ayudarle. Las reiteradas negativas del recluso a dejarse ver eran el primer obstáculo. Enrique era el preso más antiguo del Penal, y aún le faltaban quince años —¡quince años, Dios mío!— para ser puesto en libertad...

Anastasio estiró todos sus miembros. Y llenó sus pulmones con el aire perfumado de resina del Sotillo de los Pinos.

Ya era de día. El sol estaba a dos palmos sobre el horizonte e iluminaba con rayos oblicuos la mole imponente del Penal.

Fernández Cuenca, la cabeza inclinada, los hombros caídos, las manos en los bolsillos y el cigarro apagado en la boca, se fue acercando hacia el bloque de piedra.

—¿Quién va?

—Soy yo...

—A sus órdenes...

Las cigarras y los grillos, encendidos de nuevo sus agudos timbres de alarma, habían reiniciado ya su insoportable concierto.

«Hoy hará calor, mucho calor», pensó Anastasio.

Y se acercó lentamente a la puerta del presidio.

X

EL PENAL

EL PRIMER RECUERDO que Enrique conservaba del Penal era el de un rótulo colocado sobre la puerta de la muralla exterior: unas grandes letras negras sobre fondo amarillo, que decían: «Odia el delito y compadece al delincuente.» Enrique se acordaba de la nieve apretada, abundante, gorda, que dificultaba su lectura. ¿Seguiría el rótulo en su sitio? ¿Sería siquiera el mismo después de tanto tiempo?

Traía el cuerpo medio congelado, pues nevaba despiadadamente, y la primera galería que cruzó estaba más fría si cabe que el exterior. Al entrar en la oficina, un calorcillo suave que lo invadía todo, le dio la bienvenida ayudándole a desentumecer los huesos.

El Departamento de Régimen tenía dos estufas; una en cada extremo de la gran habitación. Y como hacía frío, los oficiales de prisiones allí destinados habían colocado las mesas desordenadamente junto a los calentadores.

Cuando Enrique penetró en la oficina, los oficiales y auxiliares de prisiones, que estaban charlando y fumando en el extremo opuesto, dejaron de hablar y le miraron. Después, perezosamente, se acercó cada uno a su mesa.

—Por aquí, muchacho —dijo uno de ellos, indicándole lo que había que hacer.

Enrique ya tenía alguna experiencia en los trámites que seguían en el Departamento de Régimen. Eran idénticos a los ya vividos por él en la prisión de Madrid, cuando ingresó desde la Dirección General de Seguridad. Sólo que el papeleo había aumentado de volumen. El jefe de escolta de la fuerza pública que los acompañaba se había hecho cargo de la documentación y la entregaba ahora a las autoridades del Penal. Enrique tenía curiosidad por conocer su ficha clasificadora en la que se recogía el informe de su comportamiento y los varios aspectos —¡cómo se reía al recordarlo!— biotipopsicológico, pedagógico, correccional, moral, psicotécnico, correspondientes a las observaciones que hicieron de él desde el día de su detención. «Lo que habrán notado con todos esos camelos —se decía Enrique por lo bajo— es que soy un tipo colosal: ¡colosal, sencillamente!» Enrique llevaba además el uniforme y la ropa interior reglamentaria de la estación invernal que le dieron en su anterior destino.

Al mismo tiempo que él, ingresaron en la cárcel un anciano muy tímido, correctamente vestido, que parecía muy afectado, y un granuja charlatán y encantador condenado por cuestiones de faldas. Enrique se reía sólo al evocarle. Se dedicaba a enamorar a criadas, y a incitarlas al robo para ayudarle en unos tremendos apuros que se inventaba para cada caso, y según la mentalidad de las chicas de turno. A pesar de ser reincidente, le pusieron en libertad antes de que Enrique fuera trasladado al penal. El anciano tenía cinco años de condena, pero murió a los seis meses de ingresar en la cárcel.

Les tomaron la filiación. Trámite inútil, pensó Enrique, pues ya la conocían de memoria. El penado respondía a un breve interrogatorio y el funcionario anotaba en unos impresos los datos que recibía: «No deberían preguntar el nombre del padre y de la madre», pensó Enrique. «¿Qué tendrá mi vieja que ver en todo esto...?» «A uno le sale un hijo golfo como a otros les salen sabañones... y no hay por qué proclamarlo...»

—¡Eh, tú, no te despistes! Por aquí...

En otra mesa les tomaron las huellas dactilares, y en otra les vaciaron cuanto llevaban en los bolsillos. Tomaban nota cuidadosamente de todos los objetos y los metían en una bolsa. «Esto te lo devolveremos luego —decía el oficial— y esto otro cuando salgas.» El dinero se lo dejaban. Se lo dejaban unos minutos, hasta llegar a la mesa siguiente.

—Y ahora al banco —dijo otro oficial de verde, del Cuerpo de Prisiones—. Cambio de moneda como en las aduanas.

El banco era una mesa más, provista de un tarugo con un rótulo que decía: «Peculio.» Allí les canjearon el dinero que llevaban por unos vales.

Enrique hizo un gesto de extrañeza y el oficial de turno le explicó:

—Si le mandan dinero de fuera, se lo daremos en vales. Y cuando se marche le daremos tanto dinero como vales le sobren. ¿Lo entiende?

—No.

—Pues ya lo aprenderá. Por ahí...

Un auxiliar del Cuerpo le situó en el último extremo de la oficina, frente a una puerta, y esperó, antes de abrirla, a que los otros recién llegados hubieran terminado su última operación.

—Ya han pasado la aduana. Ahora hay que cruzar la frontera.

Enrique observó que el más anciano de todos, fijos los ojos en la pequeña puerta, lloraba. Él también sintió un cosquilleo en la garganta y respiró hondo para deshacer el nudo —un nudo de aire quieto— que amenazaba formársele dentro del pecho. La pequeña puerta al fin se abrió y el oficial les hizo pasar a un pasillo muy largo y estrecho, casi a oscuras, que limitaba al fondo con una reja. Al cerrarse la puerta tras ellos, tuvieron la impresión de encontrarse en una jaula. Pero la sensación duró poco, pues la reja se descorrió y al cruzarla salieron a una enorme galería toda de piedra, una de cuyas paredes daba a un gran patio interior. Por los ventanales, a la altura del techo, se veía la nieve caer en gruesos copos.

Al llegar a un recodo, una verja más que llegaba hasta el techo, a pesar de la gran altura de éste, y en su centro, una puertecilla de hierro de casi un palmo de espesor. Cruzaron varias galerías y varias verjas. En todas ellas, invariablemente, había un oficial al que veían desde lejos detrás de los barrotes a medida que se acercaban, y que, al sentirlos llegar, interrumpía la lectura, descorría los cerrojos y les dejaba el paso libre. Los oficiales se saludaban.

—Con Dios...

—¡Hola, golfo!

Según pasaban por una u otra galería, subían una u otra escalera, dejaban atrás una puerta, el sujeto de verde que los acompañaba les iba explicando: «Por aquí se va a "Comunicación", por ahí a la cantina, eso es la enfermería, ese que va por ahí es el oficial de "Peculio".»

Al fin se detuvo ante una puerta.

—Esto es la Galería de Período. Estaréis aquí tres días.

Golpeó la puerta con fuerza.

—¡Traigo visitas! —gritó. Y añadió confidencial—: Si os portáis como Dios manda, volveré a buscaros el viernes.

Enrique no pudo reprimir un vago gesto de satisfacción. ¿Qué sería «aquello» que duraba tres días? No es que él se hubiera entretenido en imaginar minuto a minuto los años de encierro que le esperaban (entre otras razones, porque le aburría detener su pensamiento en ninguna clase de meditación); pero, sin proponérselo, había asociado la idea de la cárcel a una celda que se cerraría tras él apenas entrara en ella y no volvería a abrirse hasta que se cumpliera la condena. La idea, pues, de vivir tres días «algo» no esperado, le entretenía. No podía evitarlo.

Tardaron unos minutos en abrir la enorme puerta de la «Galería de Período». Estaba impaciente por saber qué habría tras ella. El futuro le importaba un comino. El pasado no tenía remedio. El presente... era su tiempo. El «hoy». El «ahora»... Abrieron al fin la puerta. Primera sorpresa. Quien lo hizo, llevaba una bata blanca, como un enfermero.

—¿Un médico? —murmuró decepcionado.

—Es un recluso, como ustedes —aclaró el oficial.

¡Aquello sí que era sorprendente! Un recluso vestido de médico. A Enrique se le había metido entre ceja y ceja la idea de que los vestirían con un pijama rayado, como a los presidiarios de los dibujos de humor; pero jamás pensó que serían uniformados con el pálido atuendo de la Cruz Roja. Más tarde aprendió que algunos reclusos prestaban en la cárcel determinados servicios en las oficinas, en el hospital, en los diversos departamentos. Y éste, cuyo atuendo tanto le sorprendió, era, por lo que se veía, uno de ellos.

La Galería estaba encalada como una nave de hospital. Era inmensa y había más de cincuenta camas adosadas a una de las paredes. Los recién llegados fueron situados cada uno junto a un catre. Como eran pocas las operaciones, se realizaron con bastante celeridad.

—Desnúdense...

—¿Qué...?

—Que se desnuden.

—La ropa —añadió el que mandaba— la dejan en el suelo, frente a la cama.

—¿El calzado también?

—También.

Enrique obedecía con menos pereza que sus compañeros. Tenía prisa por saber adónde conducía todo aquello. Se alarmó cuando vio que uno de los de la bata blanca, que había aparecido por un extremo de la galería empujando un carrito, retiraba bonitamente la ropa de cada uno, y se la llevaba sobre ruedas a un incógnito destino; pero se tranquilizó al ver que otro recluso veterano colocaba sobre la cama de los recién llegados un mono caqui como el de los soldados, unas medias de lana y unas alpargatas nuevas.

No fue el único que hizo ademán de vestirse con aquellas prendas, apenas las tuvo al alcance de la mano, pero una voz les ordenó:

—¡Que nadie se vista!

Enrique miró riendo a sus compañeros. Los pobres diablos, desnudos como estaban, pegando saltitos y moviendo los brazos para matar el frío, formaban el cuadro más grotesco que cabe imaginar. Uno de ellos, el de más edad, apenas se movía. Estaba paralizado por la vergüenza y la tristeza. Tenía la cabeza baja, la mirada hundida y los brazos caídos sobre el cuerpo, tapándose con pudor. «¡Pobre viejo! —pensó Enrique—. ¿Quién le mandará meterse en estos fregados, a sus años?» Y se le quitaron las ganas de reír.

Dos enfermeros y un oficial de prisiones se acercaron a los presos. Traían en las manos extraños instrumentos. El más estrafalario de todos, era un fuelle gigante, de los que sirven para avivar las llamas de una chimenea.

Los presos miraban todo aquello con más desconfianza que curiosidad. Como novatos, no alcanzaban muchos puntos en las costumbres carcelarias, y no podían imaginar para qué diablos servirían el cubo lleno de harina y el fuelle que enarbolaba en sus manos el más corpulento de la comitiva.

Enrique, de pronto, se dio un golpe en la frente. Se le vino a la memoria un cuento danés leído de niño, y el pintoresco dibujo que lo ilustraba. De tener que escoger para aquellos bártulos entre varias aplicaciones posibles, Enrique, por supuesto, imaginaría la más estrafalaria.

No podía despintársele la vieja historia de su niñez. Unos gnomos armados con un fuelle inyectaban aire, por no muy púdico escondrijo, en el cuerpecillo de un mozalbete, y éste, hinchado como un globo, ascendía por los aires y lograba así escapar del peligro que le amenazaba.

Los del fuelle se acercaron al primero de la fila.

Enrique los miraba con aire espantado.

—Levante los brazos... Ahora vuélvase de espaldas... Abra las piernas... baje la cabeza.

El fuelle, convertido en original espolvoreador, dejaba escapar un insecticida blanco como la sal y pegadizo como la harina. Una nubecilla blanca envolvió al recluso como una bélica cortina de humo, y un olor acre, de trastienda de farmacia, se extendió de parte a parte por toda la galería.

—¡Esto sí que es bueno...! —exclamó Enrique en el colmo de la sorpresa.

Era tanta la eficacia del fuelle, que, mediada la operación, la nave entera había quedado cubierta de una espesa neblina, como la que emerge de las grandes ciudades y queda flotando sobre el apretado caserío, aun en los días más claros.

Los presos recibieron la desinfectante nevada con muy distinto humor.

Enrique gozó indeciblemente por lo que tenía de inesperada, con la grotesca experiencia, pero recordaba la cara de horror del más anciano de los presos, del que se cubría púdicamente con las manos, del que estaba inmovilizado por la vergüenza y el sentido de la dignidad.

A medida que los enfermeros se acercaban a él, su frente se fue cubriendo de abundante sudor. Cuando le llegó el turno de la desinfección, los polvos se le quedaron, como un sambenito cruel, pegados a la frente. Sus profundas arrugas parecían pequeños ríos de nieve que le bajaban por el rostro.

Dos veces al día, durante los tres que allí estuvieron encerrados, se repitió la misma operación. Al tercero, les devolvieron la ropa particular, lavada, desinfectada y sin planchar, y les asignaron una celda y un número.

No sería justo decir que Enrique se recreara evocando viejos recuerdos. Éstos llegaban de pronto, se le escapaban del subconsciente, se desparramaban dentro de él. A veces, por pura distracción, Enrique los dejaba estar. Pero les ponía como condición que no le abrumaran, que no le turbaran, que no dejaran en él un poco de amargura. «Si os ponéis tontos —les decía—, os echo fuera, y a otra cosa.»

Los recuerdos no siempre le obedecían.

Desde que Anastasio Fernández estaba en el Penal, su lucha con el pasado se había hecho más dura, se había recrudecido. Los años inmediatamente anteriores a la llegada del nuevo director fueron años de sosiego. Enrique había conseguido crear una costra en su memoria, encallecerla, levantar una muralla infranqueable entre su pasado y él. Si a veces una corriente de recuerdos se filtraba a través de esta línea defensiva, llegaba tan leve, tan atenuada, que Enrique pensaba que se trataba de otro ser, de otro Enrique distinto a él, que no existía ya, si es que había existido alguna vez. Pero ahora, desde la venida de aquel hombre —de aquel hombre que se hacía presente cada día con sus reformas, que estaba en labios de todos porque la comida era mejor, o porque los servicios higiénicos estaban más limpios, o porque recibía a los presos, y éstos le elogiaban desmesuradamente—, le había renacido esa lucha interior, esa guerra cuerpo a cuerpo con un ayer que creyó definitivamente muerto y sepultado. «No se juega con los cadáveres», se decía Enrique cuando la lucha se iniciaba. «Un padre no airea el cadáver de un hijo por mucho que le quiera. ¿Por qué voy a permitir yo que se desentierre mi pasado, un pasado que me aburre?»

A pesar de esas consideraciones, Enrique, con defensa o sin ella, se entregaba cada vez más en brazos de sus fantasmas. Dudaba si presentarse o no en el despacho de Anastasio. Aunque no hubiera rellenado el famoso impreso pidiendo ser recibido, aunque no fuera lunes, estaba seguro de que el director le abriría sus puertas. La primera entrevista entre los dos la había imaginado cien veces. «¡Hola, viejo!», le diría. Y cuando Anastasio creyera que se iba a echar en sus brazos gimoteando o poco menos, le sorprendería diciéndole:

«Estás más gordo.» En varias ocasiones Enrique llegó a creer que Anastasio vendría a verle a la celda. Era colosal imaginar su cara de estupor al ver la formidable decoración montada pacientemente por Enrique en las paredes.

—Tanto cuento como te das con tus reformas... y ¿a que no se te ha ocurrido obligar a los presos a adecentar sus celdas como yo he hecho con la mía?

Enrique se puso en pie al pensar esto y pasó revista a sus obras de arte. Toda la pared lateral, a la derecha de la puerta, estaba materialmente forrada con sus cabezas de viejos. Einstein, Moisés, El Cid, Carlos Marx, San Pedro. Y en un extremo olvidado, el dibujo de un mendigo de ojos claros, sentado sobre unas rocas, rodeado por un mundillo de cabezas —cabezas sin cara— de la chiquillería...

Sobre la pared del camastro, en hileras, sus animales de papel acababan de sufrir una importante reforma. Enrique había forrado toda la pared con papel pintado de negro, de modo que los pintorescos perfiles de las figurillas resaltaban mucho más que antes sobre el gris sucio de la piedra.

Una masilla hecha con miga de pan masticada era el original pegamento que adhería a la pared el pequeño ejército animal.

Enrique estaba satisfecho de su obra. Una cortinilla hecha con cuerdas trenzadas ocultaba la incómoda presencia de las rejas y una funda gruesa y artística, también de cuerda, cubría la ignominiosa taza desportillada del retrete.

¡Qué diferencia esta celda, tal como estaba ahora, con la de la primera noche, catorce años atrás! Enrique pensó entonces que llegaría a enloquecer.

De la Galería de Período, todos empolvados por el famoso desinfectante y con las cabezas rapadas como bombillas, los llevaron a las duchas. Era repugnante aquella masa humana —pues allí se unieron los presos bisoños con los veteranos— recibiendo la lluvia que por unas cañerías agujereadas caía sobre ella. Y el olor, el olor a miembro escayolado, a animal sudado de la multitud. Era repugnante, pero la experiencia ya había sido vivida en el ejército. No era nueva. La de la celda, en cambio, sí lo era, y creyó no poder resistirla. Para evitar el riesgo que suponía que el instinto venéreo de dos presos no guardara armonía con su sexo, los encerraban siempre por números impares. Uno, tres o cinco. La compañía de aquellos seres, lejos de ser un consuelo, representaba para Enrique la más insoportable de las torturas. Y la taza. La taza desconchada, allí dentro, junto a la cama. No tenía cadena, para evitar suicidios; ni depósito de agua, para suprimir gamberradas. Cada tres minutos, automáticamente, una corriente de agua de un depósito oculto y común a varias celdas, caía en la taza y la limpiaba si estaba sucia. Si no lo estaba, caía también, de día, de noche, siempre, siempre, sin descanso posible, sin vacación alguna para los oídos ni para los nervios. Uno de los compañeros de celda, sentado en tan humillante trono, charlaba animadamente con todos mientras dejaba actuar a su organismo. El anciano que ingresó en la cárcel el mismo día que Enrique, sólo lo hacía de noche, cuando todos dormían; y se cubría la cabeza con la chaqueta, ayudándose así a combatir el invencible pudor. A Enrique le irritaban por igual todos sus compañeros. Por eso, cuando años después consiguió una celda para él solo, se consideró tan feliz, que dudaba si fuera de la cárcel se sentiría mejor.

El ruido de la corneta —a través del altavoz instalado en el recodo de la galería— rompió el hilo de sus recuerdos.

Ya eran las siete. Todos los pequeños ruidos rutinarios —los pasos de los oficiales, los cerrojos de las puertas descorriéndose, las palmadas llamando a recuento— se repitieron igual que la víspera a la misma hora, igual que hacía un año y cinco años, igual que al día siguiente, cuando las agujas del reloj marcaran de nuevo las siete de la tarde.

Si un día ya lejano quiso aprender la hora por el juego de las sombras y la luz sobre las paredes del patio, y no lo consiguió, con los ruidos, en cambio, llegó a saber la hora exacta sin haberlo pretendido. Porque la corneta, a través de los altavoces, daba los toques de diana, fagina, recuento, oración y silencio. Pero él ya sabía de antemano cuándo estaba a punto de producirse el toque. De todos los ruidos había uno inconfundible y preciso: «El juego del arpa», como él lo llamaba: «el arpa con los barrotes».

Todos los presos salían de sus celdas y formaban en la galería. Un oficial pasaba lista —«recuento» en la jerga carcelaria— y entretanto, otro penetraba en las celdas y con un barrote de hierro largo como una lanza, golpeaba las rejas para comprobar su entereza. Si alguna de éstas tuviera una fisura, si la paciente mordedura de una lima hubiera trabajado sobre ella —y este caso no se produjo nunca en el Penal en todo el tiempo que Enrique llevaba de inquilino—, el sonido vibrante y falso denunciaría la anormalidad.

El golpe de la barra, o, mejor, el deslizarse de la barra sobre los dientes de hierro de los ventanos, en cada una de las celdas, de todas las galerías, de cada ala, de cada planta del edificio, producía el más extraño, lúgubre y chirriante concierto que cabe imaginar.

La música —troc-toc-toc-tac— empezaba lejana y se iba acercando cada vez más —troc-toc-toc-tac— en un endemoniado, insoportable crescendo, hasta incrustarse —troc-toc-toc-tac— en las sienes, en la nuca, sobre las cejas. Después se alejaba llena de vibraciones en dirección contraria, hasta quedar reducido a un leve, interminable, monótono taconeo: troc-toc-toc-tac... troc-toc-toc-tac...

La experiencia de Paulov, el fisiólogo ruso que provocaba jugos gástricos en un perro con sólo rasgar un violín —por la repetición del mismo sonido a la hora de la comida—, la vio Enrique confirmada en sí mismo. Como después del «concierto del arpa» venía el rancho, cada vez que aquél se perdía en la lejanía, Enrique notaba cómo la boca, obediente al sonido de los barrotes, se le llenaba de agua. Troc-toc-toc-tac... troc-toc-toc-tac...

Aquella noche Enrique no pudo conciliar fácilmente el sueño. Y no por el ruido de las tuberías que cada tres minutos desaguaban bajo la funda de cuerda, junto a su cama —pues este ruido ya no lo oía ni aun estando despierto—, sino porque estaba irritado. Durante tres semanas consecutivas Anastasio Fernández le había invitado a su despacho. Él se había negado siempre a acudir. Pero hacía ya más de un mes que la invitación no se producía. «Hoy me volverá a llamar», se decía cada lunes: «Esta tarde me llamará», se había dicho hoy. Pero el director no daba señales de interesarse por él. «¡Maldita sea la hora en que vino! ¡Maldita!»

Antonio llegó jadeando a la puerta del despacho del director. Se detuvo unos segundos, sacó un pañuelo y se secó el sudor que le caía desde el pelo por la frente, las sienes y el cuello. Se ajustó los puños de la camisa, se quitó la gorra y esperó a que por el fondo de la galería apareciesen los tres hombres. Cuando los vio doblar el lejano recodo, golpeó con los nudillos en la puerta y pidió permiso para entrar.

El director tardó en levantar la vista de sus papeles.

—Ahí está —dijo Antonio tan sólo...

Anastasio levantó los ojos y los clavó interrogadores sobre el oficial.

—¿Enrique?... ¡Por fin!

—¿Le hago pasar? —preguntó Antonio.

—No. ¡Cierre la puerta! ¡Espere!... —dijo Anastasio sobresaltado—. Explíqueme. ¿Viene por iniciativa suya? Usted no le habrá forzado, ¿verdad?...

—Viene él solito y por su gusto —contestó Antonio, riendo—. ¿Le hago pasar?

—Espere... Espere...

Anastasio sabía que este momento tenía que llegar. Era preciso actuar con prudencia y paciencia. Enrique tenía un «complejo penal» muy acusado. Y debería hacer gala del máximo tacto para no herirle. Anastasio encendió un cigarro. «El primer puro que fumé en mi vida —pensó— me lo dio Enrique en San Sebastián»...

—¿El recluso se ha desayunado?...

—Señor director... son las once de la mañana. ¡Claro que se ha desayunado! ¿Le hago pasar?

—¡Espere!

Anastasio no sabía bien por qué le hacía esperar ni por qué había preguntado si el recluso se había desayunado. Mordisqueó la punta del cigarro, cortó el extremo con los dientes, porque no tiraba bien, y lo escupió.

—¿Sabe usted si el capellán habló anoche con él?

—Sé que no habló.

—¿Y esta mañana?

—No, señor. ¿Le hago pasar?

—Espere. Espere... ¡Y no pregunte más si le hace pasar o no! ¡Ya le diré yo a usted cuándo debe hacerlo pasar!

Lo dijo muy irritado. Antonio se disculpó con un gesto y esperó. Anastasio tragó saliva. Se hizo una composición de lugar. Intentó preparar unas palabras, una frase de salutación. Pero no supo.

—¡Hágalo pasar! ¿Qué espera para hacerlo pasar?

Antonio obedeció. Abrió la puerta y empujó suavemente a Enrique hacia el interior.

Los tres hombres permanecieron largo rato en silencio.

Enrique vestía una chaqueta de dril gris oscuro. El cuello vuelto, como los uniformes de los soldados soviéticos, estaba abotonado bajo la nuez. Desde allí hasta la cruz del pantalón, cuatro botones más ceñían los dos cuerpos de la chaqueta. El uniforme era estrecho y empequeñecía su cuerpo restándole corpulencia. Sus hombros, parecían más estrechos. Sus espaldas, más endebles. El pantalón de tubo, entre su último extremo, sin vueltas, y el empeine de las alpargatas dejaba ver un trozo de calcetín. El blanco de las alpargatas sobre el calcetín producía un extraño efecto de indigencia. Enrique llevaba la boina calada hasta las orejas.

Antonio rompió el silencio. Apretó suavemente el

brazo de Enrique y le dijo muy bajo, por temor a herirle...

—La boina, hombre, la boina...

Enrique se la quitó guardándola en la mano.

Su cabeza estaba rapada. Su frente parecía más enjuta y sus orejas más grandes, como si estuvieran listas para moverse y volar.

Anastasio sintió una gran pena.

—Gracias, Antonio. Déjenos usted...

Enrique sostenía la boina con las manos y la hacía girar lentamente con los dedos. Tenía la cabeza baja y levemente inclinada hacia adelante, pero los ojos no. Los ojos miraban a Anastasio fijamente, de abajo arriba, como un niño que espera una reprimenda, como un paletito de pueblo abrumado ante la presencia de un gran señor.

Anastasio alzó las dos manos ofreciéndole un abrazo. Enrique movió lentamente la cabeza, negándose, y como Anastasio se acercara a él, dio un paso hacia atrás y la movió con más fuerza. No dijo nada. Anastasio hubiera preferido que dijera: «Quita, quita, no seas pijo», o que disparatara cualquier extravagancia de su estilo: que le faltara al respeto incluso. Todo menos este silencio duro como una coraza.

—Siéntate, si quieres...

Enrique apretó la boina entre sus manos y rechazó la invitación.

—Te ordeno que te sientes —dijo Anastasio con un tono de voz que quiso ser terminante y amistoso a la vez.

Enrique le miró con expresión glacial y obedeció.

—Desabróchate la chaqueta si estás más cómodo.

Enrique, con un ademán rápido de sus dedos, soltó el botón del cuello y después los otros cuatro; echó a un lado y a otro los bordes del uniforme y movió los hombros como si sintiera placer de liberarlos de la presión de la chaqueta.

«Hombre, mira tú; esto te lo agradezco», pensó Anastasio que Enrique le diría.

Pero sus palabras fueron muy otras.

—¿Me mandas que me siente? ¡Me siento! ¿Me mandas que me desabroche? ¡Me desabrocho! Tú eres el que mandas.

Las segundas palabras fueron muy extrañas. Tanto, que Anastasio, que estaba sentándose frente a él, quedó un momento suspenso y suspendido como si creyera que le habían quitado la silla que iba a utilizar.

—¿Me quieres decir de una pijotera vez qué haces tú aquí?...

—¿Dónde? —preguntó Anastasio.

—¿Dónde va a ser? ¡Aquí! ¿Estás perseguido políticamente? ¿Te han castigado a hacer esto o es que, de verdad, has escogido por gusto este oficio?

Anastasio sonrió complacido. Enrique necesitaba disfrazar su vergüenza con el antifaz de lo burlesco.

—La verdad es que Dios da pañuelo a quien no tiene narices...

—¿Cuáles son mis pañuelos?... —preguntó Anastasio.

—¡Jolín! La libertad... Tú tienes la libertad y no tienes narices para usarla.

Anastasio pensó que quizá el recluso tuviera razón.

Hizo acopio de paciencia. Trató de evitar que sus facciones se endurecieran. Sonrió.

—Me alegro mucho de verte, Enrique. Créeme, me alegro de verdad...

El cigarro de Anastasio se había apagado. Volvió a encenderlo despaciosamente. Mientras hablaba dejaba la llama del fósforo bajo la cabeza del puro calentándolo.

—La primera vez que quise verte y tú te negaste...

Enrique le interrumpió.

—Era para ofrecerme tus servicios de director, y decirme que no dudara en dirigirme a ti si necesitaba algo... ¡Vamos: igual que un buen gerente de hotel con un cliente distinguido! ¿No es así?

Anastasio le miró fríamente.

—Sí. Quizá fuera algo parecido.

—Pues a eso venía —contestó Enrique—. A satisfacer tu curiosidad. Y una vez satisfecha, a pedirte que me dejes en paz.

Anastasio no contestó. Entreabrió los labios como para decir algo y prefirió callar.

Enrique, sentado frente a él, cerró los ojos como si hiciera un esfuerzo muy grande al pronunciar cada palabra. Anastasio creyó percibir que el tono de su voz se humanizaba. Quizá no fuera más que una ilusión.

—Olvídate de que estoy aquí. Ten la seguridad de que no necesito nada. Te agradezco tu interés, pero no me sirve de nada. Tengo dinero suficiente para mis lápices y mis cosas. Ayer mismo me he comprado unos pinceles y un bastidor y una caja de pinturas al óleo... Te suplico que no me llames más, que no me mandes recados indirectos con tus hombres, que te olvides de que estoy aquí. —Con un grito contenido, añadió—: Te lo ruego por tu madre... ¡déjame en paz!

Anastasio tragó saliva.

—Eso es lo único que quería decirte —continuó Enrique con voz muy calma—. Y ahora, si tú me lo permites, me voy. Llama al Antonio ese para que me acompañe.

Enrique se puso en pie.

Anastasio iba a presionar el timbre, pero Enrique le rogó con un gesto que esperara.

—Dime una cosa. Sólo una cosa. Aparte de mi gente, ¿sabe alguien que estoy aquí, en este penal? Tú no te habrás dedicado a proclamarlo, supongo...

Anastasio negó con un movimiento de cabeza.

Enrique se abotonó con rapidez la chaqueta de dril. Sus hombros volvieron a parecerle a Anastasio más estrechos. Toda su figura más insignificante.

—Júrame que no lo dirás nunca a nadie. No quiero recibir visitas. No necesito nada...

—Cuenta con ello —dijo Anastasio.

Y la vivencia de un lejano episodio renació en su memoria. Ondarreta. La playa. Enrique y sus amigos habían desnudado a Javier y lo habían tirado al agua. Enrique, a quien no conocía, se plantó ante él, fanfarrón, dueño del mundo. Anastasio escuchó aterrado sus palabras.

«¡Y de lo que has visto hoy, como si fueras ciego!...»

Ahora, como entonces, Enrique le pedía con la misma altanería que no dijera nada. Y ahora, como entonces, Anastasio cumpliría lo prometido. Pero había una diferencia. Enrique le parecía entonces el héroe de todos sus sueños de niño, el prototipo del fuerte, del poderoso, ¡y ahora Anastasio lo veía de modo tan distinto!... Entonces le atendió porque le daba miedo. Ahora le atendería porque le daba pena.

Enrique, de espaldas a él —la nuca rapada, el cráneo lirondo, las orejas voladoras—, cruzó la puerta, acompañado de Antonio, y salió del despacho.

XI

ENCUENTRO CON EL AYER

Anastasio Fernández recorría lentamente los tres centenares de metros que separaban el pueblo del Penal. Las gentes con las que se cruzaba le saludaban con respeto. Anastasio era el más joven de todos los directores que había tenido el establecimiento. Pero algo había en su porte —los hombros anchos y algo caídos, la cabeza inclinada, como si quisiera pasar inadvertido— que le daba, por contraste y sin él pretenderlo, cierto empaque de hombre avisado y maduro. Su cabeza era firme y fuerte, su frente ancha y sus ojos, grandes y serenos, alumbrados de una gran bondad.

Le gustaba pasear por las mañanas antes de que el sol clavara sus lanzas con la severidad del mediodía. A esas horas los rayos son todavía piadosos y las sombras de los opacos árboles y de los muros conservan el frescor del amanecer.

Anastasio paseaba despacio. Se detenía absorto ante

el intersticio de dos piedras —breve grieta en la calzada— por donde una lagartija se había precipitado fugitiva o golpeaba con la punta del bastón una piedrecilla, siguiendo después con la mirada su fugaz itinerario. Toda su atención parecía prendida en los sucesos menudos que surgían a su paso: dos pájaros que se persiguen, un abejorro que cruza como un bólido el espacio, una florecilla silvestre que ayer no estaba. Pero su pensamiento era muy otro: Enrique.

La intolerable actitud de Enrique el día de su entrevista correspondía claramente a lo que Anastasio llamaba «complejo penal», tema sobre el que había escrito más de un ensayo publicado en las revistas profesionales. Los complejos de los penados son tan fáciles de reconocer como los de los niños. Tan pronto se humillan exponiéndose a las mayores bajezas, como se encastillan en «una soberbia de cuerpo», un «orgullo de penados» tan absurdos como paradójicos. Y Enrique estaba entre los que se habían fabricado un «código moral» de recluso, un «decálogo del presidiario» para su uso particular.

Pero el hecho de «comprender» la reacción de Enrique no era suficiente para consolarle. ¡Él hubiera querido llevar a Enrique un mensaje de aliento, un poco de calor de amistad!

No era ésta la primera vez que premiaban su desinterés con un portazo a su buena fe. «¡Está bien! ¡Está bien!» ¿Enrique no quería verle? ¡No se verían más! ¿Enrique quería que olvidara que estaba allí? «¡De acuerdo! ¡De acuerdo en todo! Procuraría olvidarlo...»

El director del Penal golpeó con fuerza una piedrecilla del camino con la punta del pie. La piedrecilla salió disparada, rebotó sobre el asfalto de la carretera y fue a esconderse bajo las ruedas de una furgoneta estacionada junto a la tienda de Anselmo. Y Anastasio procuró distraerse con el pensamiento de este estupendo ejemplar humano que Anselmo era, del poso de amargura que la visita de Enrique había dejado en su ánimo. ¡Qué buen negociante este Anselmo! Había convertido un tenducho infecto que tenía frente al surtidor de gasolina en un almacén por todo lo alto, a todas vistas desproporcionado con la capacidad adquisitiva del pueblo. Vendía de todo: desde cartuchos y perdigones hasta aguas de colonia caras y objetos de tocador; desde galletas y comestibles hasta raquetas de tenis y libros o aperos de labranza. Y es que había puesto sus miras, más que en la clientela fija del pueblo, en las grandes fincas cuyos carriles y carreteras de tercer orden confluían en el pueblo. En el verano y en las temporadas de caza el tráfico de las fincas con Madrid era incesante. Y no era raro que los señores enviaran sus coches hasta la capital a comprar lo que necesitaban. Anselmo tuvo la audacia, que muchos consideraron ruinosa, de abastecer de todo cuanto aquellos señores pudieran necesitar y servírselo a las puertas mismas de sus fincas.

«Como en el campo se aburren —comentaba a veces— vienen hasta aquí, por distraerse. Por eso les puse un bar al gusto de Madrid. Después entran en el almacén y compran hasta lo que no necesitan.»

Anastasio no pudo menos de sonreír y recordar estas palabras del lince de Anselmo, al ver a una señora seguida de un mecánico de uniforme, ocultos ambos por montañas de paquetes, y trasladando del almacén al coche sus compras voluminosas. Detrás de ellas, un caballero sesentón de pelo blanco y cara tostada, de aspecto deportivo y vestido inequívocamente de «dueño de finca grande en la proximidad» dirigía, sin cargar un solo bulto, la colocación de los paquetes en la furgoneta. Cuando la que parecía su mujer y el mecánico hubieron concluido, el caballero se llevó una mano a la frente, se declaró agotado por el esfuerzo que suponía su labor directiva, y decidió que aquel trabajo intensivo bien merecía el premio de una cerveza. Invitó a su mecánico a refrescarse y se dirigieron los tres hacia el bar.

Riendo para sus adentros, Anastasio se acercó al almacén. Quería felicitar a Anselmo por lo bien que se le estaba dando la mañana. Atravesó la cortinilla de flecos metálicos que cierra la entrada a las moscas y penetró en la tienda. Estaba medio en penumbra, y era tal el contraste con la luz del exterior, que al primer momento tuvo que guiarse más por las voces que por la vista. Anselmo, tras el mostrador, estaba de animado charloteo con una chiquilla de pocos años, a la que Anastasio situó en seguida, por su vestido, como del grupo de los forasteros.

—¡Qué cosas tiene esta chica! —reía Anselmo. Y al ver entrar a Anastasio, le señaló con un dedo y dijo a la niña:

—¿Ves este señor? Pues es el dueño de esa cárcel grande que está a la salida del pueblo...

A la chiquilla pareció impresionarle mucho lo que acababa de oír, pues dejó de reírse y se quedó mirando a Anastasio con tanta curiosidad como descaro.

—¡Hola! —le dijo Anastasio cortésmente. Pero la chiquilla no le contestó. Se apoyaba tan pronto en un pie, tan pronto en otro, y varias veces entreabrió los labios como para decir algo, sin atreverse.

—¿Y... a los presidiarios les pegáis muy fuerte? —preguntó de pronto.

Anastasio se echó a reír.

—¡Qué disparate! ¡Está prohibido! —replicó.

La niña le miró con desconfianza.

—¡No me fío nada! —contestó.

La pequeña era preciosa. Tan bonita como descarada. Llevaba unos pantalones largos de vaquero americano, muy ceñidos a las piernas, y una blusa sin mangas, que le dejaba los hombros al aire, y abotonada hasta el cuello. La piel de los brazos y la cara estaba bronceada por el sol del verano y sus ojos eran vivos, grandes y granujas. Anastasio comenzó a observarla con curiosidad. Calculó que tendría once años. O quizá doce. Pero no era su edad, ni su desparpajo, ni su divertido atuendo campero lo que atraía su atención. Era su aire. Anastasio se preguntaba dónde había visto a esta niña. Y estaba perplejo, porque sabía muy bien que era la primera vez en su vida que charlaba con ella y aun sabiéndolo tenía la sensación de haberla conocido antes.

—¿Y a los que han matado a alguien tampoco les pegáis? —preguntó la chiquilla.

Anselmo se anticipó a Anastasio y dijo, bromeando, que sí; que les pegaban y que por la noche se oían desde el pueblo los lamentos de dolor de los pobres azotados.

—¡No, no!... —protestó la chica—. ¡Yo quiero que me conteste el policía! Dime —añadió dirigiéndose a Anastasio—: ¿les pegáis o no les pegáis?

Fernández Cuenca iba a replicar que él no era policía, pero ella se le anticipó.

—¡Será divertidísimo estar en la cárcel!... ¡Oye! —añadió a renglón seguido—. Y si los presos son asesinos ¿por qué no se matan unos a otros?

Anastasio era mucho más tardo en contestar que ella en fabricar preguntas. De modo que esta vez tampoco tuvo tiempo de responder porque una nueva y mucho más delicada ya había surgido de sus labios.

—¿Y... los que están casados no pueden nunca verse a solas con sus mujeres?

Anastasio estudiaba la manera de contestar, pero ella, entretanto, cazó al vuelo otra duda interesantísima.

—¿Y no hay ningún chico de mi edad entre los presos? —Movió todo su cuerpo de un lado a otro para demostrar su entusiasmo, y replicó—: ¡Debe ser bárbaro estar en una cárcel!

—Si me dejas, te contestaré a la primera pregunta... —insinuó Anastasio.

Pero la chiquilla ya había disparado a boca de jarro varias más. Quería saber si los dejaban fumar, si había mujeres asesinas, si a las presas las dejaban pintarse, cómo oían misa los domingos sin salir de sus celdas y que si un policía o un carcelero se enamoraba de una presa «que qué pasaba». Y así hubiera seguido hasta la eternidad si Anselmo, desde detrás del mostrador, no hubiese puesto la mano en la boca de la pequeña para detener aquel torrente incontenible de preguntas. Ella le mordió en un dedo, Anselmo la soltó, rieron los tres de buena gana, y la pequeña se enzarzó con su agresor en una acalorada discusión que Anastasio aprovechó para considerar que muchas de las preguntas hechas por la niña valían la pena de ser tenidas en cuenta en un nuevo Reglamento de Presidios y Prisiones.

Aquel borbotón humano, aquel no dejar hablar, aquel unir en cadena preguntas que no escucharía después, trajeron a la memoria de Anastasio el recuerdo de un lejano episodio: se vio de pronto con Celia en Ayestarán, la primera vez que ella le pagó el desayuno... y que no le dejaba meter baza en la conversación. Y apenas este recuerdo se le vino a las mientes, Anastasio se volvió a la chiquilla mirándola con ojos emocionados. Sintió de pronto un extraño malestar, una increíble desazón interior. La chica se parecía mucho a Celia... Se parecía endiabladamente a Celia. El cuello —«¡su cuello, Dios, tan esbelto, tan frágil!»—, los hombros, la piel, la manera de hablar y de reír. Ahora charlaba con Anselmo apoyada en el mostrador de perfil a él. La curvatura de la frente, la línea perfecta de la nariz, el óvalo de la cara...

Anastasio sintió un hueco, un vacío, dentro de sí como si todo el aire del almacén hubiera sido retirado por una bomba neumática. No había ninguna duda. A pesar de la variedad de peinados que gustaba Celia de lucir cuando era niña, ésta llevaba uno desconocido hasta entonces por Anastasio. Recordó las trenzas enrolladas en forma de disco sobre las orejas, del día que la conoció en Urgull; recordó la melenilla corta con un poco de flequillo, de la tarde aciaga del escondite a oscuras, recordó la «cola de caballo» de aquel anochecer en el Paseo de la Concha, vestida ella de colegiala. Y ahora, al ver a esta pequeña, era como si se encontrara ante Celia otra vez, ante la Celia de sus trece años, con otro peinado nuevo.

La pequeña llevaba el pelo muy corto, casi a lo chico, desordenadamente ordenado y ahuecado sobre un trocillo de frente, cubriendo la parte superior de las orejas y dejando la nuca desnuda con lo que la cabeza adquiría una gracia especial y delicada sobre el terso cuello adolescente.

Anastasio se sintió invadido por una súbita ternura hacia esta criatura; una ternura igual a aquella contra la que había luchado tanto, contra la que había luchado siempre...

—Dime, pequeña —le preguntó—, ¿cuántos años tienes?

—Ya no soy pequeña. Tengo trece años... —mintió la niña, que sólo tenía doce. Y mirándole con muchísima guasa, tomándole descaradamente el pelo, insistió en su primera pregunta—: Pero... ¡vamos a ver!... ¿Les pegáis o no les pegáis!

Sin hacerle caso, Anastasio preguntó con cierto temor:

—Y... ¿cómo te llamas?

—¡Huy, qué curioso! —rió la chiquilla—. ¿No eres de la policía que lo sabe todo? Pues adivínalo...

—Escucha —contestó Anastasio aceptando el reto—. No soy de la policía, pero lo voy a acertar... Te llamas...

Un calor suave lleno de infinita nostalgia le invadía por dentro. La sangre fluía por sus venas movida por una alegre tristeza.

—Te llamas... ¡Carmina!

La chiquilla abrió la boca llena de estupor y empezó a palmotear.

—¡Caliente, caliente! ¡Huy qué cerca... casi... casi!...

—Te llamas Amalia.

La niña comenzó a saltar y a palmotear con más fuerza. Anselmo, que presenciaba el diálogo, estaba asombrado.

—Tampoco me llamo Amalia... pero también... ¡casi, casi!...

Anastasio dirigió su mirada por todo el almacén.

—Mira por toda la tienda —le dijo a la niña—, escoge lo que más te guste, y si acierto con una sola pregunta más, te lo regalo.

—¡Eso! —dijo la niña rápidamente alzando la mano y extendiedo el dedo sin que Anastasio se volviera a mirar qué era.

—Te llamas Celia... ¿Verdad?

Y al decirlo, detrás de cada palabra, se le iba el alma. Anastasio cerró un instante los ojos mientras ella gritaba entusiasmada:

—¡Es maravilloso! ¡Qué bien lo has adivinado!... —Y su brazo enhiesto, con el índice tenso, como el de Colón señalando tierra, apuntaba ya hacia el regalo prometido.

Anselmo se lo bajó.

—¿Se lo cargo en cuenta?

—Cárguemelo en cuenta... —contestó Anastasio—. ¡Pero... chiquilla! —exclamó al ver de qué se trataba—, ¿para qué quieres tú una escopeta de aire comprimido?

Celia enrojeció hasta las orejas y dudó un momento si decir o no la verdad. Al fin y mirando con mucho misterio hacia la puerta de entrada para ver que no lo oía nadie más, confesó, bajando la voz:

—Es que... hoy es el santo de un amigo mío que vive en la finca de al lado y no quiero llevarle lo que me han comprado para él.

—¿Y qué le han comprado?

Celia puso los ojos en blanco y se mordió el labio inferior...

—¡Una «Pesca Milagrosa»! ¡Imagínate! ¡Qué ridiculez! —exclamó con infinito desprecio, y se encogió de hombros a la par que se llevaba un índice a la frente y decía—: Algunas personas mayores están mal de la chirimoya...

Cada palabra de la pequeña era un dardo suavísimo y doloroso que se le clavaba dentro. ¡Qué hubieran pensado Enrique, Adolfo, Leopoldo, Javier, el pobre Andrés, Anastasio mismo, en la lejana época de Ondarreta, en los días del Judío Errante, de la paliza al tontaina de Escribano o del robo de la armónica, si a cualquiera de ellos le hubiesen regalado por su santo una «Pesca Milagrosa»!

(«¡Qué tontas son las personas mayores! —recordó Anastasio con nostalgia—. ¡Qué manía tienen de tratar como niños a los que no lo son!»)

La pequeña Celia miraba ahora a Anastasio con desbordada admiración.

—Y si no eres de la policía —dijo llena de curiosidad—, ¿cómo has podido adivinar mi nombre?

—Mira, Celia —le dijo Anastasio conteniendo a duras penas su emoción—. Hace ya muchos años..., muchos años...

Celia le miraba con ojos asustados.

—¡No sigas! —dijo—. ¡No hace falta que sigas! Además, me da mucha pena...

Y tenía los ojos brillantes, a punto de llorar.

Anastasio la miró sorprendido.

—Pero ¡si no sabes lo que iba a decirte!

—Sí, lo sé. Que tenías una hija como yo y se te murió.

Anastasio se enfadó de verdad.

—Pero ¡qué fantasía más ridícula! Yo no he tenido nunca una hija. Y si fuera como tú... le hubiera quitado esa imaginación desbordada con muy buenos azotes...

Celia estaba ahora un poco azorada.

—Perdona —dijo. Y se mordió el labio inferior arrepentida.

—Pues te iba diciendo que, hace muchos años, yo bajaba de un monte de San Sebastián... El monte Urgull... ¿Lo conoces?...

—¡Claro! ¡Mamá se empeña en que vayamos siempre a pasear por él. ¡Es un rollo!

—Pues aquel día vi a tres niñas de tu misma edad, más o menos, con una *mademoiselle*...

—¿Tres niñas... en Urgull... hace mucho tiempo... con una *mademoiselle*? —interrumpió la chica con aire meditativo. Y después gritó entusiasmada—: ¡Mademoiselle Noemí!

—Pero ¡si no sabes lo que te voy a contar!... —replicó Anastasio molesto—. ¿Quieres dejarme seguir?

Celia se disculpó y volvió a morderse el labio inferior

para autodisciplinarse o tenerle agarrado y que no se moviera.

—Aquella *mademoiselle* me vio charlar con una de las niñas... y le prohibió que hablara con «niños desconocidos»...

Celia no se pudo contener. Dejó libre su labio inferior y gritó:

—¡Mademoiselle Noemí!... ¡Seguro! ¿Sabes? ¡Todavía está en casa! Es pesadísima... ¡Se da unos aires!

Anastasio se armó de paciencia y quiso continuar.

—Una de esas niñas se llamaba...

—Carmina —gritó la pequeña, entusiasmada—, la otra Amalia, como abuelita, y la otra Celia, como yo!... ¡Eran mamá y las tías! ¡Eran mamá y las tías!

—¡Esto es el colmo! —gritaba ahora Anastasio—. ¡Yo no te he dicho nada! ¿Cómo lo has adivinado si tú no eres de la policía?

Celia se azaró un poco.

—Es que... ¡como hablas tan despacio!...

Anastasio cruzó los brazos sobre el pecho dispuesto a rendirse. Pero ahora Celia tomaba la iniciativa.

—¿Y cómo iban vestidas? ¿Y cómo iban peinadas? ¿Y se peleaban o no se peleaban? ¡Es divertidísimo!

—Una de ellas llevaba trenzas, así, en forma de discos, junto a las orejas...

—¡Qué cursilada! ¡Ya no se lleva!

—Y tenía un mechoncillo rebelde que se le escapaba de entre el pelo tirante y no se lo podía peinar. Tú te pareces mucho a las tres... Por eso te he reconocido...

Anastasio tragó saliva antes de preguntar:

—Dime, Celia... ¿De cuál de esas niñas de entonces eres hija?

Celia no le escuchó. Frunció las cejas y volvió la cabeza hacia la puerta de entrada como atendiendo a un ruido exterior. Parecía una gacela joven prendida su atención en un rumor del bosque; en un rumor extraño al mundo de las frondas.

—¡Se acabó la charla! —exclamó desolada.

En efecto; los flecos metálicos de la puerta de entrada se apartaron bruscamente, y entró la señora a quien antes vio Anastasio cargada de paquetes y cuyos pasos por la acera había, más que reconocido, presentido la pequeña desde el bar.

—Niña, eres imposible. ¿Dónde te habías metido?

—En ningún sitio, abuela —exclamó Celia, insolente—. Sois vosotros los que os fuisteis. Yo no me he movido de aquí.

Anastasio reconoció en seguida a Amalia. ¡Nunca sabría esta mujer el daño que le hizo aquel día lejano que le invitó a tomar una taza de té! Anastasio se sorprendió y se alegró al comprobar que no le guardaba ningún rencor. Todo aquello hacía tiempo que estaba muerto dentro de él. Amalia apenas había cambiado a pesar de los catorce años transcurridos desde entonces. Anastasio pudo haberse limitado a saludarla con una inclinación de cabeza, con la cortesía debida a una señora que entra donde uno está. Pero ella le miró, sin verle, como queriendo averiguar con quiénes se había entretenido su nieta durante tanto tiempo, más que por desconfianza, por disculparse de que la niña les hubiera podido molestar. Y Anastasio, al sentirse mirado por ella, se acercó.

—¿Qué tal, Amalia?...

Y ante la sorpresa de la señora al oírse llamar por su nombre, Anastasio continuó:

—¿No me recuerda usted?

—Perdóneme —dijo ella—. Este cuarto está tan oscuro... ¡No se ve nada!

—Soy Anastasio Fernández Cuenca... ¿No se acuerda usted de mí?

La expresión de Amalia varió radicalmente.

—¿Que tú eres Anastasio? ¿Qué me estás diciendo? ¡Déjame que te vea!

Y lo sacó a la calle para observarle mejor, ante el asombro de la pequeña Celia, que asistía a la salutación visiblemente interesada.

Le dijo que lo encontraba «muy guapo y muy hombre», cosa que azoró y molestó bastante al director del Penal. Amalia le bombardeó a preguntas, le felicitó por los éxitos de su carrera, le preguntó si era él el Anastasio Fernández Cuenca que había pronunciado recientemente en Madrid unas conferencias sobre...

—¿Sobre qué era?

—Derecho Penitenciario Comparado —contestó riendo Anastasio.

—¡Eso, eso!...

Amalia le presentó a su marido. Le obligó a que se sentara con ellos en el bar y le regañó de lo lindo por el regalo que había hecho a su nieta.

—¿No encuentras que se parece mucho a Celia? —preguntó Amalia cogiéndola por la barbilla, para que Anastasio la viera mejor.

—Sí, se parece mucho —contestó turbado. Y hundiendo los ojos en un vaso de cerveza, preguntó como quien no quiere dar importancia a la pregunta:

—¿Qué... es de ella?

—¿Celia? ¡La mejor escopeta de España!

—¡Bla, bla, bla! —cortó riendo su marido—. ¡Orgullo de madre! ¡Si a Celia le he enseñado yo a cazar!...

Pero, ¡Señor!, ¿qué le importaba a él si Celia sabía cazar o no? Eran otras las preguntas que se le agolpaban dentro, que pugnaban por salir de él y que no se atrevía a formular por miedo a conocer su respuesta.

—¿Es... feliz? —preguntó tímidamente. Y en seguida se llevó la cerveza a los labios para disimular su turbación.

Amalia se echó a reír.

—¡Ya me extrañaba a mí que no lo hubieras preguntado todavía!

Anastasio esperaba el final de la respuesta. Dejó la cerveza sobre el mármol de la mesa, y no desclavaba sus ojos de los de Amalia.

—¿Cómo no va a ser feliz con ese carácter envidiable que tiene? Ve a verla un día. Estoy segura de que le encantará. Estamos en Las Mirillas, en la finca. Aquí al lado...

Anastasio bebió apresuradamente su vaso de cerveza. ¿Qué había querido decir Amalia con esto? El corazón, sin ningún respeto a las circunstancias, se le disparó dentro del pecho, batiendo fuertemente, con increíble indiscreción. Amalia no era una mujer que dijera una cosa por otra. Muy por el contrario, Anastasio sabía muy bien cómo Amalia decía en cada momento exactamente lo que quería decir.

—¡Sí, sí, sí! ¡Tienes que venir! —insistió—. Quiero que hablemos despacio tú y yo. Estoy segura de que nos contarás cosas interesantísimas. Tienes una profesión «originalísima» y «apasionante».

La pequeña Celia había seguido con la mayor atención todas las frases deshilvanadas de los mayores y estaba segura de que guardaban un contenido mucho más importante del que parecían decir las palabras. Envidiaba ese arte sutilísimo de las personas mayores de decir todo cuanto querían decir sin necesidad de decirlo. Ahora miraba a Anastasio con ojos picarescos, como si hubiera adivinado a través de él un pasado misterioso y turbulento de su tía Celia.

Anastasio se volvió hacia ella.

—¡Trece años! —le dijo tomándola ambas manos—. ¡Qué disparate haberte llamado «pequeña» hace un rato! ¡Ya eres, casi, una mujercita!

La niña echó la cabeza hacia atrás, con un gesto involuntario quizá, pero de evidente coquetería. Y se sonrojó levemente. Más tarde, cuando el coche estaba a punto de arrancar y Anastasio junto a la portezuela se despedía de ellos, la pequeña clavó de nuevo en él sus ojos, como si quisiera averiguar de una vez si era o no policía, si era verdad que por las noches azotaban a los presos o por qué diablos se había cohibido tanto al preguntar si tía Celia era feliz.

XII

LA QUEBRADA DE LAS MIRILLAS

Cuando el coche se puso en marcha, Anastasio ya no era el mismo que cuando penetró en el pueblo. Pidió a Anselmo que le sirviera una nueva cerveza y hundió los ojos en el vaso, como si allí, en el breve recinto de la espuma, se encontrara la solución de los mil problemas que le atormentaban. ¡Qué duros, qué tenaces eran sus recuerdos! Hacía tiempo que Anastasio los creía relegados. Eran como objetos viejos, como joyas inservibles trasladadas al desván de su memoria. Los sabía allí, pero procuraba no entrar nunca en contacto con ellos, se esforzaba por no penetrar en el oscuro y entrañable recinto donde los había desterrado. No siempre fue así.

Cuando huyó precipitadamente de Madrid, la incertidumbre de si había hecho bien o mal le atormentó mucho tiempo mordiendo insistentemente su conciencia, pero logró superar esta desazón. El entusiasmo que puso en su trabajo, el tesón con que inició su nueva vida, la alegría de ver al fin a su madre contenta, llenaron plenamente los meses y los años más difíciles. Volcó sobre su madre toda la devoción y la ternura de que era capaz...

Más tarde, cuando ascendió por segunda vez, su madre quiso casarle con una muchacha del pueblo adonde le destinaron. Era rica, era virtuosa, era guapa. Las relaciones duraron dos meses. Anastasio no la podía soportar. Un tedio de muerte, un increíble desprecio hacia la pobre muchacha, una irritación constante por todo cuanto hacía o decía, fueron el balance de la prueba. Y volvió entonces a atormentarle, avivado por la nostalgia, el lejano, turbador recuerdo de aquella Celia de su adolescencia y su juventud.

Cuando su madre murió, Anastasio buscó en el trabajo, en el estudio, en la ampliación de sus conocimientos jurídicos y profesionales, remedio para su dolor y su soledad. Comenzó a escribir en las revistas del Cuerpo, a enviar comunicaciones, fruto de sus experiencias e iniciativas, a sus superiores. Pronunció unas conferencias, fue consultado para la reforma del Reglamento de Presidios y Prisiones, redactó una ponencia en una reunión internacional de Derecho Penitenciario Comparado, y fue designado miembro —designación que le colmó de orgullo— del Patronato de la Merced. No era usual que el Patronato llamara a su seno a un técnico, a un funcionario. Aparte de los que eran miembros en relación con su cargo, los designados libremente por el ministro de Justicia eran grandes abogados, catedráticos o criminalistas famosos. De aquí que Anastasio considerara como un verdadero triunfo el nombramiento que tanto le honraba. ¿Qué representaba Celia en todo esto? ¿Qué cabida tenía en sus ocupaciones, en su diario quehacer, en la devoción a «esa carrera horrible que has escogido», como le dijo un día? No. Ya no la quería, si es que la había querido alguna vez. Sólo quería, seguía queriendo, en esto no se podía engañar, un viejo recuerdo. Un viejo recuerdo en el que Celia era un ingrediente tan sólo, el más importante quizá, pero sólo un ingrediente más de todo un mundo lleno de evocaciones y de nostalgias. No había, pues, por qué volver a pensar en ella. El impacto producido en su ánimo por la presencia de aquel joven y adorable torbellino humano, de aquella sobrina que tanto se parecía a ella, y más que nada la inquietud nacida en su corazón al saber que Celia estaba a media hora de camino del pueblo, desaparecerían pronto. Esta desazón, este violento renacer de los recuerdos, este extraño saber y no saber qué decisión tomar, se borrarían pronto de su ánimo. Se acostumbraría a la idea de la proximidad de Celia y su vida seguiría un curso sosegado apenas se apaciguaran los torpes vientos de las recientes impresiones recibidas.

Anastasio se decía esto, se hacía estas consideraciones, engañándose a sí mismo, pues apenas pasó ante él uno de los coches del Penal y el mecánico le preguntó si deseaba algo, el director subió al vehículo y, sin detenerse a meditarlo, ordenó:

—Llévame a Las Mirillas. ¡A la finca de Las Mirillas!

¿Por qué había hecho esto cuando su decisión era otra? Pero, apenas el coche se puso en marcha, ya no hubo lugar a considerar las contradicciones de su carácter, las mutaciones constantes de su espíritu. El paisaje que se iba abriendo ante sus ojos era un anticipo de la presencia de Celia. Le hablaban de ella, se presentaban como sus heraldos.

¡Celia! ¡Celia!

La tierra estaba recién segada; en unos lugares habían metido al ganado para que aprovechara el parco residuo de la recolección como pasto. En otros, quemaban los rastrojos para que abonaran la tierra. Las llamas, a la luz del sol, no se veían. Eran como breves temblores blancos que agitaban el aire.

¡Celia!

En el horizonte, sobre una colina amarilla, pardeaban unas encinas. Así, de lejos, moteada la tierra por las manchas redondas del encinar, el montículo parecía el lomo de un leopardo dispuesto a dormir.

—Allá, detrás de esa elevación —dijo el mecánico—, está la Quebrada de Las Mirillas...

Anastasio se movió inquieto en su asiento.

¡Celia!...

Miró hacia atrás. A través de la ventanilla posterior, una inmensa polvareda levantada por el coche cubría todo el horizonte visual. Delante, en cambio, el cielo era claro, puro, transparente.

¡Celia, Celia, Celia!...

Unas perdices se espantaron ante el coche y patalearon fugitivas a pasitos cortos y rápidos, batiendo las alas sin decidirse a alzar el vuelo. Tras ellas correteaban —bolillas oscuras— los perdigones.

—¡Mire!... —le dijo el mecánico—. ¡Un gavilán!

El ave giraba lenta y alta, en círculos concéntricos, ilustrando sobre el azul un texto de celeste geometría. Al avanzar el coche lo perdieron de vista.

La recta acababa, el coche tomó una curva, bruscamente.

—Vaya más despacio, no hay prisa...

La carretera ascendía ahora por una pendiente suave. Dobló una curva más y el mecánico comentó:

—Ésta es la Quebrada de Las Mirillas.

—¡Pare! ¡Pare usted, por favor!

Anastasio descendió del coche. El paisaje antiguo se derrumbaba allí mismo, como si fuera un trozo de costa que se precipitara bruscamente hasta el mar. Y en su lugar, otro paisaje nacía. Los pinos y los abetos, invisibles pocos metros antes, se apretaban ahora unos contra otros y crecían desordenadamente por la pendiente; pero ésta era tan grande que no llegaban a ocultar el paisaje. Una inmensa llanada, un escalón más bajo de la meseta, se extendía desde allí hasta el horizonte; y la línea quebrada, brevemente encrespada del fondo, indicaba que, tras aquellas lomas, un nuevo escalón de la meseta, más bajo aún, se extendía.

—¿Ve usted esa mancha de pinos? —le dijo el conductor—. ¿Ve usted esa torrecilla blanca? ¡Ésa es la finca de Las Mirillas!

Anastasio encendió lentamente un cigarro.

—¿Qué hora es? —preguntó.

—Las cinco y media van a dar...

¡Las cinco y media ya! Anastasio no podía comprender cómo habían resbalado las horas sobre él desde el momento en que la furgoneta con los familiares de Celia abandonó el pueblo. Habíase olvidado de almorzar. Ni siquiera la comezón del hambre había sentido.

Los rayos del sol, que doblaba ya su itinerario hacia poniente, caían oblicuos sobre los pinos duplicando su espesor. Porque cada mancha de un árbol sobre el paisaje se desdoblaba en otras más: la sombra torturada que desde el tronco se proyectaba alargándose, ciñéndose a las sinuosidades del terreno o trepando sobre las copas de los otros pinos. ¡Las cinco y media ya! ¿Qué haría Celia ahora? Cuando él llegara, ¿cómo le recibiría? ¿Cuáles serían las primeras palabras que se cruzarían? Celia estaría muy cambiada sin duda. Quizá no podría reconocerla. ¡Quién sabe si ella misma no le reconocería ya! Su pequeña sobrina estaba sin duda mucho más cerca del recuerdo que Anastasio conservaba de Celia que Celia misma.

Anastasio permaneció silencioso. Después mordisqueó el cigarro, lo tiró al suelo y lo apagó cuidadosamente con el pie, antes de subir al coche de nuevo.

—¡Vamos! —dijo.

El coche reanudó la marcha, despacio, por la pendiente. Pero no había andado cien metros cuando lo mandó detener.

—¿Qué hora me dijo usted que era?

—Las cinco y media.

—¡Dé usted la vuelta! —ordenó Anastasio—. Es muy tarde ya...

El mecánico le miró extrañado a través del retrovisor. Anastasio se hundió en su asiento. El vehículo realizó en tres tiempos la difícil maniobra de girar en tan corto espacio de terreno e inició el viaje de regreso hacia el Penal.

¡Era tarde, era muy tarde ya para volver a empezar!

Catorce años antes se había hecho un propósito firmísimo que no tenía por qué romper. Se había marcado un camino que no tenía por qué desandar. ¡Era tarde, era muy tarde ya para volver a empezar!

Concluida la maniobra, el automóvil inició el camino de regreso. Media hora más tarde, aparecieron en la lejanía las casas del pueblo. Una leve gasa de neblina se extendía como un vaho de vida sobre el apretado caserío. A medida que se acercaba al pueblo, los baches del carril, producidos por los carros, la sequía y la desidia —pequeños cráteres abiertos en la carretera, embudos en que se hundían las ruedas— sacudían el coche con un infernal traqueteo que las ballestas no eran capaces de amortiguar. Una furgoneta quiso pasarles y les avisaba con la potente bocina que le cedieran paso.

—¡Échese más a la cuneta! —dijo Anastasio al conductor mientras el otro vehículo les adelantaba.

La carretera era muy estrecha y Anastasio no estaba muy familiarizado con sus riesgos.

—Nos hacen señas de que paremos —dijo el conductor, apenas el vehículo les hubo adelantado.

Y así era.

El mecánico del otro coche, con todo el brazo fuera de la ventanilla, bajaba la mano como el ala de un pájaro al volar.

—¡Esa chica, esa chica! ¡Se va a matar!

Era la pequeña Celia, medio cuerpo fuera de la portezuela, agitando los dos brazos al aire para que se detuvieran.

Los dos coches fueron perdiendo lentamente velocidad. La niña bajó corriendo del suyo y se acercó al del Penal. Anastasio la vio llegar, a través de la nube de polvo que los envolvía.

—Pero ¿dónde vas tú por aquí? —le preguntó el director.

—¡Eso digo yo! —contestó la niña, después de restregarse los ojos para limpiarse el polvo que la cegaba—. ¿Dónde vas tú? ¡Yo iba al Penal!

La pequeña Celia apenas podía hablar a causa de la carrera en pelo entre un coche y otro. Estaba monísima con su trajecito nuevo, de organdí blanco, cerrado hasta el cuello, y un sombrerito de paja puesto en la nuca.

—¡Ya sé dónde ibas! —le dijo Anastasio—. A la finca de tu amigo. El que hoy es su santo...

—¡Ni hablar! —dijo Celia—. La finca esa está al lado de la nuestra. Por allá. —Y señaló hacia levante—. ¡Yo iba al Penal, palabra!

Anastasio la miraba con desconfianza.

—Pero es rarísimo —continuó la pequeña— que tú vengas de ese lado. —Se mordió el labio inferior y miró hacia el cielo a la caza de una idea. Su cara se iluminó de pronto—. ¡Ya lo comprendo! —dijo—. Se te ha escapado un preso y lo buscabas en la Quebrada de Las Mirillas. ¡Seguro que es eso!

Anastasio no dijo ni que sí ni que no. Era ella la que tenía que explicarse.

—En las Quebradas hay muchísimas cuevas —continuó Celia, con tono de infinito misterio— y ahí se esconden que da gusto... Una vez...

Anastasio cruzó los brazos sobre el pecho y la interrumpió:

—Y tú venías al Penal... a contarme que habías visto un preso que se escondía en las grutas, ¿no?

—¡No! —contestó Celia. Y moviendo tristemente la cabeza, añadió—: ¡Qué pena que no te haya encontrado en el Penal!

Anastasio enarcó las cejas, interrogador.

—Yo quería ver a los hombres atados, con los hierros... —Arrugó la naricilla y frunció el ceño con gesto de espanto—. Y las rejas esas por donde lloran... y las galerías oscuras, sin luz ninguna, completamente negras..., donde no se ve nada..., como una sombra larga... y... —Celia miró hacia el cielo otra vez, en busca de más inspiración. Su capacidad enumerativa, como un pozo del que se ha extraído mucha agua, amenazaba secarse—. Y... ¡Oye! ¿Qué más cosas hay en el Penal?

—¡Tigres! —contestó Anastasio.

—¿Tigres? —Pero en seguida recapacitó—. ¡Eso es cuento! ¡No lo creo!

—¿No lo crees? Sube a mi coche y te llevo al Penal y te enseño todo lo que hay dentro.

Los ojos de la pequeña brillaron de entusiasmo.

—¿Cuándo?

—Ahora mismo —respondió el director, a quien le divertía la idea de hacer de cicerone del Penal al servicio de aquel volcán de fantasía en permanente erupción.

Celia abatió los brazos desolada.

—¡No puede ser! Tenemos que ir a la finca...

—¿Cómo vas a tener que ir a la finca si acabas de decirme que venías hacia el Penal?

—¡Claro! —respondió la pequeña—. Pero es que yo iba al Penal a invitarte a venir a la finca... para merendar.

—¡Qué disparate más grande! Yo no puedo... tengo que trabajar... Además —Anastasio clavó sus ojos en la pequeña con desconfianza—, ¿quién te ha dado a ti permiso para que me invites?

La pequeña Celia le miró con un gesto que estuvo a punto de fundir como blanda cera todos los propósitos de resistencia que Anastasio se forjó en su interior. Porque la chiquilla dibujó en su cara un gesto igual, ¡igual!, al que Celia hubiera puesto en semejante ocasión. Le miró muy fijamente forzando la serenidad de su rostro, pero sin poder ocultar un puntillo de guasa en su sonrisa. Y contestó a la pregunta que se le formulaba:

—Nadie me ha dado permiso... Es la tía Celia quien te invita...

Anastasio la miró de hito en hito sin decir nada.

La pequeña sonreía.

—Tía Celia es guapísima, ¿sabes? Es más guapa que mamá... ¡Con eso está dicho todo!

—Y batió los dedos de su mano derecha y frunció los labios en un «uf» que no llegó a pronunciar, pero que demostraba su admiración ilimitada hacia su tía.

—Anda..., ¡ven! —Y sin más preámbulos le tomó de una mano pretendiendo arrastrarle hacia la furgoneta. Anastasio se resistió y apenas había andado unos pasos tirado por Celia, cuando se detuvo.

—No, no. Yo no puedo ir...

Celia se echó a reír y le agarró con las dos manos tirando fuertemente de él.

—Anda, ven... ¿No ves que hay chocolate con nata?

Todo el mundo de su infancia la cercaba ahora y disparaba contra él, desde tan lejanas atalayas, sus dardos más crueles.

—Tía Celia me repitió que tenía que decirte muy claro que te iba a preparar chocolate con nata. Pero que no me olvidara «porque si no, no venías».

Anastasio sonrió.

—¿Te dijo eso? ¿De verdad te dijo eso?...

Celia seguía tirando de él con todas sus fuerzas.

—Te gusta mucho el chocolate con nata, ¿verdad? ¡A mí también!

Anastasio se soltó de sus manos.

—Escúchame, pequeña.. Ya te he dicho que no puedo ir.

La chiquilla pegó con rabia dos patadas en el suelo.

—Pero ¿por qué? ¡Eso es una tontería! ¿Por qué?

—No lo entenderías...

La pequeña se abalanzó de nuevo hacia él para agarrarle la mano, pero Anastasio retrocedió y las manitas de Celia quedaron en el aire como si hubiera pretendido aprehender humo o un globo de colores que se hubiese escapado.

—No puedo... Compréndelo... Tengo mucho que trabajar.

La niña se había puesto repentinamente seria. Había bajado las manos dejándolas caer a lo largo del cuerpo. Tenía la cabeza un poco ladeada y le miraba de abajo arriba con los ojos muy abiertos y sorprendidos.

—Entonces... ¿No... vas... a... venir?

—¡Claro que no! ¡Ya te he dicho que tengo que trabajar! ¡Hoy no es domingo!

Lo dijo muy irritado, como si le hubiera insultado alguien o una catástrofe inminente fuera a producirse por un descuido de un subordinado suyo.

Celia le miraba con ojos incrédulos.

—Me estás engañando, ¿verdad? —preguntó temerosa. Y añadió ilusionada—: ¿Verdad que lo estás diciendo en broma?

Anastasio la miró detenidamente. ¡Qué perfección de facciones la de la chica! Antes, en casa de Anselmo, la había visto reír y bromear. Era un encanto de chiquilla. Pero ahora, así, con esa gran seriedad en el rostro, Anastasio la veía bellísima. Celia sonrió.

—¿Verdad que era una broma eso de que no ibas a venir?

Anastasio se irritó. ¿Por qué iba a ser una broma que tuviera que trabajar? ¿Es que acaso los zánganos con fincas ignoraban que la gente tenía trabajos que realizar, obligaciones que atender, responsabilidades que cumplir? ¿Tanto les extrañaba eso? ¿Y quién había autorizado a nadie a disponer libremente de sus horas, de su tiempo, de su voluntad? Pero ¿cómo iba a decir eso a esta criatura? ¿Cómo iba ella a entenderlo, si no había visto en toda su vida trabajar a nadie? Aquello era un atraco sencillamente. Un chantaje.

Anastasio movió lenta, firmemente, la cabeza, negándose.

Celita no había parpadeado una sola vez en todo ese tiempo. Tenía los ojos clavados en él, muy abiertos, esperando su respuesta. Y ahora, sin dejar de mirarle, sin mover el rostro, dos gruesos lagrimones los velaron y se desbordaron por sus mejillas. Sin embargo, no se movía delante de Anastasio y éste no sabía qué hacer, ni qué decir, ni qué decisión tomar. ¿Qué se hace cuando en medio del campo, ante la vista incómoda de dos mecánicos que lo observan todo desde lejos, una niña se echa a llorar y se queda plantada delante de uno, en el centro mismo de la carretera y bajo un sol de justicia?

Y una voz, su propia voz, surgió impetuosa de su pasado y oyó el eco, el sonido de su garganta con el temblor y la emoción de entonces.

«—¡Te lo suplico, Celia! ¡No llores delante de mí! ¡No lo puedo resistir!... Me dan ganas de abrazarte, de besarte, de tomarte en mis brazos y de llorar yo también. No lo puedo evitar.

»—¿Por qué no lo haces?

»—No me tientes, Celia, no me tientes.

»—¿Por qué no lo haces?

»—Eres una coqueta, una chiquilla estúpida; eso es lo que eres...»

Anastasio, movido de una súbita ternura, se inclinó hacia la pequeña y la besó en la cara, como si besara también su propio recuerdo. Celita se dejó besar. Cuando Anastasio se retiró, bajó los grandes ojos hacia el suelo. Dudó un momento.

—¡Adiós...! —dijo al fin.

Anastasio la vio partir, desolado. Se dirigió hacia el coche de la pequeña, que ya estaba subida en el interior, y se acercó a la ventanilla.

—Celia..., yo no quiero que estés enfadada conmigo. Te propongo una cosa. Sube a mi coche y nos vamos a visitar el Penal. Después, mi chófer te llevará a casa.

—Es que yo tengo que ir a la finca de al lado. Tengo una fiesta —contestó la pequeña secamente.

—Estupendo... Mi coche te llevará a la finca de al lado...

—Pero tú ¿por qué no quieres venir? —insistió con femenina tozudez.

Y sin que Anastasio le respondiera, comentó con los ojos llenos de lágrimas:

—Cuando me metí en el coche, tía Celia me dijo: «No creo que venga.» Y yo le aseguré que sí, porque quien te lo iba a pedir era yo y que a mí tú no me dirías que no. Entonces ella se rió. Y me preguntó que por qué estaba tan segura. Y yo le dije que me habías mirado muy desde dentro. Y que yo había creído que tú tenías una niña igual que yo, que se había muerto. Entonces ella se rió mucho, pero no creía que vinieras. Y dijo: «Le conozco muy bien.» Y entonces yo dije una cosa que al abuelito le hizo tanta gracia que se atragantó de tanto reírse, y le tuvieron que dar golpes en la espalda.

Y al recordarlo, Celia reía y lloraba a la vez.

—¿Y qué es lo que dijiste tú?

—Me da un poco de vergüenza porque ahora veo que era mentira.

—Cuéntame. ¿Qué le dijiste?

—Les dije que una persona... Bueno, no dije «persona», dije que una «mujer» sabe siempre cuando la miran si le van a decir que no o que sí a lo que pida. Y que cuando yo te pedí la escopeta de aire comprimido, que ya sabía que me ibas a decir que sí. Y que por eso también sabía que harías lo que yo te pidiera.

Anastasio estaba perplejo.

—Pero... ¡esto es el colmo! ¿Cómo te he mirado yo a ti, si puede saberse?

—¡Da igual! ¡Ahora veo que era mentira!...

Anastasio no salía de su asombro.

¡Demonio de chica! ¡Y qué cosas se le ocurrían a la mocosa!

No fue Anastasio quien respondió. Fue una de sus voces interiores, que se disparó antes de que pudiera contenerla.

—No, Celia, no era mentira. Tienes razón. Si tú me pides que vaya al fin del mundo, voy contigo al fin del mundo.

Celia abrió mucho los ojos y le miró ilusionada.

—¿Y si te pido que vengas a Las Mirillas?

—¡También!

La pequeña, a través de la ventanilla, se le colgó del cuello y le apretó con todas sus fuerzas.

—Ahora ya no te escapas. Ya no te suelto —gritaba alborozada.

—¡Demonio de niña! Mira, me has metido el pelo en los ojos y me has sacado las lágrimas. Anda..., suéltame...

Celia le soltó. Abrió la portezuela y tiró de él hacia el interior. El coche se deslizó lentamente sobre el carril. Dio marcha atrás e hizo la maniobra, hasta ponerse de morros hacia levante.

—Tía Celia es guapísima, ¿sabes? Es guapísima. Y es mi madrina.

Y empezó a charlar por los codos, saltando en el asiento y palmoteando entusiasmada mientras la furgoneta rebasaba al mecánico de Anastasio y lo dejaba atrás. Aquél miraba y remiraba, sin salir de su estupor, la nube de polvo que se alejaba carretera adelante. Se rascó la coronilla y se puso a considerar que era el único testigo del rapto de su director.

El atardecer teñía la tarde con una luz nueva que cambiaba milagrosamente los colores de las cosas, transformándolas. Las lomas, antes amarillas, se veían inflamadas de malva y rojo. La línea encrespada del horizonte había cambiado el pardo de sus contornos por una tenue gasa violeta y azul. Anastasio lo veía todo como si asistiera al espectáculo —inédito para el hombre— de la Creación. En la Quebrada de Las Mirillas las sombras de los troncos cortaban la carretera, como grandes barrotes de una celda sin paredes. Y entre las barras de sombras, la luz del poniente pulverizaba y doraba el vuelo de las libélulas y de los pequeños insectos. Anastasio se veía prisionero de su destino y besó la mano de su joven carcelera, estrechándola después fuertemente entre sus manos. La pequeña necesitaba la mano libre para gesticular y quiso liberarse. Sus dedos se escabullían. Toda ella palpitaba en la mano de Anastasio como un pájaro pequeño. Pero el director no la soltó. No podía soltarla. El coche doblaba ahora una bifurcación y penetraba en la finca de Las Mirillas...

A la entrada de la propiedad, los pinos se entremezclaban con los castaños de hojas grandes y carnosas, los sauces despeinados y el verde y plata de los eucaliptos. Sobre ellos, persiguiendo los últimos rayos del sol, trenzaban y destrenzaban su vuelo los pájaros altísimos.

La gravilla del camino de entrada producía un extraño rumor bajo las gomas de la furgoneta. Pequeñas piedras saltaban disparadas contra la carrocería.

Pero Anastasio no las oía. Oía tan sólo sus voces interiores y el latir gozoso y apresurado de su corazón.

ÍNDICE

RECOLECCIÓN

Impreso en LITOGRAFÍA ROSÉS, S. A.
Progrés, 54-60. Polígono La Post
Gavá (Barcelona)